U0057862

悲傷治療的技術

創新的悲傷輔導實務

Techniques of Grief Therapy
Creative Practices for Counseling the Bereaved

Robert A. Neimeyer 主編

李開敏、李玉嬋 校閱

章惠安 譯

Techniques of Grief Therapy

Creative Practices for Counseling the Bereaved

Edited by

Robert A. Neimeyer

目錄

主 編 者 簡 介

Robert A. Neimeyer 博士

美國田納西州孟菲斯大學（University of Memphis）心
理學系教授，他在該校也一直都提供臨床服務。
Neimeyer 博士出版了二十餘本書，包括兩本與
Routledge 出版公司合作的《當代社會的悲傷與喪慟：
搭起研究與實務的橋樑》（*Grief and Bereavement in
Contemporary Society: Bridging Research and Practice*）
以及《建構心理治療》（*Constructivist Psychotherapy*）。
他也是 *Death Studies* 期刊的主編，並曾任美國死亡教
育與諮商學會（Association for Death Education and
Counseling, ADEC）的理事長，以及國際死亡、瀕死及
喪慟工作集團（International Work Group on Death,
Dying, and Bereavement, IWG）的主席。

校 閱 者 簡 介

李開敏

國立臺灣大學社會工作系兼任講師，前臺北榮總社會工作室社工、組長、主任。目前在華人心理治療研究發展、呂旭立基金會擔任諮商心理師。多年來從事個人／家庭／團體諮商／口譯，並擔任臺北市相關社會福利機構諮詢。

專業訓練

系統性的家族治療〔Satir 進階短期／家庭治療（Brief/Family Therapy）結業，參與 Satir 督導訓練 2010／北京上海〕

榮格深度心理個人分析（含夢工作）（2007～2014 完成約 180 小時的個人分析）

相關著作代表

《導引悲傷的能量——悲傷諮商助人者工作手冊》（合著），張老師文化，2012

《阿嬤再見》（兒童繪本），安寧照顧基金會，2005（榮獲 2006 年優良衛生教育教材優等獎）

《臨終關懷與實務》（第 5 章及第 9 章），國立空中大學，2005

《阿嬤的故事袋——老年・創傷・身心療癒》（合著），張老師文化，2005

譯作（含合譯及總校閱）

《有效治療創傷後壓力疾患——國際創傷性壓力研究學會治療指引》，心理出版社，2005

《征服心中的野獸——我與憂鬱症》，董氏基金會，2003

《與悲傷共渡——走出親人遽逝的喪慟》，心理出版社，2002

《死亡與喪慟——兒童輔導手冊》，心理出版社，2001

《悲傷輔導與悲傷治療——心理衛生實務工作者手冊》，心理出版社，1995-2011（三版）

校閱者 簡介

李玉嬋

現職 國立臺北護理健康大學生死與健康心理諮商系教授

臺灣心理腫瘤醫學學會監事

衛生福利部「優生保健諮詢委員會」委員（2008/1/1 迄今）

衛生福利部「人工生殖諮詢委員會」委員（2011/1/1 迄今）

學歷 國立臺灣師範大學教育心理與輔導研究所博士

曾任 國立臺北護理健康大學學務長、生死教育與輔導研究所所長、癒心鄉心理諮商中心主任、學生輔導中心主任

臺北市諮商心理師公會監事

台灣失落關懷與諮商協會理事

晚晴協會諮商督導、救國團義務張老師督導、企業諮商專案講師

專長 醫療健康心理諮商、慢性病患團體心理治療、人工流產諮商、死亡與悲傷輔導、壓力因應與情緒管理

專業證照 諮商心理師（擅長：焦點解決短期心理諮商取向）

醫療諮商心理次專科證書

病情告知—溝通技巧訓練師資證書

心理諮商督導證書

E-mail yuhchain@ntunhs.edu.tw

譯 者 簡 介

章惠安

現職 自由工作者

台灣失落關懷與諮商協會監事

學歷 國立臺北護理健康大學生死教育與輔導研究所碩士班

美國加州州立大學大眾傳播研究所廣告組碩士

曾任 台灣失落關懷與諮商協會副秘書長、理事、常務監事

國立臺北護理健康大學生死教育與輔導研究所專案研究員

育幼院實習心理師／國中輔導室認輔老師／安寧病房義工／

美術設計類出版品作者、季刊總編輯及編譯

涉獵研究領域 自殺心理、人工流產諮商、悲傷輔導、青少年生育保健服

務、文化與廣告策略應用

專長 悲傷輔導、臨終關懷服務、翻譯（悲傷輔導領域）、美術設計

翻譯著作 《走在失落的幽谷：悲傷因應指引手冊》

《見證幽谷之路：悲傷輔導助人者的心靈手冊》

《慢性病心靈處方箋：100則與慢性病共處的實用點子》

（以上均為心理出版社出版）

致華人讀者序

因摯愛死亡而失落的喪慟，是人生境遇中的一個永久面向，遠在人類以歌頌、文字或喪葬儀式等形式留下對失落的哀傷記載之前，甚至遠在我們現今所知的語言之前，人們深信不疑地付出愛，然後又失去所愛，這使他們經驗到幾乎普同的悲傷情緒。而人類存在的時間有多長，我們就幾乎有多久，在失落的餘波中尋求為自己的憂傷和希望發聲，並對其他與我們文化相近的悲傷者給予支持。

由於悲傷的永久性，現今喪慟支持和悲傷治療領域的快速發展令人震驚，就在一個世代之前，超越宗教儀式的正統專業支持做法，在西方社會的任何失落形式來說都還屬罕見；而今為喪偶者，喪慟中的孩子和青少年，失去幼兒或孩童的父母，自殺、他殺與車禍身亡者遺族，以及有末期病患接受緩和醫療和安寧服務的家庭，卻存在著數不清的互助支持團體與專業悲傷服務。同樣引人注目的是，同時還有理論觀點和學科的並行發展，對精鍊悲傷理論及治療所做的貢獻，在數量和成熟度上也都有所成長。因此這協助喪慟者的創意步驟「工具箱」為達到治療目標，收藏了範圍很廣的新興實務做法，從緩和困難情緒到回顧失落故事，從回顧我們與所愛之人的關係到在沒有他們的日子中計畫新的生活目標。對於這當中的

每一個及其他十多個治療目標，來自世界各地的專業人士設計了具有創意的語言、行為及表達性的做法來協助案主對他們的失落做象徵、分享、探索、整合並進行調適的工作，經常把這些步驟編織在為個人或團體所打造的特定服務中，協助他們因應獨特的失落，像是在戰爭中所經歷的失落，或有多種樣貌的創傷性死亡事件。

我主編《悲傷治療的技術》這本書的目的，是要傳達從業界和實驗室所產出的豐富實務，鼓勵他們能在臨床上做廣泛應用，其次，並能在功效上提出更多的科學研究。因此我從世界各地邀請了八十多位作者，以充實的細節描述他們所喜愛的步驟、說明什麼樣的案主適合或不適合使用、以簡潔的臨床個案研究來表達他們的運用，並以他們為特定案主或情境之需求而調整步驟的想法來做結論。結果這本書很快地成為 Routledge 出版公司在「死亡、瀕死與喪慟系列」（Death, Dying and Bereavement）中的暢銷書，證明悲傷治療師有擴展他們實務工作的意願，希望更能滿足他們所協助之對象的需求。本書能夠翻譯成這世界上最多人使用的華語，我期待有更多來自中國、臺灣、香港、新加坡以及其他地區的同僚，能展開國際間、跨領域間的對話，並分享他們早已貢獻出的豐富而寶貴的創意做法。

最後，我希望能由衷表達感謝的是，過去十多年來，長時間在一系列工作坊中引用到很多本書中的技巧，對我在東西方文化間搭建橋樑的努力給予支持並敦促本書發行中文版的多位人士：陳麗雲、周燕雯、方俊凱、林綺雲、吳庶深、何敏賢，以及其他許多在臺北、北京、上海、香港和新加坡的同僚，他們都是忠實且熱心的中文讀者，而這卻是我個人所欠缺的語言能力。我特別要感謝的就是幾位藉著他們雙語能力的才華，使這部中文版得以發行的校閱者：李開敏、李玉嬋；尤其是我多年的同僚亦朋友——章惠安，一直以來在英語和中文的兩個世界間搭建著理解的橋樑，希望她跟我一樣，當那些跟她使用著同樣語言的讀者打開這本書，能夠更完全且深入閱讀之時，她也深感滿足。

Robert A. Neimeyer, PhD

University of Memphis, USA

2014 年 6 月

主 編 者 序

以「外人」的觀點看——諷刺的是，這也包括許多專業助人者的觀點——悲傷治療似乎像是一件假裝**簡單**的事情。看起來簡單，因為它大約就是全人類都會有的關於喪慟的經驗，然後用一堆基本技巧，包括最主要的是一對悲憫的耳朵、對案主的反應「予以正常化」、進行「心理衛教」，並依據悲傷階段或旅程提供一些一般性的「支持」。但它是**假裝**的簡單，因為大部分悲傷諮商師和治療師都證實，這些改變生命的失落經驗不僅震撼、有時甚至粉碎了生者在複雜的人性中的一切，包括複雜案主經歷了複雜方式所帶來的複雜關係上的失落，且往往是發生在一個複雜的社會情境中。在這可能包括 20～25% 的喪慟案例中[1]，一位能對哀悼者正常化看待並給予支持的善意傾聽者，會發現要做的比該做的多得多。而本書就是一本關於那個「多得多」的部分。

---

[1] 我對此數字的推估是根據大量有關複雜性、長期性悲傷的研究，將其視為是一種有疑難的失落反應，有別於其「鄰近的」憂鬱症或焦慮症，在喪慟成人中有這類症狀的反應恆常推估是在 10～15% 之間，大多數是伴侶或雙親之自然成因的失落（Prigerson et al., 2009; Shear et al., 2011）。然而，複雜性悲傷事例在失去孩子的父母案例中（Keesee, Currier, & Neimeyer, 2008），或因暴力因素而失去所愛之人當中（McDevitt-Murphy, Neimeyer, Burke, & Williams, 2011），則是相當偏高的，可能落在 30～50% 間。加上還有 10% 的喪偶者，有慢性憂鬱的悲傷反應（Bonanno, Wortman, & Nesse, 2004），以及無數其他哀悼者經歷著嚴重的焦慮和創傷後反應，因此對於 20～25% 的喪慟者經歷著顯著的長期奮鬥，此推估其實是相當的保守。

我決定編纂這本書是因為，跟我一起工作的許多熟練、體貼且技巧多樣化的悲傷諮商師和治療師[2]，以及我很榮幸地經常在專業工作坊有機會訓練到的助人者，因為運用這些技巧而常常超越他們本身已有的特色。和我合作過的數千位治療師，基本上都很關注並有興趣在此領域學習更多具有現代觀念和實質經驗的進階做法，並根據自己細心研讀的資料以及特定當事人和家庭的脆弱性來調整他們的技巧，遠超過助人者在純真的受訓階段時，被教導的那些刻板而過時的悲傷階段模式，並單純地只是想擠壓案主使其分享他們痛苦的感受。此外，更令人印象深刻的是，他們大量引用全套取向，範圍從來自對於特定問題（例如，創傷性反應、依附議題）之研究所獲得的處遇，到有創意地採用敘事、藝術和儀式等形式來處理案主常有的或獨特的需求。當然，在我所認識的治療師裡，沒有人能全面使用整個範圍的各種介入，即使是折衷派或探索派的人也不曾如此；但集體來

---

[2] 本書所使用的「喪慟諮商」（bereavement counseling）和「悲傷治療」（grief therapy）說法，多多少少是交替出現的，但有時前者的用法意指較為直接的支持、諮商和儀式化運作，提供給看來是因一般失落而做調適的哀悼者的服務；而後者則用於較為特殊的介入，往往是由受過更進階訓練的專業人士來進行，針對具有創傷失落，或因個人背景或系統的脆弱性，而在其中奮戰不已的較複雜案例。與其對於其間的差別做正統界定——尤其是為十分具有挑戰性的案件建立工作能力的範疇——我在此較重視的是，要能夠表達出來自此二領域的技術資源有大量重疊的事實，並相信各位治療師自然會就他們能力範圍內的技巧來做選擇與應用。

說，悲傷諮商師和治療師這個社群在幫助喪慟者的工作上，確實已打造了豐富的應用技巧資料庫，且本書的主要目的就是，在此領域發明這些技巧的專家以及領域外的人都能夠分享這些實作方法。

本書的第二個目的則較屬微妙：一方面是持續培養喪慟領域之研究和學者間的交流；另一方面，則是在臨床與諮商實務上的交流。當然，由於在科學工作團隊（Bridging Work Group, 2005）及專業機構（例如美國死亡教育與諮商協會，Association for Death Education and Counseling）間為加強其特色，一系列努力倡導兩者間的「異體受精」作為已有一段時間，故此書有此想法並不稀奇。事實上，目前的計畫正好為我和同事最近所做的努力做了延伸——透過出版一本重要書籍，讓其中的每一章節都由一位傑出的喪慟學者或研究者，或由臨床工作者撰寫，就是想醞釀這樣的牽線任務（Neimeyer, Harris, Winokuer, & Thornton, 2011）。在這情形下，我於是從三個領域進行邀稿：

1. 在喪慟和悲傷治療領域已有大量著作的知名理論家或學者。
2. 具有領先地位的臨床研究者，透過量化或質性的研究，擴大了喪慟介入的知識領域。
3. 此領域的專業人士當中，有許多人鮮少有機會超越自己所服務的機

構來分享他們的技能，但仍然不時在傳統執業上有新發展。

　　如果本書能夠引起專業人士對一整套源自於學院或實驗室而蓬勃發展的觀念和方法的關注，進而為他們的工作提供訊息並有所延展；而且若此書能夠喚醒研究者，注意到經常是由創意十足的實務工作活躍了這個領域，超越他們至今以來所調查的內容，我會認為這計畫就成功了。

　　在本文結束前，於此提一下邀約本書作者撰稿乃至進行編輯的整體特色，這對讀者或許會很有幫助。首先，我邀約了幾個章節作為本書的開端，而此書的目標訂定為「設計」許多值得學習的篇章，然後以悲傷治療的關聯矩陣法來討論其中所使用的特定技巧。最起碼的理想是，將設計特色放在一位治療師受到深度同理和敏銳度的驅使，能對失落的痛苦以及經驗此痛苦的人堅定地專注於當下，處於一種正念的狀態，以及是否要專注於案主在生物心理與社會層面所面臨的挑戰，還是努力於重新處理其與逝者關係的洞察。由於議題群涉及廣泛，我放寬了些最後稿件的結構形式，但仍要求整體的簡潔性，以保持這些章節給讀者的「使用者友善性」。

　　其次，也算是主導性的，我邀約的悲傷治療技巧稿件範圍很廣，概括地界定在特定步驟、處理特定臨床議題的形式與方法，或較少見的某一類型失落或案主。在此我主要尋求的是，經過適切的調整後，能夠廣泛用於各種喪慟情境或族群的方法，我明白大部分的實務工作都有一定的靈活度，且能聰明謹慎地延伸運用，超越它們最初成形時所屬的主要情境。然

而，我也秉持著並非任何介入方法都能夠拿來普遍運用的原則，至少，治療師在使用時要有足夠謙卑的態度和敏銳的心思，能洞悉自己的極限。基於此，我要求每一位作者要誠實而簡潔地說明他（她）的這個獨特方式，有關「指示和禁忌」方面的議題，也就是在什麼情形下適用或不適用。然後我會要求對於技巧要說明清楚，最好能以一套實施步驟來表達，但也了解有些方法是屬於概括性的類別（例如：諮詢／照會，隱喻式重整之應用），只能以示意的方式來表達。對於這技巧的應用，便將重點放在描述案例的工作上，這時應該要警示讀者，此技巧偶爾會引發強烈的情緒，呈現出我們所服務的案主，有時是帶著極度悲傷的失落而來。由於閱讀這類案例會有的任何困擾，相較之下，都不及喪慟照顧工作本身來得艱難，本書在不同章節也顧及到治療師的自我照顧——在開始及結尾的篇章都有。最後，是我對作者的要求，案例之後要有結語思維，說明任何與步驟相關的研究，任何方法上的重要變通，或它所需的條件，以及一些謹慎挑選的參考文獻，可列為此技巧的佐證，以利提供相關研究或理論的切入點，或指向專業者所需的相關資源。所有這些內容我都要求務必簡潔，因為我了解忙碌的專業人士，可能對於在實驗室或田野中經過審查之助人技巧的實質核心會比較有興趣，而非描述作者所愛好之做法的科學或概念辯證。因此目標就是提供豐富且具有代表性的方法上的開胃小菜，尤其是當我們常用的方法沒有用時，或許就能以十分創意並注重變化的設計與悲傷及其複雜性結合。看到這些稿件所提供的全面視角，讓我看到目標已然達成的希

望，同時這些針對悲傷治療所挑選的技巧將能刺激更多新的發展，以及在我們這領域的實務上，能有更多學習並提供有益的研究。

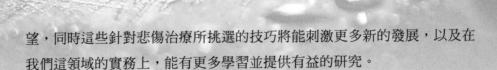

| 參考文獻 |

Bonanno, G. A., Wortman, C. B., & Nesse, R. M. (2004). Prospective patterns of resilience and mal-adjustment during widowhood. *Psychology and Aging, 19*, 260–271.

Bridging Work Group (2005). Bridging the gap between research and practice in bereavement. *Death Studies, 29*, 93–122.

Keesee, N. J., Currier, J. M., & Neimeyer, R. A. (2008). Predictors of grief following the death of one's child: The contribution of finding meaning. *Journal of Clinical Psychology, 64*, 1145–1163.

McDevitt-Murphy, M. E., Neimeyer, R. A., Burke, L. A., & Williams, J. L. (2011). Assessing the toll of traumatic loss: Psychological symptoms in African Americans bereaved by homicide. *Psychological Trauma*, in press.

Neimeyer, R. A., Harris, D. L., Winokuer, H., & Thornton, G. (Eds.). (2011). *Grief and bereavement in contemporary society: Bridging research and practice.* New York: Routledge.

Prigerson, H. G., Horowitz, M. J., Jacobs, S. C., Parkes, C. M., Aslan, M., Goodkin, K., Raphael, B., et al. (2009). Prolonged grief disorder: Psychometric validation of criteria proposed for DSM-V and ICD-11. *PLoS Medicine, 6*(8), 1–12.

Shear, M. K., Simon, N., Wall, M., Zisook, S., Neimeyer, R., et al. (2011). Complicated grief and related bereavement issues for DSM-5. *Depression and Anxiety, 28*, 103–117.

悲傷治療的技術｜創新的悲傷輔導實務

謝　辭

這個出版計畫醞釀了很長一段時間,但歷史卻很短。也就是說,發展本書的正規故事,打從我最初對它的概念,到眼見它付梓誕生的過程快速得令人驚奇,但這卻是臨床合作夥伴的一筆舊帳,他們一直渴望能合力分享他們在悲傷治療進行中,經過研究磨練出來的步驟和臨床創意。把這些編入一個連貫性的計畫中,並盡我自己最大的努力「拿出」我所愛用的治療方法增補他們的貢獻,實在是一件開心的事。但從整體來看,《悲傷治療的技術》這本書回溯了我最早與在失落中奮戰的案主,以及與為案主提供諮商服務的那些勇敢的核心幹部的互動。本書超越了我所遇到其他任何一本臨床手冊所提供的範疇,因此是一首代表治療師和他們的案主在書頁裡共鳴發聲的合唱曲,時而和諧,時而需要和聲詳述那共享的失落主題,以及從喪慟情境中升起的希望。我受惠於這合唱團裡的每一位成員,能稱呼他們當中的許多人為「朋友」,是我的榮幸。

我也同樣受惠於其他同事,他們默默地參與讓這計畫終能完成。在這當中,Anna Moore 是我為 Routledge 出版公司編輯「死亡、瀕死與喪慟系列」所認識的優秀編輯,她十分信任我並給予全力支持,依我所見讓我打造這本書,每一位有夢想的書籍編者都會為這自由度而感到開心。我也感謝 Elizabeth Crunk 永不疲累(或至少從不抱怨)的努力,這位當過一次我的學生的小姐已去追求要成為一位諮商師的夢想了,但她無私地貢獻

了無數時間，來為這龐大的計畫做行政處理和支援編輯的工作。同樣感謝 Kirsty Holmes 確保了書稿在視覺上的吸引力且不出錯，這歸功於她認真專注的校稿；還要特別感謝我的藝術家朋友 Lisa Jennings，慷慨大方地分享她視覺上引人注目、靈性上曲折變化的繪畫作品，成為本書（英文版）的封面，喚起不只是佇留在悲傷中的艱困，也喚出有伴同行與盼望中的目的地，讓人感受到支持；她的作品如同一首歌一般對我呼喚著，我希望也能引起本書其他讀者的共鳴。最後也是最重要的，我要對數百位案主表達發自內心的感謝，是他們讓我陪伴著他們走過最黑暗的絕望幽谷，尤其是那些爽快答應我將他們的故事（有時是他們所說的話）放入書中的人，有了這些小插曲使得一些章節因此而生動起來。是他們的心聲，將帶著失落的真實情感，並超越這本臨床文選的篇章，進入同樣有著類似奮鬥經歷的其他人的生命，走過閱讀了這些故事的治療師所執行的、受到啟發的實務之橋。能夠預期這樣的結果，真是令人深感滿足。

Robert A. Neimeyer, PhD
2012 年 2 月

推 薦 者 序

悲傷的旅途需要妥當的交通工具

在 2004年春天，我第一次參加於美國賓州匹茲堡舉辦的「死亡教育與諮商學會」（Association for Death Education and Counseling）年會，認識了 Robert，也是我接觸建構主義心理學的起點。那一場座無虛席的演講場地中，我深深折服 Robert 的學養與為人，也從存在主義到建構主義看到悲傷治療的希望。

2005 年 9 月，馬偕紀念醫院成立第二代的自殺防治中心（第一代成立於 1969 年），我隨即開始運用從 Robert 學來的建構主義心理學在臨床上進行悲傷治療，尤其是對自殺者遺族的悲傷處遇。在許多人的悲傷旅途中，以建構主義心理學為基石的治療模式，成為度過悲傷歷程的交通工具。2008 年，我與碩士班同學呂欣芹合著的《我是自殺者遺族》，被香港大學的陳麗雲教授肯定，推薦我參加「國際死亡、瀕死及喪慟工作集團」（International Work Group on Death, Dying, and Bereavement, IWG），讓我更有機會與 Robert 有進一步的互動，從粉絲的身分變為朋友，而 Robert 正是推薦我成為臺灣第一位 IWG 正會員的推薦者。

在當代的悲傷治療理論中，如果 Worden 的任務論是起點，Stroebe

與 Schut 的擺盪理論（dual process model）和 Rubin 的雙軌理論（two track model）是大家對悲傷歷程最熟悉的理解，那麼 Robert 的建構主義治療所揭櫫的治療技術，就是真正可以處遇悲傷的利器。這些年來，臺灣的心理、社會、靈性之助人工作，可謂是火紅地被重視著，然而助人者總是心有餘而力不足，也就是善心有餘，但技術面卻不到位。舉例來說，過去十年來，自殺防治工作在臺灣可以說是完整且成熟，唯一的缺口就是處遇自殺者遺族之複雜性悲傷的服務機構，仍然是少之又少。《悲傷治療的技術》一書，相信可以讓臺灣專業人員在悲傷治療的技術面上更趨成熟。

悲傷的旅途是坎坷且不堪回首的，助人者就像是載著悲傷者交通工具的司機，在這段旅途中，助人者會有一段或數段關鍵性的陪伴，Robert 的書，會是最佳的導航。

方俊凱

馬偕紀念醫院精神科／自殺防治中心／安寧療護教育示範中心 主任

台灣失落關懷與諮商協會 理事長

校 閱 者 序 一

萬法惟心造

| 觀境 |

　　Neimeyer 主編的新書要上桌了！這位集臨床、研究、教學才華於一身的「友人」，向來有令人驚嘆的高產能。書中集結了悲傷輔導領域的一時之選，比如應邀來過臺灣的 Doka、Breitbart、陳麗雲教授等八十多位專家，完成了此本巨著，這樣的大陣仗展現這本書端出的「什錦大餐」不只口味眾多，反映當今悲傷輔導方法上的豐富多元化，更有以關係為基礎的架構、臨床研究的支持說明，和實際案例的應用。對實務工作者，這樣的融合增加了本書的參考性。

　　心理出版社長期耕耘，引進國外重要的心理書籍；二十年前出版 Worden 所著的《悲傷輔導與悲傷治療》（*Grief Counseling and Grief Therapy*），成為國內早期悲傷輔導重量級的參考書。而今推出 Neimeyer 主編的巨著《悲傷治療的技術》，譯者惠安囑咐我校譯，這本書作者多，範圍廣，在翻譯上有相當難度，這些年看她的翻譯功力大增，實不容易。

| 觀他 |

　　稱 Neimeyer 為友人，緣自這幾年應前臺北護理健康大學生死所綺雲院長的再三邀請，他數次來臺講學時，我有機會擔任口譯而相識。他精力旺盛，盛名享譽國際，和香港、臺灣及亞洲的專家們保持密切的對話。Neimeyer 大師會多種語文，敬業謙和的態度，深具個人魅力的教學方式，在在都是他獨樹一幟的風格！

| 觀己 |

　　近二十年來，隨年齡的添增，自己專業修習的重點從系統觀點的取向，及各類自然／能量療法，轉向榮格深度心理分析的夢工作，接觸無意識的探索。曾幾何時，實務上陪伴著悲愴的當事人，漸漸脫離以技術為導向，而回歸到「人在心在」（fully present）的全然陪伴，也就是 Neimeyer 在本書第一章說的專注當下（presence）。然而助人者再熱情、再理性，難保心不會疲累、沾染、膠著！

十年前曾寫下這段文字，說明我看待悲傷之心：「悲傷、殘缺若能為受苦的人打開另一個視窗，因而洞悉了浩瀚宇宙古往今來成就在個人身上的奧祕，悲傷的苦澀也許就層層剝落褪去，終能抽出智慧的新芽，突顯出生命中美善的訊息。」

十年後再讀，這段文字像是我本尊靈性的預言與期盼：專業上一路的苦尋，如今一切**奧祕**已在明師正法的實修中*洞悉*！

感恩天主／如來，引領我這四年來的靈性之旅，見證到寶島明師——妙禪師父帶領的禪修禪行及無上的知見、平等與至高的心法，「心在」是本自俱足的自心本在！目前在教學和諮商中，期許自己扎實的以修行者謙卑而合一的心行，提升自己的智慧、安定、慈悲、清淨、真愛，把離苦得樂的盼望與有緣眾生分享。

開啟自心才是究竟的解脫圓滿，下次要和 Neimeyer 分享。

李開敏

校閱者｜序一

校 閱 者 序 二

開啟生命谷底新眼光的
悲傷輔導十八般武藝

翻閱此書，彷彿進入悲傷輔導工作世界的大觀園，看見同行在世界各角落，開發了一些頗具創意的方法來協助喪親者面對他們的失落悲傷；且透過實作案例分享了悲傷輔導的具體進行步驟，讓人深入淺出地看見運用該技術對喪親者轉化悲傷起了什麼樣的作用，令人讚嘆又多所學習，是一本值得珍藏作為悲傷輔導實務工作參考的工具書。

透過閱讀此書，看見各種創新悲傷輔導技巧的介紹，最教人興奮的是透過實例，讓人有種親臨現場旁觀的真實感，很能融入多元的悲傷輔導創新技巧而有所學習。例如，我在書中看見如何透過引導想像，開啟與逝者視覺化連結，創造了夢境之外與逝者再相見的新路徑，彷彿我們所愛之人可以聽見我們的召喚，而再度活靈活現地出現在我們生活片刻，安慰悲傷的心。同時還貼心提醒每個技術有適用和不太適用的對象，像這個技巧就比較不適合用在不習慣視覺形式思考的喪親者；所以可再參考書中其他技術來幫忙，或許透過文字書寫來幫助擅長語言思考者，或以身體舞動來引導較敏感於身體動作感覺者，寫出悲傷無助的出口，跳出意想不到的新能量，都是可揣摩書中實例實作方式試行多元悲傷輔導的做法。

然而在鑽研本書而與眾多悲傷輔導工作者進行交流中，彷彿看見有著一條共通的療癒脈絡貫穿其間，那就是喪親者本身常常可以幫助自己在生命最喪慟處找尋到出路。世界各個角落的助人者，多是以失落悲傷路上陪伴同行與促發轉化的角色出現，一路陪伴著喪慟的當事人，等待他自己發掘移轉出不同視框去看待生命中的失落，重新安頓心中的喪慟。我想，等待個人的調適步調與轉化契機是值得的，或許這印證了古話說「時間能治療一切」的意涵。悲傷輔導技術的十八般武藝其實都是傷慟當事人自己哭過長夜而揣摩出來的路徑，供我們參考，更提醒著我們要特別注意尊重喪慟者的個別性與主體性。

　　這也讓我想起近幾年自己走在生命最失落沉痛的幽谷時，身旁親朋好友設法以各種方式陪伴與引領我，只要不放棄就能在憂傷驚恐的晦暗日子裡等到光亮與希望。彷彿親友們以愛告訴我要相信生命谷底會有盼望，以陪伴行動等待我慢慢轉移視框，在愛與盼望裡慢慢開啟新眼光，願意去尋找並看見烏雲背後的陽光。如果身在陰暗幽谷底的你，聽到有人為你輕輕唱起：「不管天有多黑，星星還在夜裡閃亮；不管夜有多長，黎明早已在

校閱者｜序二

XXVII

那頭盼望；不管山有多高，信心的歌把它踏在腳下；不管路有多遠，心中有愛仍然可以走到雲端。誰能跨過艱難，誰能飛越沮喪，誰能看見前面有夢可想；上帝的心看見希望，你的心裡要有眼光，哦！你的心裡要有眼光。」（作詞：葉薇心，作曲：袁培華）這樣的歌聲，是否也像本書許多技術一樣，傳遞了療癒力量？或許是因為歌詞啟動認知新視框，或許是有人在為你的悲傷歌唱而啟動溫暖的療癒力量；也或許聽不懂歌詞或是沒有歌詞的樂音，也能使人屏除理智框架而碰觸心靈深處的療癒力量。像是最近聽聞的愛吟唱／愛療法，頌缽音律音頻震盪，都有人用以安頓絕望與心傷。

　　所以當朋友為我唱起〈眼光〉這首詩歌，除了溫柔歌聲穿透歌詞觸動了我的淚水，撫慰了悲傷的我，帶動慢慢沉溺在喪慟中的我，更軟化了卡在谷底僵化的思維，解凍了冰封的心，讓我在歌聲吟唱中真的慢慢開啟了新視框，使我得以用新眼光在感恩中燃起盼望，有勇氣在悲傷海洋中浮沉前進，等候彼岸的陽光。難怪有人說希望其實要在絕望中找尋！

　　似乎藉著本書，可以讓我們看見創意與愛的嘗試，可以在絕望處開啟一點希望之光；透過世界各角落克服悲傷與絕望的生命故事，可以逐漸打開悲傷輔導的多元路徑與各種可能性。書中以這樣融入多元方式來找尋最適合協助喪慟者個別性的方法，是種多元尊重的提醒，或許也是本書想提

供給我們的一個邀請，請容許當事人在我們的見證下，試行各種療癒傷慟的祕方，設法從中發掘出轉化生命的新眼光。

　　失落與悲傷輔導工作並不好做，投入這領域的許多年來，最感謝本書主編 Dr. Neimeyer 的帶領與啟發，讓我跨越瓶頸。先是幾度來臺灣教導本所師生意義建構式的悲傷輔導工作坊，讓我大開眼界，開啟了悲傷輔導工作的新眼光和新做法；再者是他選擇讓我們在臺灣翻譯《走在失落的幽谷》（Lessons of Loss）這本好書，讓我們能更方便地學習到大師的意義建構悲傷輔導做法。而今又再選擇讓同一譯者惠安來翻譯本書，而我才得以次校閱者身分先睹為快，詳讀中文版書中多元又可行的各種悲傷輔導技術，很是振奮，更加相信悲傷輔導工作的可行性和必要性。雖然我們未必能趕走悲傷，卻可以陪伴幫助喪慟者雖悲傷也不致傷重不起；看見死亡與分離的生命谷底經驗，或許能讓人體悟到人生和超越自我的力量。

李玉嬋

國立臺北護理健康大學生死與健康心理諮商系教授

諮商心理師

2014 年 6 月 28 日

校閱者｜序二

XXIX

譯 者 序

此《悲傷治療的技術》一書，其英文原著 *Techniques of Grief Therapy* 是由國際知名悲傷輔導專業學者 Robert A. Neimeyer 博士主編，這是一部超過 350 頁、共 94 個章節，內容非常豐富的巨著。基於華人文化及諮商情境的考量，對於中文版的內容，心理出版社林敬堯總編表示希望能做一些挑選，最後決定從中節譯 64 章，以饗中文讀者。在篇章取捨的過程中，篇篇精采的內容真是令人十分交戰，幾經思量並與對華人悲傷輔導專業界十分熟悉且貢獻良多的 Neimeyer 博士討論後，才有了最後的定案。即使是從巨著中只挑選了三分之二的內容來翻譯，我也還是花了將近兩年的時間才完成這件工作，對於華人讀者深感抱歉，這麼有價值的一本好書，卻讓它姍姍來遲。

這是我第一次翻譯集結多位作者稿件的書籍，很幸福地輪流沉浸在 62 位來自世界各地臨床專業人士所貢獻的篇章中。其中不乏多位大師級人物的實作經驗，閱讀他們整理精闢的工作步驟或對於實務理念的引述，娓娓述說著案主的悲傷故事和轉化歷程，真是一個難能可貴的機會，讓我也能夠精實自己的助人工作知能，梳理自己過往面對悲傷案主的服務經驗。書中的每一篇章，就像是一碟碟滋味富饒的小菜，令人念念不忘；集結了這麼多精采且多樣化，但又各具風格的菜式，這本書就是一桌悲傷輔

導技術的「滿漢全席」。在進入悲傷輔導助人工作領域的 14 年之後，我感謝有此機會和能力，將這套「滿漢全席」遞送至華人悲傷輔導專業的案頭，希望此書能夠在華人文化的失落關懷與照顧工作上有所貢獻，不但提供悲傷輔導多種創新的有效實作技巧，也能激勵華人發展出更多符合在地需求的悲傷輔導做法。

　　在此，要感謝有著大眾傳播專業背景的施裕芳小姐，一路跟著我翻譯的進展陸續校稿，斟酌討論字句用語，並分享讀後心得，看到了失落的多種面貌。其次要謝謝本書的校閱者，兩位非常資深的悲傷輔導前輩——李開敏及李玉嬋老師。開敏老師是我進入悲傷輔導專業的啟蒙督導，這是非常榮幸的機遇；而玉嬋老師不但是我的恩師，也是我十多年來悲傷歷程的見證者、陪伴人。也由衷感謝心理出版社的校稿及美編同仁，一遍又一遍地發現疏漏之處，不辭辛勞地給我建議，使這本重要的專業工具書以更流暢易懂的方式呈現。最後要感謝的是我的麻吉，Meikou 先生，感謝他對我在生活、工作及心靈上的支持，以及無微不至的照顧。

章惠安於石牌

2014 年 4 月 27 日

譯者｜序

第一部
建立工作架構

專注當下、歷程與步驟 |1

悲傷治療中技巧精熟的關係架構

Robert A. Neimeyer

很重要的一個觀念是：問題不在於悲傷治療的技巧為喪慟的案主做了什麼，而是案主（和治療師）運用這項技巧做了些什麼才是重點。閱讀本書的正確觀點是，較寬廣的關係架構所提供的「容器」不只是為了承載案主的哀傷，同時也是我們提供其表達、探索與安撫失落經驗特有的步驟。因此我在這一章的目的是建議，治療中**對當下的專注**（presence）可為敏感的悲傷治療提供一個「穩定的環境」，在這環境裡，對於治療**歷程**的投入，將使治療師能夠偵測到獨一無二的關鍵時刻，以掌握到互動關係中的特定機緣，那也正是案主對治療師為其需求所設計的介入計畫做好準備之時。如同一組俄羅斯娃娃，層層套進另一個大一點的盒套裡一般，特定的**步驟**在諮商或治療的整體計畫中，具有其潛在的重要地位；然而一旦脫離了這些外圍較大的脈絡，只看技巧本身便將大為失色，它們充其量只是一連串的隨機做法，對於特定的失落便流於不明確、未經整合且沒有連結的處遇，因為有效治療的特性就是要在持久連貫的脈絡中進行。

我撰寫這章的目的便是要匡正這些議題，以維持廣義的人本精神，特別是心理治療的建構學派，這也是我自己的根基（Neimeyer, 2009a）。然而我相信，來自各學派的讀者都會在他們各自傳承的領域裡看到類似的概念——可能是分析、系統、認知行為、靈性等領域，或超越諮商專業，只

是單純根基於直覺中的那些支撐人們療癒互動的一般因素。我將從這些因素的最基本談起，亦即治療中對當下的專注、進展歷程，以及步驟。

專注當下

治療起始於我們是誰，延伸至我們做些什麼。也就是說，盡量充分地把*自己*帶進這個情境中，是後續工作不可或缺的先決條件；歷程與步驟交融的特色廣義地界定了所使用的治療派別，更明確定義了我們自己的治療風格。在此，我要強調治療中對於當下的專注，其基本品質是一種在案主所關心的議題上全然出席，不因其他事物而分心的做法，在案主悲傷敘事的陳述及表現中，扮演一位能反映的聽眾，以此作為工作的基石，讓雙方（若為家庭或團體案例的話，就是所有人）都能以另一種方式洞察眼前的難題。

｜ 從自己到對方的關注 ｜

在此一概念上，治療師對於當下的專注並非對案主表現出「一古腦」的關注，或甚至表現得過於急切，好似治療師應該在會談中刻意做自我揭露，從他們自己的生命或失落經驗裡找到對案主說教的材料。相反地，典型的做法應該是一種*自一至*（from-to）之移動的專注，如同治療師是從自我的意識裡來到案主這個人的裡面。這正是哲學家博藍尼（Michael Polanyi）所形容的一種「個人知識」（personal knowledge）的形式，也就是說，對他人保持專注的同時也懷著對自身的覺察（Polanyi, 1958）。例如，在我記憶中有一段關於悲傷治療的會談，我發現當自己正與一位失去了母親而處於悲傷情境的案主進行（很少量的）導引想像的練習時（Neimeyer, Burke, Mackay, & Stringer, 2010），先是邀請她跟我一起閉上眼睛，然後請她掃描自己的身體感受（Gendlin, 1996），審視自己是如何

處於這個失落感之中，然後我減緩指導語的速度，鼓勵她從我們先前較為「緊湊」的會談片段中「釋放」出她所建構的意義（Kelly, 1955 / 1991）。接著發生的事就十分值得一提：她帶著一抹幸福的微笑很快地指向頭頂上方說，有一道好像來自上方的暖光照射下來，籠罩著她的頭和肩膀。我發現自己也感受到溫暖光波的震動沿著脊椎傳入身體，於是邀請她允許這道光進入她體內，並讓光更完整地將她包圍起來。這麼做之後，她更為開朗了，幾乎是笑了起來，並說腹部有一種舒適的搔癢感，感覺上就是那種小時候母親對她搔癢的情境再現。當我們結束這段專注於內在變化的部分，她描述感受到的那種異常寧靜的感覺以及和母親的連結，明確地使她信服母親仍與她同在，但以一種在精神上或肉體上都很奇特的方式做連結。我則會說，我自己同理案主經驗的「頻道」——大部分會談中在認知、情感和可覺察的身體層面所發生在我身上的情形——很精確地呈現了一種*自一至*的理解，這總是能引領我走進案主的位置，以及在我們共同努力的治療工作中進入潛在的「下一步」。

以尊重的態度進行對話

為保有悲傷治療意義重建工作這個富含合作、反思及歷程導向精髓的取向（Neimeyer & Sands, 2011），治療師在案主就自己及其生活世界逐漸發展出的陳述中所採用的態度，將是一種充滿尊重與同理的參與。在這失落的餘波裡，將會建構出什麼樣的意義來，又有什麼是需要給予肯定的，治療師在這當中並不是做決定的人；而是協助案主去找出那些不符合現狀的舊意義，或與他們一起努力，合力建構出其他合理的意義。重要的是，由於假設認知架構是我們在自我認同、人生目標設定及關係經營所依據的核心鷹架，當它深受失落的挑戰時，這基本上就不再是一般所以為的絕對「認知」的問題了。尤其，對個人生命史深感困擾的案主來說，心理治療的重心在於提供他們一段補償關係，使他們在這關係中願意冒險讓治療師深入他們自我理解的核心（Leitner & Faidley, 1995）。建立這樣的*角*

色關係（在此關係中，是一個人對另一人最深層意義建構歷程的理解）是很重要的，因為這是案主和治療師共同尋求用以認同對方特殊性所建立的一段誠信關係。此一相互關係並非意味著治療師在治療關係中要揭露自己個人的**內在**——雖然這有時在臨床上或人之常情裡也非全然不可；但治療師在對案主的行為做**歷程回應**時要有機會表達其感受（例如，因喪慟案主勇敢承認自己深感孤單而受到感動，或對案主明顯轉移話題只講述表象內容感到疏遠），這在促進案主的覺察力與增強治療關係的工作上，扮演著有利的角色。

雖然這種具有包容力、專注於當下的情境可能難以體會，但還可以再用其他形式加以闡述。其中最貼切的就是布伯（Buber）所提出的一種與他人的**我一你**（I-Thou）關係之說（Buber, 1970），即指一種實質上誠心歸屬於對方的全人特質；這和**我一它**（I-It）關係的概念相反，此概念則看待他人只是一個因個人目的而有所作為的客體。以較為白話的方式來說，就是治療中所謂**同理**、**真誠**與**無條件正向關懷**的核心所在，這尤其是人本心理學所重視且引以為榮的部分，更是羅吉斯（Carl Rogers）精神的精髓所在（Rogers, 1951）。不過我覺得博藍尼的描述確實有效地加強了這個概念，因為所強調的是在覺知此治療關係下所必需的自我專注，是將我們的覺察從內隱的**根基**指向案主言行舉止所呈現出的外顯**形貌**。有趣的是，當案主由治療師的提問或指示回看自己的內在時，我認為治療師的自我運作也會對案主產生類似的作用；因此對雙方而言，治療師的專注於當下，正像一面透澈的鏡片，把案主帶進了更聚焦的個人（人際）風格與歷程中，這是案主自己私下反觀時難以看清的部分。本書所強調對治療師及案主同樣重要的正念療法就很清楚地反映了此一概念。

| 相關資料 |

有趣的是，訪談大量喪慟及臨終領域專業人士而完成的實證研究結果，也和治療中對當下保持專注才是工作重心的論點相吻合，這是敏感的

悲傷治療工作之基本特色（Currier, Holland, & Neimeyer, 2008）。專業人士在回應他們如何協助喪慟案主對其失落找到合理解釋，這種開放式的提問時，幾乎有半數（41.2%）的受訪者討論了他們與哀悼者專注於當下的做法，強調關係環境的品質是意義建構決定性的因子。尤其有 16.0% 的受訪者明確強調了與喪慟者之關係品質的重要，提到：「我讓案主明白，他們可以告訴我任何事」，以及「我為病人及其家屬提供一個安全穩定的環境。」大約有四分之一的人（26.1%）很重視同理心的議題，落在這第二基本類別的回應例子包括：「傾聽，傾聽，傾聽」、「我試著見證病人的感受」，以及「專注於他們當下的痛苦」。最後，還有 15.1% 的受訪者強調，尊重且不妄下評論是重點，例如，受訪者分享了：「（意義建構的歷程）完全取決於案主的準備度」、「我試著去到他們歷程所在的地方，而不是我想要他們去的地方。」為案主的悲傷和悲傷的表達提供一個安全場所，也正是治療師為轉化工作所提供的先決條件。

歷程

　　如果說治療師對於當下的專注為心理治療工作搭建了一座舞臺，那麼**歷程**就是發展這齣治療劇情的環境。延伸這樣的比喻，優秀的悲傷治療師在諮商室裡參與演出的行動，正如導演參與一場戲劇表演一般，但最重要的不同是導演自己也是舞臺上的演員，而這齣戲沒有既定的劇本！在即興的諮商戲碼中，治療師微妙地引導著這個過程，專注於由行為或情感所釋放的進一步可能、細節的發展或可強化的訊息，朝向充滿希望的未來前進；有時可能透過明確的指引或建議而進行，但大多數時候，都要靠治療師自己對於案主所透露出的「線索」或行為之敏銳度而決定。如此專注於發展歷程中「給和取」的互動，才得以開啟適時提供與治療技巧相關建議的可能性，這也是本書所介紹的許多技巧共有的現象。

| 追隨情緒的軌跡 |

對於這件兩人（或更多人）之間每一片刻都在互動的悲傷治療工作來說，歷程的基本方向具有幾個重要意涵，其中首要之點也可說是一項指南原則：**追隨情緒的軌跡**；即指重大情緒，甚至（或尤其）以隱約方式表達時，特別能透露出案主的體悟到了哪種程度——哀傷的陰霾意味著令人憂傷的失落、停滯不動的焦慮表達出被遺棄的感覺、得意的光芒會出現在案主向我們描述所愛逝者的言語中。在每一案例裡，案主經驗背後的情緒氛圍，都可以從他（她）的肢體語言、人際環境、話語、言行舉止，以及非語言的表達中輕易發現。只要能夠澄清這種隱性表達的情緒，並請他詳加說明（「我注意到當敘說那件事時，你的下巴在顫抖，那麼你現在的狀況如何？」或「如果眼淚會說話，它們會告訴我們什麼？」），就足以深入案主的自我覺察，促成具有新意義象徵的產生，是為後續討論內容的先備條件。後面幾章著重於感受、標記及以及緩和重大情緒等取向的技巧都符合這項原則的運用，培養對身體變化的專注，也正是我們藉以探索意義的切入點。

然而在某些時候，情緒和其他形式的表達（像是比喻或陳述）可能很緊密地交結在一起，以至於一種表達自然會把其他的東西也帶出來。這情形就像我最近與一位因父親離世而悲傷寂寞的案主所進行的一場治療會談，她與父親的關係曾一度長期疏離，直到最近才復合（Neimeyer et al., 2010）。她用另一種方式陳述，表示自己覺得好像有「一片樹脂玻璃」把她和他人隔離了；我請她閉上眼睛並想像那片樹脂玻璃，以及她和那片玻璃的關係。當她這麼做時，便開始描述這片玻璃好像一個「八角圍欄」，她一個人身在其中，而其他人的身影則在圍欄外來來去去。當我詢問，這圍欄有沒有天花板之類的東西時，她回答我：「沒有，上頭是空的。」我自己也想像著這情景，並從她給的細節來看自己跟四周牆壁的關聯（「有時可以**觸摸**它們，但卻無法通過」），我又問了牆的高度，她毫不猶豫地說：

「八呎。」

「嗯……」我覺得奇怪了,「八呎,在八面牆的圍欄中……這 8 的數字對妳來說是不是有什麼特殊意義呀?」這位案主立即流下淚來並輕嘆一聲,她說:「沒錯,我爸爸是 8 號那天往生的!」很顯然,身在這突不破、穿不透的牆之中,讓她覺得被困住的就是她的悲傷之牆,把她跟他人的接觸都阻斷了。對這景象再增添一些細節時,她說圍欄裡面就像是一個水族箱,而她就是一條魚,看著外面無法觸及的世界,同時也被外面的世界觀看著。當會談結束時,她接受了我的建議,對於要寫一段以「魚缸裡的生活」為標題的譬喻小故事顯得十分渴望,這可用以延伸這次的想像,並與我們下週見面將要討論的情緒和意義議題做連結。

對於所關注的情緒,無論是純然由身體表達出來,或透過治療會談中的重要故事或想像畫面而產生,從意義重建的觀點來說,都具有其豐富的重要性。例如,主張個人建構理論的學者將情緒解讀為,是人們維持自我感及他人關係的核心架構開始產生變化的線索(Kelly, 1955/1991),像是案主在失落之後所產生的焦慮,便意味著他或她的人生遭逢喪慟,失去了期盼與理解所必需的憑藉。更廣泛地說,此概念把情緒視為是一種直覺認知的形式(Mahoney, 1991),而非用理性來評估狀況,並將其視為外在的非理性力量。如此一來,我們就無需將此情緒,或甚至負面情緒,視為一個需要消除、控制、爭論、減少,或只要讓其分心就可以因應的問題,而是需要受到尊重,是有助於我們能夠更加了解的訊息來源;情緒需要被見證,並用以探討它敘說著案主目前有著什麼樣的需求。本書在此所整理的一些表達性介入方案便回應了此一概念。

讓體驗凌駕於言說

對於「追隨情緒的軌跡」這個原則的推論是,**所有治療性的改變都起始於經驗中強烈情緒升起的那一刻**,而其他的部分都只是註解。也就是說,有效的悲傷治療介入方案無需大張旗鼓,而是要能夠投入重要的情緒

經驗中，伴隨著案主進入新的意識，看清自己並預見可能性；並非只是在認知層面上進行討論而已。我與那位沉浸在與母親做連結的光輝中的小姐所共同進行的想像工作，便是這麼一則案例：當她一旦有了這樣的經驗，描述性地加強了（她）與母親做連結的架構，這是意義重大且有效的做法，從中所獲得的意涵有助於未來的反思。但去除了這段體驗，只是藉由討論來改變她與母親的連結形式，只有抽象的會談而無實質對象或新奇經驗，在效果上也將只是一瞬間。本書所提的許多策略，像是有關與逝者的想像對話或重塑失落故事，將重點放在生動的體驗工作上，可作為深入失落統整工作的序幕。

| 抓住浪頭 |

　　另一個在歷程中掌控著治療運作的原則是*時機*。說起來這原則其實很容易理解：在對的時刻採取對的介入。太快追求案主當下還無法接受的某種體悟時，最糟的狀況就是產生抗拒，最好的也就是理智上或行為上表現聽從；而若是過晚探索意義所在，則會阻礙案主向前的契機，且對早已了然於心的體悟或結論做出不必要的再確認。後者的情形正是基本建構主義學者所謂的治療上的*追蹤誤差*（tracking errors）之「罪」（Neimeyer, 2009a），也就是說，治療師失去了案主進行意義建構的先機。就像衝浪者離浪峰還太遠便向前行，結果被浪頭淹沒；或落後太多，沒抓到浪頭，便停滯在平靜的水波裡。在我與一位喪慟母親——達菈的會談過程中，便有一次不怎麼有效的例子，那次談話時，她早在十分鐘前曾描述了家人是如何避談他們所共有的哀傷之苦，讓她想要在與家人的談話中談談對兒子的思念和感想時，卻覺得備感孤單（Neimeyer, 2004）。在後來的會談關鍵點時，她其實已經超越了這個話題，進入了想要找到新方法來抒發痛苦而「不把它當作敵人」的議題，但我還滿腦子想著家人不肯敞開心門談論失落的陰霾多多少少仍困擾著她，於是停頓下來並說：「能有人重視你所受的苦似乎很重要，像之前（你兒子）就會有所尊重。」這話聽來在某方

面算是事實，但說得卻不是個好時機，達菈楞楞地盯著我回了一個「嘎……」，並轉移眼神，意味著她想要繼續自己未完的思緒。然後我全然專注在她歷程中的狀態並問她，「『嘎』是什麼意思？」她很快地就接受了我提出的疑問，用驚人而豐碩的角度延伸出她做這個反應的意涵。於是我們上演了一段將痛苦擬人化的對話，把痛苦當作是個人，用擬人暗喻的方式呈現出她曾經想要尋求方式「處理」這個對手的需求。唯有在恰當的時機，從接近案主歷程之調性衍生出來的探索，才能讓介入工作找到它所必需的肥沃土壤，孕育出新鮮的希望枝枒。

然而**培養**對時機的敏感度，與相反地只是單純進行**描述**相較起來，前者就顯得難多了。我發現，如前所述，建立當下的專注關係是需要時間來醞釀的，這使我有機會看清案主在每一話峰轉折處所呈現的內在鴻溝、線索、意涵和遠景；在某種程度上，這些表達和單純的敘說內容同樣豐富。但除了這些基本覺察，我發現它在導引一些內在問題時也十分有用：「我的案主在此時此刻對於邁向下一步的需求是什麼？」當然，有時可能**無需回答**——只是給予一片相繼的沉寂，給案主一些空間以進入下一階段，這與我同事精心進行的心理治療研究（Frankel, Levitt, Murray, Greenberg, & Angus, 2006）的發現是一致的。但即使這耐心等待的形式也是一種回應，如同揚眉不語、會心一笑、身體前傾、各種形式的皺眉，都是一種想繼續聽或請多說一點的邀請；這跟那些更為明顯的介入方法——質疑、提問或指示一樣，都需要在與案主的互動中能夠直覺地辨讀出對他們介入的適切時機。我覺得榮格所下的定義很貼切：「這具有直覺的過程既非感官，亦非思維，也非情感……（而是）一種心靈上的基本功能，是一種**面對情勢與生俱來的潛在感知**。」（Jung, 1971）當治療工作直覺地能夠尋求、發現並移植到這潛在的意外感受時，就是最有效的。後面幾章所介紹的有關案主是否準備好有所改變或投入的治療取向，便涉及了這個關於時機的原則，正像許多用在技巧之前所陳述的指示及禁忌，應注意到在悲傷歷程中介入時機的適切性。

第一部｜建立工作架構

| 駕馭詩意的力量 |

接下來的歷程原則也許可以這麼說：**為達最佳效果，用詩意感性的說辭取代平鋪直述**[1]。當然，許多治療會談都講究實際性的陳述，並具有代表性——盡量符合日常生活用語（而且是案主的用語），才能與案主在塵俗中的現實生活合理地做連結。但對於案主的困擾、定位或潛在希望，若不能至少偶爾提高一些層次強調一下，或用豐富意象的描述取代平鋪直述的話，這治療將無法達到**超越的境界**（Kelly, 1977），也就是說，不只要反映出眼前的事實，還需要以新穎譬喻的說辭來醞釀他們的轉化。

雖說在這原則下，治療師使用詩意感性而生動的表述經常能發揮有力影響，但如果他們無法通過下列兩項試煉，也還是會失敗。此即之前詳細討論過的要件：追隨案主的情緒軌跡，以及掌握良好時機。對於治療師單方面過於急切的解藥便是，專注於藏身在案主話語中的**質性言辭**（guality terms）[2]，也就是那些特別澄清或更精確透露出其定位的措辭。這些言辭通常出現在下列三種情形之一，或所有的情況中：案主所用的隱喻、說話變調（如：說話的韻律改變了，或用語強烈），或伴隨著臉部表情或手勢的非語言動作。想起我曾經會談過的案例蘇珊，當她談到在家中鼓起勇氣擔任母親瀕死前的照顧者時所具有的信心，是一種很陌生的感覺。她回應我有關母親對她這個自告奮勇的表現是如何反應時，她說：「媽媽一度很難接受，嗯……我的這個新**面貌**（façade）。」等她結束對自己新力量的詳盡描述後，我便回到她這段陳述中的質性言辭部分，在其加強的聲調以及高度隱喻的話語中都透露著這樣的訊息。我說：「剛才妳說妳媽媽對於妳的新**面貌**曾經難以接受……」她打斷我說：「我用了那個字眼嗎？

---

[1] 近幾年來，無論是在會談室外或會談中，我都一直專注在這方面的發展，創作了兩件作品：*Rainbow in the Stone*（Neimeyer, 2006）以及 *The Art of Longing*（Neimeyer, 2009b），這兩本詩集的靈感都是來自於我在臨床上與案主以及外界接觸的發想。

[2] 我借用同事珊蒂·伍倫（Sandy Woolum）的說法，她是一位工作於明尼蘇達杜魯市的治療師兼訓練師。

façade？」我向她確認她確實有用這個詞，並表示這個字聽來有些像是某種**面具**，好像只是很**表面**的意思。她回答說：「真的，真的……就像是一件新……**衣服**；不過它現在變得比較舒適了。」（她搖動著肩膀和手臂，就好像要扯破這件新外套似的。）我們繼續直接討論這信心的斗篷現在又如何地更像**她**了；同時對於這持久的力量，我們也探索了她後來從十分自立的**姊姊**以及女兒們那裡所獲得的認同。以下幾章有關駕馭非寫實的、敘述性的、戲劇化的或詩意表象等方法，將能從更有效的方向來延伸對於案主定位所做的比喻。

| 相關資料 |

　　喪慟諮商師在治療歷程中專注於情緒性、敘說性、當下的以及比喻性的面向上，這情形有多普遍？經引述的研究資料顯示，他們其實經常這麼做（Currier et al., 2008）。在接受訪查的對象當中，有 13.4% 的人討論到，會就各種情境在失落中進行統整或從中尋找意義。例如，有一位受訪者表示，運用「統整工作來協助病人處理他們的失落，並將此經驗的意義併入他們的認知和靈性架構」。幾乎有四分之一（23.5%）的人仰賴說故事的活動，像是協助喪慟者「一起分享生命故事，包括死亡事件之前的和失落發生之後的」，還有「鼓勵他們說出自己的故事，並描述實際的死亡事件」。有一小部分的受訪者（7.6%）則聚焦於有時可能從失落經驗中發掘到的利益，或似是而非的一線曙光：「我試著評估，從這個失落中能夠蒐集到什麼樣的成就感。」有幾位（9.2%）強調的是，在悲傷工作中，情緒性表達的中心意義為何，他們說：「我幫助他們分享有關失落的感受。」有很大一部分的人（16.0%）表示，讓案主或病人「看到他們自己在精神面上的腐朽」或「把『失落』放進他們對神及宇宙觀的角度來看待」，透過這樣的做法可以把失落聚焦在靈性或存在意義的層面上。臨終關懷的專業人士（9.2%）也表示「強調選擇性或新方向」、「向前或看到未來」，以及「設定目標」能夠轉化出希望感。最後，還有一些人（5.0%）會試圖

促進喪慟者與死者持續的連結，或延長他們之間的連結：「我把焦點放在個體與死者的關係，以及此關係將如何地持續下去。」後續章節中有許多技巧都反映了這樣的歷程。

步驟

　　本節所討論的步驟是治療實務三合一的最後一個，也是最具體的一環。**專注當下**的態度，使具有警覺性和敏感度的心理師全然處在與案主共享、具有共識的情境中，能夠關注到整個**歷程**在彼此不斷溝通的微妙變化中所勾勒出的特質；具體的治療**步驟**便是提出特定目標，並規劃、運用明確的改變策略。這些過程當然才是五花八門的治療技巧應聚焦的重點，而本書在描述某一技巧的運用時，為達到此一重點，所採取的折衷辦法就是在每一技巧中加入實質的臨床實境。

　　這些技巧所考量到的視野及其運用範圍令人嘆為觀止，若要以特定人口、目標或技巧特色，任何一種方式來將它們分類都十分受限。在此，我是根據其「家族相似度」將它們分成好幾組，用一個較廣的標題來統整這些技巧的用意或目標，而非該技巧本身的表象特質（亦即，無關它們是運用撰寫或圖像的方式、針對成人或孩童，或代表哪一個理論）。因此，在第一部「建立工作架構」之後，各技巧章節分別歸類如以下部分：第二部「調節情緒」、第三部「與身體工作」、第四部「轉化創傷」、第五部「改變行為」、第六部「重建認知」、第七部「面對抗拒」、第八部「發現意義」、第九部「重寫生命故事」、第十部「鞏固記憶」、第十一部「更新連結」、第十二部「修改目標」、第十三部「動用資源」、第十四部「悲中有伴」、第十五部「儀式性的轉化」，以及第十六部「助人者的療癒」。

　　庫瑞爾（Currier）及其夥伴在研究中發現，那些如本書所介紹的技巧在心理師的執業過程中十分普遍。接受調查的樣本中約有四分之一（26.9%）提到，使用了特定的說故事技巧，像寫日誌、生命回顧或寫信，或利用空椅法、或想像與逝者對話。超過十分之一（11.8%）的受訪者表示曾使用與死亡及瀕死相關的儀式，這也包括宗教及非宗教的追思活動，例如，以種植球莖花卉或玫瑰花欉來紀念他們所愛的人。而有些人則支持某個特定理論，有 4.2% 的人提到了認知行為療法（CBT；像「放鬆訓練與指導」、「思維日記和正向自我對話」），3.4% 的人表示支持心理動力的做法（例如，從客體關係或依附理論所衍生的技巧），另有 3.4%的受訪者從人本的觀點出發（即「著眼於個人建構」、完形、個人中心等療法）。還有很重要的一小部分（10.9%）則認定田園照護角色，或常見的具有基督精神取向的模式；例如，有一位研究對象分享了他「指引其觀想神在他們遭遇失落的當時正在做什麼；指引其觀想神在他們之前進入困境，並從當中獲得聖靈啟發」的經驗。占有相似百分比（9.2%）的另一群專業人士表示，他們把焦點放在簡易實務介入模式，包括「身體照顧」、協助案主「釐清他們的需求」，以及「活下去所必需的實際策略」。最後，受訪者中有 12.6% 的人都表示所使用的技巧是能夠象徵性地表達當事人想法與感受的步驟，包括藝術及遊戲治療技巧等。基於此，我們十分希望在這裡所珍藏由各家慷慨貢獻之包羅萬象的技巧，能夠為各領域的專業人士提供方便而有創意的資源，讓各位在廣大資源中為那些生活受到失落侵擾的案主找到適用的好工具。

| 參考文獻 |

Buber, M. (1970). *I and thou*. New York: Charles Scribner's Sons.

Currier, J. M., Holland, J. M., & Neimeyer, R. A. (2008). Making sense of loss: A content analysis of end-of-life practitioners' therapeutic approaches. *Omega, 57*, 121–141.

Frankel, Z. F., Levitt, H. M., Murray, D. M. Greenberg, L. S., & Angus, L. E. (2006). Assessing psycho-therapy silences: An empirically derived categorization system and sampling strategy. *Psychotherapy Research, 16*, 627–638.

Gendlin, E. T. (1996). *Focusing-oriented psychotherapy*. New York: Guilford.

Jung, C. G. (1971). The structure of the psyche. In *The portable Jung* (pp. 23–46). New York: Viking.

Kelly, G. A. (1955/1991). *The psychology of personal constructs*. New York: Routledge.

Kelly, G. A. (1977). The psychology of the unknown. In D. Bannister (Ed.), *New perspectives in personal construct theory* (pp. 1–19). San Diego, CA: Academic.

Leitner, L. M., & Faidley, A. J. (1995). The awful, aweful nature of ROLE relationships. In R. A. Neimeyer, & G. J. Neimeyer (Eds.), *Advances in personal construct psychology* (Vol. 3, pp. 291–314). Greenwich, CT: JAI Press.

Mahoney, M. J. (1991). *Human change processes*. New York: Basic Books.

Neimeyer, R. A. (2004). *Constructivist psychotherapy* [video]. Washington, DC: American Psychological Association.

Neimeyer, R. A. (2006). *Rainbow in the Stone*. Memphis, TN: Mercury.

Neimeyer, R. A. (2009a). *Constructivist psychotherapy*. London & New York: Routledge.

Neimeyer, R. A. (2009b). *The art of longing*. Charleston, SC: BookSurge.

Neimeyer, R. A., Burke, L., Mackay, M., & Stringer, J. (2010). Grief therapy and the reconstruction of meaning: From principles to practice. *Journal of Contemporary Psychotherapy, 40*, 73–84.

Neimeyer, R. A., & Sands, D. C. (2011). Meaning reconstruction in bereavement: From principles to practice. In R. A. Neimeyer, D. L. Harris, H. Winokuer, & G. Thornton (Eds.), *Grief and bereavement in contemporary society: Bridging research and practice*. New York: Routledge.

Polanyi, M. (1958). *Personal knowledge*. New York: Harper.

Rogers, C. (1951). *Client-centered therapy*. Boston: Houghton Mifflin.

悲傷治療的技術 ｜ 創新的悲傷輔導實務

悲傷治療中的同理精神 2

Jeffrey Kauffman

如同前一章，本章也十分重視悲傷治療中的專注當下，強調治療師的同理心是促進臨床哀悼工作的基石。這是治療關係的根本，將建構出能展開各種技巧的治療場域，而這些技巧正是用以為悲傷經驗打造特定療癒歷程的方法。本章主要的重點是闡述悲傷治療師的同理專注，以及其在介入工作上的運作，同時也將構築其他的特殊技巧。

治療基地

最重要的莫過於治療師專注當下的態度，這根基於他（她）對案主悲傷事件的開放度、接納度以及同步能力。在治療關係的基地裡，案主是透過治療師的回應來體驗到悲傷的自己──這是一個身處苦難的個體與一位敏銳的見證者之間一種強而有力的連結。這富含同理心地對案主失落經驗的理解，毫無疑問地就是治療歷程中最根本的面向。

與哀悼者「同在當下」就是所謂的傾聽或同理傾聽，但接收的器官並不是只有聽見當事人說話的耳朵而已，而是治療師在專業養成上對於案主所帶來悲傷議題的整體接收，透過這樣的做法，哀悼者於是在與治療師的

互動關係中體驗到悲傷的自己。案主所表現的悲傷——外顯的與曖昧不明的、言詞上的與弦外之音、沉默不語的和透過言說的、在語言上和行為中——加上治療師對此悲傷的接納——就是這一對治療夥伴所相遇的「當下感」。在這相遇的空間，案主的當下是帶來他（她）的悲傷，並經驗到治療師夥伴對此悲傷的體驗。悲傷治療師與哀悼者間的同理盟約便是一種歷程，其中治療師以開放、接納及同步的態度面對案主的憂傷，為其提供一個安全的環境，讓他能夠面對在他處早已被拒絕或卡住的痛苦。

迷霧的奧妙

　　治療師接納案主的悲傷，開啟了兩者之間的關係動力，這是經營治療互動的基石；然而，此關係本身及案主在治療師專注當下的態度中對於自身的體認，才是不可或缺的面向，但這卻非顯而易見的覺察。對於外顯及內隱的層面都保持開放且尊重的態度，正是本章對於專注當下之陳述的最主要觀點。專注當下的做法與意義超越我們能夠看見或描述的範圍，著實難以理解；而悲傷治療師為案主所行的「同在當下」，好似一股生而為人一般的大奧妙，是一種對莊嚴空間保持開放的態度，哀悼者在這空間裡徘徊失神，與每日的專業、科技、商業世界以及他們的意義都斷了線。在治療師的同理專注下，自我追尋與徘徊不定向內而去，來到難以形容的悲傷境地，這卻有助於發現悲傷本身和它的出路。

　　悲傷所帶來的痛苦也超越了象徵比喻的層面，那些特有的悲傷之苦將隨著悲傷療程一路醞釀，是受傷心靈走向隱形的存在核心所釋放的表情；而專注於他人悲傷的治療師則站在失落與連結、死與生的迷霧之中。案主悲傷所在的層面太過於神聖、強大且令人驚嚇，以至於很難將其顯現出來，但那就是悲傷看不見的核心；相對地，治療關係則是一個立於表象，能用象徵比喻來表達思緒和語言的層面。在這樣的關係情境中處理悲傷，並非是去對抗人類自然歷程中外來或虛構的東西，而是只需單純地看到生

命中所發生的深邃且無法理解的事實，就像它早就在那裡一般。

　　身為一個接收的器官，悲傷治療師要像佛洛依德所謂的「自由浮動的專注」（free-floating attention）那樣來調整自己，這是一種不將注意力放在某個特定意義上的傾聽技巧，是放開直接對意義的解讀，只接收案主言說中所透露的意義；要傾聽的是聽到的內容，而非案主意識中的自己。自由浮動的專注，可說是一種接收悲傷案主當下無法預知地表達的方式。

　　以接納的態度專注於當下，須在哀悼者的心情陳述中傾聽吸收，跟案主所表達的情緒同步；與哀傷的案主同在，需要忍受一無所知，貼近難以理解的無知處境，純粹靠著案主的故事和他的情緒勾勒出輪廓。並非只是悲傷治療中所專注的事物令人不解，整個歷程本身亦充滿著神祕不可知。當與案主全然專注於當下，治療師就沉浸在迷霧之中；面對治療關係中所隱藏的威力，而這也是定義著這段關係的力量，悲傷治療於是意識到一團迷霧將表達的訊息，這是藝術與科學都無法解釋的。悲傷治療師在當下也將在他的開放態度、愛與幾乎一無所知的恐懼中覺醒，而這些的確令人難以承受，卻也推動了哀悼的步伐。

反映、支持並見證

　　在此所說的治療中的專注當下，其所持的觀點與基本的人類關係被視為是一種媒介，用以形成認同以及促進社會連結的說法相呼應。如同一面鏡子，他人對我們的認識，讓我們經驗到了自己；而當那些在悲傷中的人受到了這樣的注意得以表達哀傷，最終就能夠將痛苦轉化而看到新的自我。藉由接納的態度並映照出案主的悲傷，就像透過鏡子讓案主看到他悲傷的自己，治療師在此證實、認定並支持了悲傷之痛以及哀傷者本身。

　　這種關注也被解讀為是一種*見證*。即使已有社會支持，悲傷之苦也還是有可能孤單地深埋心中。有人見證，可將案主從悲傷所產生的愧咎與孤寂中釋放出來，這有助於哀悼工作的進展。從另一角度來說，溫尼考特

（Winnicott, 1960, 1967）將此關係稱之為「支持」──一種存在於支持者（亦即母親或治療師）與將會有所改變之被支持者間的關係，這改變即指發展或療癒。身為「支持者」或扮演著承載容器的悲傷治療師，就是接納悲傷案主充滿情緒起伏人生的人。支撐案主悲傷的治療師，其所持的導引問題是：「這痛苦是什麼？」正如羅吉斯（Rogers, 1961）針對一般心理治療所提到的，治療師對於案主痛苦的同理專注，是悲傷治療中必要且充分的條件。「專注當下，全然出席並全然人本地與那位走在他自己療癒之旅的人在一起。」（Gellar & Greenberg, 2002; 亦請對照 Sheppard, Brown, & Graves, 1972 一文。）

悲傷治療師的自我照顧

　　這需要把自己當作治療工具一般地來照顧，但此工具並不是為考量治療師之用而存在的，是我們這裡所著重的那種對案主專注當下所需的工具。當與案主「同在」時，我們是流動的。我們自身的福祉，以及接納案主並能夠同步的能力，就是自我照顧歷程的一體兩面，一方面對案主的痛苦保持開放的態度，另一方面要隨時注意自己對其痛苦的感受。

　　自我照顧架構在專注當下的工作中，這工作基本上就是對自己保持覺醒、讓自己全然開放、注意細微差別、覺察不一致的地方，以及專注於悲傷案主時其自身感受到的痛苦。在內心裡，無論是會談當中或會談之間，治療師需根據需求關注自己的反應──有時是我們在感知上固有的反應；有時是因為受到一些影響或想法，或事後的思慮而產生的反應；也有些時候是因為焦慮或防衛機轉而做的反應。將這些自我觀察當作自問的問題一一回答，治療師因此便進行著自我照顧的歷程。對悲傷治療師來說，這是一個無限量的個人及專業成長機會，也是學習契機；於是自我照顧可以協助我們發展並維持對案主之悲傷具有專注於當下的能力。我們都會有焦慮、防衛、盲點和死穴，以及無法面對案主悲傷之苦和意義所在的地方，

悲傷治療的技術｜創新的悲傷輔導實務

開啟對這方面的關注並處理這些臨床經驗、加強專注當下的能力、善用直覺，以及加強敏感度的彈性。治療師所持有的專注精神需要透過處理個人經驗的過程來進行照顧，於是接納的通路才不會因自己的需求、焦慮和抗拒而受到阻隔。

心存感恩

極其重要的原則是，悲傷治療師在與案主的關係中有所觸動，使他能夠發揮接納、專注當下、開放態度、關注並有想了解的精神，是靠著一顆**感恩之心**，這感恩之心需要能夠領會案主悲傷所在的意義和價值。在接案之初，治療師便無條件迎接充滿哀傷的案主，向這位陌生人確保表達他的痛苦是安全且被接納的，易受傷的心靈現在有了去向，而哀傷腐朽的人們將會受到庇護。感恩之心是一種接納的精神，不會抗拒案主的悲傷，能迎接並為悲傷提供安全的避風港；感恩之心表達著相互給予並欣然接受對方所回報的禮物。當接收案主所表達的悲傷時，最具接納精神的做法就是以禮回報；用感恩的態度來接納，使案主感受到悲傷的自己的價值與意義所在，感恩的接納之情為他提供了一個去處和承載的容器。

對他人尊重是因為感恩具有**相互性**——享有殊榮，能獲致哀傷案主如此開放的態度；並有對方開放自在地接受我們的榮幸。根據齊莫爾（Simmel, 1950）的觀察，感恩承擔著相互的義務；也就是說，感恩是一種能夠給予回饋的接受態度，這是一種引發利社會行為的利社會情感（Bartlett & DeSanto, 2006）。治療師的感恩之心對悲傷案主及治療師本身都具有支持性。

感恩的態度是哀悼者害怕與愧咎的避難所，並有助於為此哀悼之人去除汙名；治療師接納案主悲傷時所持的感恩之心，可為其提供安全的途徑，走過他與治療師相互扶持的失落旅程。其所造成的影響不僅是引起急性悲傷的失落，同時也對生命中的失落歷程產生衝擊，而那正是意義建構

與自我認同的重心。帶著這樣的態度，治療師接收悲傷案主當下種種所持的同理心，便是一顆開放的心，這是對他人的尊重，也幫助並鞏固了他們的連結。最後，在悲傷治療中，雙方相互感恩的心就像是一種恩典，正如同在沒有負債的禮物經濟體系*裡運作一般。然而事實上，正由於跟自己的死亡相關，我們需要認知到，自己的感恩態度不可能完美無缺，它也是有極限的；包括我們身為治療師充滿同理心地承接案主苦難的能力，也無可避免地有其限制。

| 參考文獻 |

Bartlett, M. A., & DeSanto, D. (2006). Gratitude and prosocial behavior. *Psychological Science, 17*, 319–325.

Gellar, S. M., & Greenberg, L.S. (2002). Therapeutic presence: therapists' experience of presence in the psychotherapy encounter. *Person-Centered and Experiential Psychotherapies, 1*, 71–86.

Rogers, C. R. (1961). *Becoming a person*. Boston: Houghton Mifflin.

Sheppard, I., Brown, E., & Graves, G. (1972). Three-on-ones (Presence). *Voices, 8*, 70–77.

Simmel, G. (1908/1950). *The sociology of Georg Simmel* (K. H. Wolff, ed. and trans.). Glencoe, IL: Free Press.

Winnicott, D. W. (1960). The theory of the parent–child relationship. *International Journal of Psychoanalysis, 41*, 585–595.

Winnicott, D. W. (1967). Mirror-role of the mother and family in child development. In P. Lomas (Ed.), *The predicament of the family* (pp. 26–33). London: Hogarth.

* 譯者按：禮物經濟（gift economy）體系是一種不以獲得實質利潤為目的而提供商品或服務的經濟模式，它所重視的是社會回饋或非實質的報酬，例如刺激流量、促進宣傳、提升忠誠度等。現今網路上十分普遍的免費提供 E-mail 信箱、部落格空間，以及雲端硬碟等服務便是一例。

細拉 | 3
進入悲傷境地的正念導引

Joanne Cacciatore

自 1990 年代以來，臨床醫師為改善案主與他們自己想要的結果，以快速成長的數量積極帶入具有正念基礎的介入模式（mindfulness-based interventions, MBI）。儘管此一技巧的效果，最初的證據只是以軼聞性質出現（Kabat-Zinn, 1982），但後來支持它的實證資料則漸漸在正念減壓療法、辯證行為療法、接納與許諾治療，以及正念認知行為治療等領域中架構出來（Hoffman, Sawyer, Witt, & Oh, 2010）。然而，雖然運用此一技巧的潛力無限，卻只有少數幾個案例在悲傷諮商工作中提出了正念理念。細拉悲傷模式（Selah Grief Model）便是一種以正念為基礎，具有引導力的介入治療，它的認知焦點放在兩件事上：自己和別人。**細拉**（selah）一詞源自於希伯來語的 *celah*，時常被用於聖詩中，提醒讀者何時該停頓、省思和冥想。

一般來說，在早期治療階段，創傷性的悲傷使人呈現著強烈的存在性痛苦狀態，於是治療師在最初一開始就要提供一個安全場所，讓案主能夠跟他們的悲傷**共處**、面對失落、讓失落找到表達的出口，這是很重要的。在此，為案主設立的目標就是進入一個發自內在的停頓狀態，全力跟情緒同步，透過刻意隔絕的（冥想）歷程跟隨轉換的情緒，讓自己和他人在情緒面上透明化，並學會自我疼惜和關注。例如，自我疼惜能夠降低自我批

<blockquote>第一部│建立工作架構</blockquote>

判和反芻思考的傾向，使個人從經驗中有所反思和學習的能力得以改進。透過正念的活動，像是流淚、靜坐與祈禱、書目治療、心情日誌、以「赤足徒步」（barefoot walkabouts）體驗生態連結、三分鐘喘息時間或意識時間、深呼吸、創作藝術（如：音樂、美術、詩作、圖像藝術），以及尋求協助等，當水到渠成之時，案主在表達上便獲得了幫助。很重要的是，對案主培養這些認識正念的能力，治療師也需要有類似正念根基的養成，這才是他們雙方藉以互動的基石（Cacciatore & Flint, 2012）。

　　一旦案主與自身的經驗同步後，他們就較能與治療師在悲傷的氛圍中進入一個治療式的反思狀態，案主的專注力會在自己（案主）和他人（孩子、伴侶、父母及其他人）之間搖擺不定。通常，案主的意識和心思處於這種狀態的同時，他們也學會信任自己：他們能夠與自己的悲傷**共處**、向悲傷屈服，並找到走向新常規的大道。有了治療師溫暖的守護，案主就會願意積極面對情緒經常失控的狀況，認可並尊重每一當下都是合理且需要受到關注的。這樣的境界可透過本書所描述的一些練習來達成，像是敘說治療——說故事及再重述——並且在因說故事而產生的情緒上，要比對故事本身投入更多的關注。盡可能詳細地寫出故事，這是個很有效的治療作業，或者也可透過撰寫心情日誌或形容日誌來進行，讓案主在此盡情琢磨對於心情的描述。治療師可能會（在適切的時機）鼓勵社區的支持團體，或以信仰為基礎的團體，用這方式邀請成員來觀察他人的苦難，這過程可以幫助案主將心房打開面對其他成員。家庭系統圖也是個不錯的工具，可用以了解案主的家庭狀態，而且治療師可用來進行移情模仿（empathic mimicry），尤其是針對失調或失功能的家庭系統。許多喪慟的父母都掙扎在罪惡與愧疚之中，因此最具有贖罪策略的一個做法可能就數和解方式；像我用的一個技巧叫做**道歉信**（the apology letter）便是一例。在此，由喪慟父母寫一封信給死去的孩子，明確地寫出他（她）要如何進行補償，事情會有什麼不一樣，對孩子表達他覺得哪裡做錯了，卻始終沒機會說出來。接著在一段深度反思的時刻之後，這位父親或母親開始寫另一封給自己的信，這是由孩子「寫給」他的。其中言詞通常都是對父母充滿

著諒解與憐惜，寬恕他們並向他們確保永不止息的愛。

　　當父母覺得是時候了，他們的看法便開始改變，而且圍繞著孩子死亡事件的情緒開始有了質性上的變化。慢慢的，意義從苦難中揭露出來，並能獲得心理上的平靜；他們會感到較有能力把心力放在其他受苦的人身上，或面對更大的需求。這正是一種轉化的過程，而非摒棄痛苦的情緒狀態。治療師可以幫助喪慟的人（當他們準備好了時）探索並發掘他們對追求更佳境遇的需求；進行一些像隨心行善、帶領支持團體、擔任志工、參與社群、寫感恩日誌，以及提供心理衛教等活動，都可激發出有貢獻的行動，這時心緒就很容易轉向他人，能夠更加全心地為別人服務。譬如說，在支持團體裡，案主可能專注在其他的失落故事上，於是降低情不自禁沉陷在自己故事的機率。最後，這樣的轉化將可協助那些創傷中的喪慟者走過整個難以想像的失落餘波。圖 3.1 是細拉模式的摘要。

卡氏細拉悲傷模式（Cacciatore's Selah Model of Grieving）

自我專注	其他關注

與悲傷共處	沉浸悲傷中	處理悲傷
狀態：停頓 **目標**：同步	**狀態**：反思 **目標**：信任	**狀態**：意義 **目標**：貢獻行動
- 獨處 - 自我覺察 - 自我疼惜 - 情緒透明化	- 面對悲傷 - 尊重情緒化的自我 - 覺察提升	- 觀察別人的痛苦 - 宣達更大的目標 - 創傷後成長
習題： - 徹底哀悼 - 靜坐與祈禱 - 書目治療 - 心情日誌 - 赤足徒步 - 三分鐘喘息時間 - 禪定 - 陽光／大自然 - 說故事 - 作詩、音樂、 　吟唱、圖像或藝術 - 瑜伽或氣功 - 園藝 - 尋求協助 - 生理照護 　（營養、運動、按摩）	**習題：** - 徹底寬容 - 徹底接納 - 重述故事 - 撰寫故事 - 舉辦儀式 - 覺醒（有目的地生活） - 寫信給逝者 - 寫信給在世的人 - 自我成長支持團體 - 回憶日誌 - 社區支持 - 有報酬的工作	**習題：** - 徹底改變 - 尋找行善機緣 - 機會 - 提供社會支持 - 為他人服務之支持團體 - 社區服務 - 參與志工服務 - 尋求覺醒同路人 - 感恩日誌 - 心理衛教

圖 3.1　細拉悲傷模式

　　吉姆是一位五十歲的父親，他二十三歲的長子馬克差不多三年前在接受治療前便自殺身亡。他在失去孩子後的幾個星期內就立即參加了一些支持團體，但因為覺得不自在，就沒有再回到團體。吉姆說自己失去了「功能」，雖然每天去上班，但卻把自己抽離朋友圈和社交活動，因為他感覺大家對他喪子一事都很無感。吉姆過去這些年來體重大幅下滑，而且還飽受失眠、夢魘、情緒不穩、暴怒、事發現場的畫面入侵等狀況之苦。他時常避免去想兒子，甚至連看一眼他的照片都非常困難，只好把照片從家裡的牆上統統移走。當他發現自己與家裡其他孩子的關係逐漸變淡時，於是決定尋求治療。他的第一次會談花了兩個半小時，我用心傾聽他的故事，對他思緒間充滿情緒的沉默表達敬意，對他緩緩道來的溝通方式報以專注而不打斷的態度。這對於在此新的治療關係中建立信任感很有幫助，於是吉姆感受到不被催促、「終於有人願意聽我、看我」，並意識到我能夠容忍他的情緒狀態，根據他所述，這是其他許多人非常不能承受的事。

　　我們最初八至十次的會談都把焦點放在「讓吉姆可以無條件地與自己的悲傷共處而無評斷」，而我也願意加入即使如他所謂的「黑暗角落」。他學會了誠實面對自己當下的情緒，並相信我會接受他所展現的任何狀態。他開始進行每日寧靜時刻──靜坐──從十分鐘開始，每天早晚各一次。此外也寫心情日誌，並發現了一個象徵物「螢火蟲」來代表他兒子，這具有特殊意義，於是他開始整天刻意尋找它們。在第五次會談中，他把焦點放在自己所感覺到的一股盛怒氛圍，我們討論以正念做法來處理這個盛怒會是怎樣的情形：(1)認知到當下從內在升起的憤怒與盛怒；(2)以好奇和坦承的態度面對此憤怒；(3)提問：此時此刻的這個憤怒對我來說究竟是什麼？(4)慢慢做三次或更多次深呼吸；以及(5)若以上做法都無效的話，就遠離那個情境或人。於是每次當他覺得有好像要「爆炸了」的感覺，便會開始運用

漸進放鬆法。到了第十次會談，吉姆覺得大大地從盛怒中解脫，這在我們每週檢視他所寫的心情日誌裡獲得了證實。他的睡眠情形也有所改進，且惡夢減少了。第十三次會談時，他增重了近四公斤之多。

當吉姆覺得準備好了時，我們開始進行較多觸及他悲傷的活動，包括增加因喪子而產生的微妙的、有時甚至是衝突的意識感受。在他重述的故事中，吉姆注意到之前對於兒子自殺所產生的、未曾發現的罪惡及愧疚感。他了解到，自己總以為別人會覺得他兒子太「軟弱」，而認為他沒有好好幫助兒子。這透露著一股強烈的身為父母的責任感，最後造成非常情緒性的結論：吉姆覺得兒子的死，歸根究柢就是他的錯。我們於是新開始了另一個寫道歉信給馬克的系列活動，在此，吉姆表達了自己的失敗感，他詳細地寫下沒有在馬克身邊給予支持的時刻，並寫下所有在馬克孩童時期他不曾參與的活動；他為馬克自殺當天沒有接聽他的電話而懊悔，並且請求馬克原諒他。我請吉姆等待至少三十分鐘後，在同一篇日誌裡寫下馬克給他的回信。「現在你請求他的原諒了，」我問他：「那馬克會怎麼跟你說呢？」這對吉姆來說是個具有延展性且不得不做的功課。他說他「哭到淚乾」，但「感覺真好，我彷彿可以聽到他的聲音在說：『爸，我愛你。』」

當吉姆克服了部分罪惡感和愧疚感之後，他跟家裡另一個兒子的關係便改善了，而且還開始結交新朋友，並每月參加喪子的支持團體。他最後終於回復原來的體重，能夠自在談論馬克，甚至在家裡把他的照片掛出來。吉姆開始會談約兩年後，他表示想要協助其他失去孩子的父親，而他現在已是一位正式的義工，幫助了許多悲傷的父母。儘管吉姆自己的悲傷旅程還沒走完，而且可能永遠無法有所定論；但他已發展出必要的技巧，讓他能夠與自己的悲傷共處，屈服於它，並利用這個特質來做些有意義的事。他現在有了較好的機會活出一個能夠實現個人抱負的生活，也是一種獻身於服務他人的生活。而引領他用正念的方式走過，看著他走到創傷悲傷的彼岸，鼓舞了我，讓我能在這十分困難的工作中持續下去。

結語思維

　　近年的研究顯示，以正念為基礎的介入模式（MBI）已有效地運用於憂鬱症、焦慮症及其他情感性疾患的治療中（Hoffman et al., 2010），以及許多生理上的疾病，像是高血壓、慢性疼痛，和改善腦部功能與免疫反應等的治療（Davidson, Kabat-Zinn, Schumacher et al., 2003; Kabat-Zinn, 1982）。然而至今，對於有著創傷喪慟案主的治療，在正念療法的相關文獻裡卻被忽略了。細拉悲傷模式便是一種正念療法的介入方式，能夠豐厚悲傷案主與治療師之間的關係：這是一個在停頓、反思、意義之間將兩者連結，隨著哀悼者自己的步伐找到出路的做法。

| 參考文獻 |

Cacciatore, J., & Flint, M. (2012). ATTEND: Toward a mindfulness-based bereavement care model. *Death Studies*, in press.

Davidson, R., Kabat-Zinn, J., Schumacher, J., Rosenkranz, M., Muller, D., Santorelli, S., Urbanowski, F., Harrington, A., Bonus, K., & Sheridan, J. (2003). Alterations in brain and immune function produced by mindfulness meditation. *Psychosomatic Medicine*, 65(2), 564–570.

Hoffman, S., Sawyer, A., Witt, A., & Oh, D. (2010). The effect of mindfulness-based cognitive therapy on anxiety and depression: a meta-analytic review. *Journal of Consulting and Clinical Psychology*, 78(2), 169–183.

Kabat-Zinn, J. (1982). An outpatient program in behavioral medicine for chronic pain patients based on the practice of mindfulness meditation: Theoretical considerations and preliminary results. *General Hospital Psychiatry*, 4, 33–37.

4 喪慟歷程的軌跡
介入架構

Simon Shimshon Rubin

由於本書強調詳盡的示範，在此提供治療師引用於喪慟治療工作的方法很多，範圍從情緒模式策略及正念療法，到重新審視與逝者持續連結的技巧，和以藝術表達來對所愛之人表達懷念的做法都包含在內。但在這麼廣的範圍內，專業人士將如何選擇適合的技巧，在對的時間，用在有著特定失落的案主身上？我在這短短章節中的目標，就是描述喪慟的雙軌歷程模式（Two-Track Model of Bereavement, TTMB；Rubin, 1999）可如何協助治療師，依據案主的需求建構出治療性的介入模式。在此我們將討論這個模式的概念、評量以及介入目的；而喪慟的個人及其家庭，基本上也覺得這個工作架構很有幫助（Rubin, Malkinson, & Witztum, 2012）。

喪慟的雙軌歷程模式著眼於人們對悲傷的反應，好讓他們尋求可以持續生活下去的路，也用於重新審視與逝者的心理關係。此模式的第一個軌道是**生物心理社會功能**（biopsychosocial functioning），第二個軌道則專注在**與逝者**過去及未來持續**的關係**（relationship to the deceased）。對喪慟有適切的反應，保持與逝者的關係的彈性，可以平衡面對生活挑戰的關注力。當因應失落產生困難時，這兩個軌道基本上就反映著某種程度的相互依賴，通常見於喪慟的早期階段，而在複雜性悲傷反應裡則有較持久的情形。或者，發生困難的情形可能只在其中一個軌道較為明顯，那麼評量

與介入的工作就要針對這情形來做考量。需注意的是，即使沒有生物心理社會上的困擾，若缺乏相關資料顯示其與逝者關係在失落前後的種種，我們便不能假設這喪慟反應調適得很好。若功能顯示良好，但對逝者的回憶卻執意逃避，那麼就可看出，其實只有第一軌道為正向反應。若與死者的連結很完整且能保持平衡，但在生物心理社會功能上卻顯示一個或數個項目有著明顯困擾，那麼就是第二軌道呈正向反應，而第一軌道則是有困難的。關係可能會被放在一邊、終止運作，但這並不等於與重要逝者的關係已經走過悲傷，做好了重整。對這兩個範圍（請見表 4.1）都需評量其相關的議題，才能幫助治療師對案例在更為廣泛與充分理解的方式中有一個完整概念，並能夠用這些資料找到適切的介入模式，如同本文之後所描述的案例。

表 4.1　喪慟雙軌歷程模式之簡易判定

軌道一：生物心理社會功能	軌道二：與逝者的關係
令人困擾的影響與認知 （如焦慮、憂鬱）	專注於失落事件及（或）逝者的程度
生理上的焦慮 （如胃口、睡眠、性功能障礙）	對逝者的回憶有困難及（或）逃避
	與逝者關係，情感投入過多或太少
創傷指標（如創傷後壓力症候群）	與逝者有負面及衝突性的關聯
人際關係問題 （與家人或其他社交圈的互動）	當談論與逝者關係時，有明顯的震撼、想要尋找、失序且（或）重整能力有限
自尊、自我系統及自我疼惜的瓦解	當想起逝者時，自我感受微弱或失序
挑戰了一般的意義架構	對於關係的紀念與轉化無法進展
工作、學業及日常生活作息的投入發生困難	

丹恩在失去兒子兩年後來接受治療，他兒子烏里死於一場車禍，對方是無照駕駛並有多起違規駕駛紀錄。丹恩是一位退休的公務員，沒什麼嗜好，他苦於極度悲傷、無精打采、易怒、睡眠失調且全身疲勞。丹恩之前曾是喪親治療團體的成員，他表示在那組織裡交了一些朋友，後來成為促進公共安全與駕駛者教育的公益倡導人，經常在全國或地方上有關安全駕駛的活動中發表演說。丹恩以兒子烏里的成就為故事，當作講演和受訪的切入點，強調這悲劇是可預防的，重要的是應盡量降低這種悲劇的發生。他只有在致力於紀念兒子，或為改變大眾駕駛態度而演說時，才有生龍活虎的感覺，似乎是倚賴著這些活動來與烏里保持著一種關係，而這也加強了他對自己的正向感。

然而，這樣極其用心地保持對烏里的鮮明記憶，卻也相對付出了代價；尤其丹恩這種高度投入與兒子之關係的作為，使他與其他孩子以及妻子產生了情感上的疏離。生活中明顯占據著死去兒子的種種，甚至充滿著渴求，想把兒子公諸於世的渴望更加顯著。丹恩表示他與烏里非常親近，對他十分激賞，更是無時無刻不想到他。他只要談起他們生活上的點點滴滴就滔滔不絕，並強調他們父子在一起的親密和歡樂時刻；但對於跟烏里無關的事，丹恩就一點都提不起勁來。

丹恩在第一軌道的問題是生物心理社會功能有顯著困擾，他在家裡的人際關係因為全心專注在烏里身上而大受影響。在生理上也有不適，經常哭泣，從來沒有不悲傷的感覺。他處理自己生命意義以及投入生活重心的方式，大都押在與紀念兒子有關的事務上，他主要的生物心理社會功能是與兒子徹底交織在一起而癒合的。在第二軌道上，他與烏里持續的連結顯示了他們有如掛毯般緊密的關係，他被徹底攻

占且對兒子的渴求十分明顯，但這乃來自於過去多年，他們共同發展出的正向而豐碩的經驗。這些年來，說起烏里的生命故事和他們的關係，就像是一般的父子關係那樣令人無從置喙。

在軌道一，治療目標放在與其他家人的人際關係，讓他重新把關注焦點放在近親，同時也包含了身體活動、運動以及正念等活動計畫，讓他有不同的活動選擇，對情緒也有不同的管理方式。治療性關係所帶來的鼓勵，給了他一個安全的基地和情緒支持，重點放在擴展丹恩生活興趣的範圍，讓生命開啟更多樣的可能性。在軌道二，則是保留大量的空間，讓他描述並重新鋪陳他和烏里的關係，以及他本身對烏里的觀感。個別治療工作每週一次，持續了一年；第二年改為兩週一次；有了治療聯盟與關係的加持，丹恩在情緒上平靜了不少，也沒那麼憂鬱了。他用心經營與妻子的關係，並充分解決了一些失落前就有的問題，於是雙方能夠相互大力支持。丹恩在日常生活中添加了一些體能運動，並選擇園藝活動為其生活嗜好，這對他產生安撫作用；而他也成為政府部門行人安全委員會的顧問。他視此治療為一安全境地，是個可以分享事情的地方，而這些事情一路行來，經過一個又一個會談，總是占據著他的心靈。在這具有支持力的環境裡，他能夠重新調整自己的一些功能範圍，於是也因此而廣增了他的生活內涵，讓他感受到更多的平靜，即使他仍然對失去烏里感到悲傷，但那是可以理解的。

結語思維

在像丹恩這樣的案例裡，喪慟雙軌歷程模式提供了一個如掛毯般的模式，編織在其中的是生物心理社會功能及與逝者關係的兩股繩縷。在此，與烏里的關係和對他的重心占據了丹恩大部分的生活，想要對兒子保持著活生生的記憶，卻使他陷入一種停不下來的緊繃與活躍狀態。找出方法重

新調整失序的情緒，就是第一軌道要介入的部分。此外，將治療重點直接放在第一軌道生活上的其他面向，把這部分與他和烏里的關係議題分開，而此關係議題（第二軌道）則以探索與支持的方式來處理。儘管丹恩在生物心理社會功能上已經十分困擾，但若是不用明確的治療方案著力於他與兒子的關係（他對此感到失落，並期望能夠保持鮮明的記憶），丹恩就不會在這治療工作上有所投入。又若光是著眼於他和烏里的關係上的話，對促進他在許多行為上的改變也同樣會顯得不足，而這些行為改變卻是能夠幫助丹恩脫胎換骨的契機。

臨床和研究工作使用喪慟雙軌歷程量表（Two-Track Bereavement Questionnaire; Rubin et al., 2009）可以增進我們對這兩軌道間相互作用的了解，也能看到此兩領域之間的差別，正如本章在此所介紹的內容，亦能藉此明白它們在治療上的應用。當我們進行喪慟治療工作時，建議把這兩個軌道的指標編織進來並予以關注，根據手邊案子的情形強調不同的變項。運用喪慟雙軌歷程模式來追蹤喪慟歷程，當作一份概念性的利器，治療師便能夠在較佳的條件下選擇本書所提供工具箱裡的技巧，使它們符合案主的真正需求。

| 參考文獻 |

Rubin, S. S. (1999). The Two-Track Model of Bereavement: Overview, retrospect and prospect. *Death Studies, 23*, 681–714.

Rubin, S. S., Bar Nadav, O., Malkinson, R., Koren, D., Gofer-Shnarch, M., & Michaeli, E. (2009). The Two-Track Model of Bereavement Questionnaire (TTBQ): Development and findings of a relational measure. *Death Studies, 33*, 1–29.

Rubin, S. S., Malkinson, R., & Witztum, E. (2012). *Working with the bereaved: Multiple lenses on loss and mourning*. New York: Routledge.

第二部
調節情緒

悲傷觀察日誌 5

Nancy Turret 及 M. Katherine Shear

適合對象

　　這個技巧適合大多數遭遇喪慟後情緒起伏很大的人。此日誌不適合無法讀或寫的案主。對於非常逃避悲傷，認為觀察自己的悲傷將會變得更糟的案主，本技巧便需要有所修改，例如一開始只針對悲傷最輕微的時段做記錄即可。

說明

　　情緒起起伏伏是悲傷過程中很自然的部分，這是人們對於死亡即是終結，以及此終結之後續影響的一個調適理解的歷程，也是對所愛之人不再現的未來，重新進行審視的階段。對未成年的孩子來說，不斷深陷在看似無止境的渴求、思念、悲傷和罪咎，或挫折的複雜性悲傷（complicated grief, CG）中時，他們的學習成長過程可能因此而脫序。我們運用悲傷觀察日誌作為複雜性悲傷治療（Complicated Grief Treatment, CGT）的核心工作（Shear & Mulhare, 2008; Shear & Gorscak, in press），來幫助死亡事

件發生後深陷苦惱持續六個月、一年或時間更久，因而影響了他們的社交或就業功能，並有醫療和心理疾病危機的案主，日誌也對處於哀悼早期的案主有效。

悲傷觀察日誌是一張表格，左邊列有日期，每一行一天；直排另有五欄，於頂端標示著：「最低悲傷值」、「情形」、「最高悲傷值」、「情形」，以及「悲傷均值」（請見表 5.1）。案主在此以 0～10 來標示他們的悲傷強度，0＝完全沒有悲傷，10＝所感覺到的最大悲傷強度。我們在此提供一份日誌樣本供各位參考，案主依照指示觀察他們自己在白天和晚上的悲傷強度，把這一天最高和最低的悲傷強度以及悲傷均值登記下來。根據指示，他們要更進一步在「情形」的欄位註明，當感受到最高和最低悲傷強度時是什麼狀況。「悲傷均值」是指案主對這一整天的悲傷強度估計為多少，這往往不是最高和最低數值的算術平均值。我們在會談治療時會一起討論這份日誌，探索悲傷基本上所包含負向和正向的不同情緒。我們也會討論悲傷升起時的情形，還有那些較不覺得悲傷的時刻。觀察悲傷程度，可以讓我們把治療帶入案主的日常生活，這方式也可幫助人們覺察到是否對悲傷程度有負向的自我評價，讓治療師有機會對所觀察到的悲傷起伏現象做合理解釋，讓案主明白，良好的哀悼歷程通常都是這麼進展的。我們會鼓勵案主允許他們自己去經歷那些痛苦的感受，並能夠把這些經驗放在一邊不去擔心。

表 5.1 部分填妥的悲傷觀察日誌

日期	最低悲傷值（0-10）	情形	最高悲傷值（0-10）	情形	悲傷均值
8/14	3	晚上騎自行車時	7	獨自上床時	5
8/15	2	和孫子玩時	5	整理家人的照片時	4
8/16	0	健身後晚上睡得很好	4	整理好照片並與姊姊一起觀看時	2

當案主記錄悲傷程度時，他們有時會因為其中夾雜著憂鬱和焦慮，而對悲傷情緒感到困惑。有些案主一開始會把任何負向感受都當作是悲傷而記錄起來，無法分辨這些感受的差別（Zisook & Shear, 2009）。但我們需要區辨案主所經驗到的情緒，因為不同的情緒需要做不同的處置。在複雜性悲傷治療（CGT）中，我們需看到並認同案主對所愛逝者產生的渴望及思念情緒，還有對他們的離世而感到難過的心情。對逝者的記憶總是會渲染著這些情緒，但經過時間的洗禮，這些記憶自然而然地會變得較為正向，並具有安撫作用；另一方面，我們會針對罪咎、憤怒、焦慮及憂鬱等情緒來做處理。難過的心情在悲傷和憂鬱情緒中都會出現，但因悲傷而難過的焦點在於思念逝者，因憂鬱而難過的焦點則在於對自己、這個世界或未來感到無望及無助。難過是悲傷情緒中一個非常自然的現象，但憂鬱卻會使這難過的心情很難去進行跟失落和解的工作，無法對未來持續的生活重新整合出重要方向。悲傷觀察日誌便是我們用來與案主共同分辨那些不同情緒的一個方式。

案・例

海倫這五年來都在為她八十七歲母親的辭世而痛苦掙扎。她在第一次會談時開始進行悲傷觀察日誌，第二次會談時，她說完成這份日誌「開啟了記憶的潘朵拉盒子」。她發現對母親的記憶經常飛掠腦海，讓她覺得做這些記錄很不舒服，而且擔心這不是個好方法。治療師見證了她的感受，並建議他們一起來看看這份日誌，結果發現這日誌其實協助他們看到了海倫悲傷歷程中那些「卡住的地方」。像是，在洗衣間拿著寬鬆的褲子，讓她想起母親嚴重摔傷送去醫院時所穿的那件褲子，他們把那些衣服還給她時，已經被剪得亂七八糟了。海倫覺得根本沒必要把衣服剪成這樣，因此對醫院有著一股怨氣，她對他們處理母親的東西這麼不經心而感到煩亂。當治療師與她討論這件事時，海倫了解到對於母親的照護議題而氣憤的情緒，經常占據了她的

思緒，想到醫護人員對她母親的不尊重以及粗魯的處置就讓她感到困惑，加強了她對母親的心疼，使她覺得這世界真是令人無助又無望。

在海倫跟治療師於後續的幾週持續進行寫日誌的工作後，她發現處理保險公司事務、付帳單、看醫生，以及聽見救護車警笛聲等的情形都會引發她生氣，同時還兼具著悲傷與難過的心情。這些狀況都讓她想起母親的死，而且使她感到困擾的是，沒有人真正在意她的感受。於是海倫更進一步了解到，她對於承認自己會產生這些情緒而感到非常丟臉且罪過。討論到她之所以有丟臉與罪過的感受時，卻喚回了她兒時的記憶，那是一段創傷故事，她說一直以來是多麼努力地要讓自己有自信且自在。海倫開始能夠分辨與母親之死有關的情緒，以及與其他重要生活事件有關的情緒，她觀察到：「我把所有事情都放在悲傷的桶子裡了，羞愧和罪過的感覺不屬於那裡，它們來自於不同的地方。」隨著治療的進展，她看到了這些羞愧和罪過的感覺，是如何影響了她的自尊以及自我價值感，也進一步影響著她的心情。當難過時，她總是想起母親，而這就令她聯想到對不貼心的人的氣憤，於是又對這些想法感到羞愧和罪過。

寫日誌對討論正向情緒也很有幫助，海倫可以藉著看電影和購物這些活動讓自己分心，但她卻很輕蔑地說，她只是想「逃避到那些不用動腦筋的事情裡」，而且覺得她竟然讓自己做這些丟臉的事。她再度有這羞愧的情緒，而這其實是跟她早期所遭遇的創傷有關，治療師於是幫助海倫看到，做開心的事是不用覺得丟臉的，而且這些是她真正能享受到樂趣的事，也豐富了她的生活。治療師分享了她自己也有類似的活動與興趣，他們一起開心地笑談著血拼的趣事，治療師向她說明了正向情緒是十分健康的，也鼓勵海倫放開讓自己去體驗這些情緒而不做任何自我批評，他們更討論了海倫可以如何用這些活動來安撫和犒賞自己。

結語思維

　　大多數有著複雜性悲傷的人，都會陷在強烈的悲傷經驗裡，卻不了解這強度其實是有變化的，或不清楚這些情緒是在什麼情形下產生的。當他們開始觀察自己的悲傷程度時，通常會發現其中的奧妙並感到安慰。每日觀察自己的恐慌狀況，會發現恐慌的次數穩定下降，而且這個下降具有統計上的顯著意義。在我們對以證據為基礎的複雜性悲傷治療（Shear et al., 2005）之研究經驗中，發現觀察悲傷強度也有類似的效果。檢討悲傷觀察日誌，能夠更進一步幫助治療師見證並支持自然發生的悲傷感受，澄清並協助解決那些使案主在哀悼歷程中卡住的議題，也幫助了他們在持續的生活中處理難以避免的問題與困頓，尤其能夠讓案主對正向情緒開啟心扉。

| 參考文獻 |

Shear, M. K., Frank, E., Houch, P. R., & Reynolds, C. F. (2005). Treatment of complicated grief: A randomized controlled trial. *Journal of the American Medical Association*, 293, 2601–2608.
Shear, M. K., & Gorscak, B. (in press). *Complicated grief treatment.* New York: Guilford.
Shear, M. K., & Mulhare, E. (2008). Completed grief. *Psychiatric Annals*, 39, 662–670.
Zisook, S., & Shear, M. K. (2009). Grief and bereavement: What psychiatrists need to know. *World Psychiatry*, 8, 67–74.

6 | 繪製失落之境的地圖
屬於悲傷的和不屬於悲傷的

Phyllis S. Kosminsky

適合對象

　　青少年及成人，在他們的悲傷經驗裡不斷地有著強烈情緒，但卻不是失落本身所帶來的痛苦，像是懼怕、罪過、憤怒等。若對於逝者的死有嚴重罪咎感，且這罪咎感是有真實根據的話，就不適合此技巧。

說明

　　悲傷是一種包含許多情緒的狀態：難過和渴望，當然還有憤怒、罪過和恐懼（Lichtenthal, Cruess, & Prigerson, 2004）。研究顯示，像憤怒這種情緒尤其會在起因於暴力死亡的失落中產生，例如自殺、他殺或意外死亡，這一類的事件經常會侵吞掉與悲傷有關的主要情緒——比如說對死者的思念（Holland & Neimeyer, 2010）。但有的人，即使經歷的是較為一般的失落，他們的痛苦也還是可能夾雜著非直接與失去逝者有關的情緒，例如，他們可能會反映出早期的失落，或因早期被棄養的經驗而引發的恐懼。當我家摯愛的黃金獵犬「酷奇」七歲時死於癌症，我便注意到這些情

緒是如何增加了我們悲傷痛苦的程度。我們當時已竭盡全力救他，那時我跟自己說，這樣地竭盡所能是為了孩子，但我現在可以輕易承認，就算是為我自己，也一樣會想盡辦法把她救活。當她死時，我的喪慟比我想像的還要多，真的是心都碎了。我每每想到酷奇的一生，都重複上演著她跟孩子們的記憶片段；想到兒子的整個孩童時期，每天早上都是他和酷奇一起出現在我床畔，而他們相依相偎的景象永遠都讓我覺得自己是世上最幸福的人，那記憶曾經多麼的令人開心，而今卻是如此的苦樂參半。然後我開始明白，我的悲傷並不只是因為酷奇，還包括孩子生命中最後的黃金歲月——他們的童年就要結束。當想到這裡，我就能把失去酷奇的痛，以及孩子們即將遠離童年的痛分辨出來，我能覺察到思念酷奇的難過，且對於再過不久，兒子、女兒就要離家去上大學而傷感。當理解了這些癥結後，我對酷奇之死的傷心就變得較能忍受了。

　　我常檢討一個事實，人們在失去所愛之人後，來到會談室，他們所帶來的問題並不是我們真能夠解決的。或許正因本來就不可能解除他們痛苦的源頭，我便會嘗試找出那些我**能夠**幫得上忙的地方來減輕他們的苦，這個技巧正好符合那樣的策略。簡單地說，繪製失落之境的地圖，就是提出一系列問題，主要是要去「分辨出」那些感覺不到有什麼差別的情緒來（像我對酷奇、對孩子們的情緒）。提出的問題要特別針對案主的情形來設計，以下列出的問題型態將可牽引出繪製地圖過程中所需的訊息。

步驟 1：描述目前的經驗特質。
- 失去的是誰或是什麼，這個失落引發了什麼感覺？
步驟 2：分辨出與過去或即將發生之事件或情形有關的情緒。
- 除了難過、想念某某人，你還有什麼其他的感覺？當你有那種感覺時，有沒有其他什麼事是與那感覺相關的？還有想到其他什麼事情嗎？（也許有些時候你覺得孤單、害怕，或有什麼你擔心未來會發生的事？）
步驟 3：詳加述說剛才所提到的記憶，或這感覺促使你對未來感到害怕的相關事物。

- 多告訴我一些與那個經驗、記憶，或害怕相關的事情。

步驟 4：分辨出專屬於目前失落的情緒，以及因為過去經驗或擔心未來將發生的困擾，而加強了現在感覺的那些情緒。

- 你會不會覺得現在的感覺有一部分可能跟以前其他的經驗有關？有沒有可能你現在的情緒其實是在擔心未來？我們可以如何幫你降低那種害怕的感覺？若想到對未來可以有較多的掌控力，你的感覺如何？

　　這樣的流程就是我們大部分的工作內容。無庸置疑地，與其說它是一門科學，不如說這是一門藝術。從下面所述的案例中，讀者就會注意到，「發現悲傷的部分是什麼，而什麼又不是」的關鍵機會何在，並看到案主如何受到鼓勵而意識到失去父親的悲傷雖然無可避免，但她對無力的恐懼感卻是可以處理的。

案・例

　　瓊恩是一位五十二歲的婦人，父親於去年因心臟病發而離世，她為此十分悲傷。儘管自父親往生後都能斷斷續續地過著如常的生活，但她在幾個月前完成一份令人滿意的口述歷史計畫後，便持續覺得大部分的時間都很低潮——一種停滯的感覺，或「就是覺得空空的」，這使她大量流失了對生活該有的熱情和使命感。經過一番探索，我們很快就發現她面對這種情形的習慣就是躲在床上，這雖然是個最好的短期緩解方式；但長期來說，卻只是加強了她的無法參與感。問題並非她不知該如何做才對自己有幫助，例如密切接觸一個新的教友團體，他們的工作重心是對有需求的人提供外展禱告服務；重點是當她想要這麼做時，就發現從事新的活動令她害怕。經過我們更進一步的會談，瓊恩眼中帶淚地把這害怕情緒跟她父親「已不在這個世上」做了連結，原來她父親生前正是經常發聲鼓勵她嘗試新事物、接受冒險、擁抱未來可能性的那個人。

當情緒的自我覺察有了這更為清楚的輪廓，瓊恩較能將思念父親的感覺，跟必須「為自己找些事做」並採取冒險行為投入其中所引發的害怕與不安情緒分開。有了這層洞悉，她了解到，想念父親是表達悲傷的適切方式，然而安撫自己免於畏懼改變的需求，並不能因此就束手無策。相對地，她很快就看到自己的害怕，其實只是對需要自己去做些什麼而覺得不舒服，但這不舒服是她自己可以處理的。她對父親之死的情緒反應，在經過悲傷地圖的繪製與詳細辨別後，發現了兩個不同的感受，即思念她的父親以及害怕改變，因此這時就需要運用兩個不同的解決方式：對於第一個狀況採取接納的態度，並召集其他支持者給予支持；而第二個便需要靠她自己的復原力。當我們對現有狀況看得更清楚時，發現原來是懼怕造成瓊恩的停滯不前，她自己曾說過要考慮搬家，但沒有父親在身邊，使她變得太過焦慮和膽小而無法採取這個行動。當我們討論到，在她生命中誰會是那個「推她一把」讓她起身去找房子的人，瓊恩不加思索地就說出了她朋友琳達的名字，這是她相信會樂於與她一起進行腦力激盪，去找尋理想住所的不二人選。透過一次單一的治療會談，瓊恩原先混亂情緒所帶來的停滯狀況便解除了，她開始尋找新房子，隨後也參與了那個禱告團體。

　　在此一案例中，從害怕的感覺中區辨出失落的情緒，並專注在案主個人及相關的優勢上，協助瓊恩把注意力從「失去了什麼」轉移到「她還有什麼」的議題上，而且是未來還能擁有的。她可以看到生命中與失落意義有關的情緒，以及沒有父親便不能做決定的害怕，由於她的傷心是失去父親無可逃避的必經之路，她的無意義感和害怕能夠說出口，至少能達到一個深度，於是就獲得了緩解。

結語思維

　　就經驗來分辨悲傷和憂鬱的不同，皮格森及其同僚（Prigerson et al., 2009）確認了思念逝者是悲傷的顯著特質。當我們協助案主繪製他們的悲傷「地圖」時，就是邀請他們把思念當成是原本就有的情緒經驗來處理，思念是有份量和質感的，與任何喪慟中的其他情緒成分不同。值得注意的是，雖然思念的痛苦無可避免，是依附關係遭遇失落之後無法逃躲的結果，但在任何失落中，還是有一些其他因素影響著喪慟者的失落之苦，因此需要不同形式的因應之道來調適。引導案主去認知到哪些是他們在這失落事件中能夠改變或不能改變的，如此將會在絕望與希望、無助和力量之間產生微妙但重要的改變，於是游移至一個平衡點。對瓊恩來說，了解這當中她其實是可以做些什麼來幫助自己過得好一點，為她採取行動所需的動機提供了一線生機。

參考文獻

Holland, J. M., & Neimeyer, R. A. (2010). An examination of stage theory of grief among individuals bereaved by natural and violent causes: A meaning-oriented contribution. *Omega*, *61*, 103–120.

Lichtenthal, W., Cruess, D., & Prigerson, H. (2004). A case for establishing complicated grief as a distinct mental disorder in DSV-V. *Clinical Psychology Review*, *24*(6), 637–662.

Prigerson, H. G., Horowitz, M. J., Jacobs, S. C., Parkes, C. M., Aslan, M., Goodkin, K, Raphael, B., Marwit, S. J., Wortman, C., Neimeyer, R. A., Bonanno, G., Block, S. D., Kissane, D., Boelen, P., Maercker, A., Litz, B., Johnson, J. G., First, M. B., & Maciejewski, P. K. (2009). Prolonged Grief Disorder: Psychometric validation of criteria proposed for DSM-V and ICD-11. *PLoS Medicine*, *6*(8), 1–12.

悲傷治療的技術｜創新的悲傷輔導實務

成年悲傷者使用的 7 精神科藥物

Laura E. Holcomb

適合對象

精神科藥物對於一些經歷中度到重度憂鬱、焦慮或失眠的成年悲傷者是有幫助的；對於有複雜性悲傷、正密集接受心理治療的成人，使用藥物可以增強他們的耐受度，並完成這方面的療程。不過心理治療才是悲傷及心理困擾議題的第一線處遇，而非使用藥物。精神科藥物的使用必須要十分謹慎，並應視為是針對某些悲傷者，光靠心理治療無法確實改善症狀的輔助措施。

說明

治療師經常擔心對成年悲傷者是否可以使用精神科藥物，他們可能會覺得用藥將阻礙悲傷之重要歷程的發展，但根據研究顯示，抗憂鬱劑並不會干擾「正常」的悲傷歷程（Hensley, 2006; Simon et al., 2008）。

大約有 40% 的人在失落發生後一個月出現符合憂鬱症標準的病情，而有 15% 的人則是在失落後一年才發生此情形（Hensley, 2006）。因失落

所產生的中度到重度憂鬱症或焦慮症患者，對於心理治療加上服用抗憂鬱劑這樣組合的處置有最好的效果。抗憂鬱劑也可協助一些成年悲傷者完成某些形式的心理治療，像由席爾（Shear）和她同事所發展的複雜性悲傷治療（CGT）便是一例，此療程包含了經過修改調整的暴露法，這對某些高度焦慮或十分憂鬱的人來說，就非常具有挑戰性（Simon et al., 2008）。

　　只有少數文獻把研究重點放在精神科藥物對悲傷者的運用，現有的研究也大多是小規模樣本數，而且並沒有採取隨機控制實驗（randomized controlled trial, RCT），但這實驗方法卻是這一類研究的黃金標準模式。心中明白了這些限制後，我們還是要來看看這些現有的研究，在精神科藥物對成年悲傷者的幫助上，提供了什麼樣的訊息（Simon et al., 2008）：

* *選擇性血清再吸收抑制劑*（Selective Serotonin Reuptake Inhibitors, SSRI）：這一類的藥物可用於治療憂鬱症和焦慮症。研究發現對喪慟相關的重鬱症十分有效的 SSRI 藥物包括：立普能（escitalopram / Lexapro）及克憂果（paroxetine / Paxil），還有其他 SSRI 藥物像是樂復得（sertraline / Zoloft）、解憂喜（citalopram / Celexa），以及百憂解（fluoxetine / Prozac）等，理論上都是一樣地有效。SSRI 藥物幾乎不會因為服用過量而致命，基本上需要花幾個星期或更多時間才能看到其改善效果，不過這些藥物在性功能上會產生副作用（如性慾降低、難有高潮等）。

* *正腎上腺素多巴胺再吸收抑制劑*（Norepinephrine Dopamine Reuptake Inhibitor, NDRI）：安非他酮（Buproprion / Wellbutrin）可治療憂鬱症，尤其對無精打采的病患有幫助，但卻會加重身心焦慮症狀，此藥物基本上對性功能沒有副作用。安非他酮也是需要服用數週才會看到效果。

* *三環抗鬱劑*（Tricyclic antidepressants）：研究發現去甲替林（Nortripty-line）能夠降低喪慟相關的重鬱症症狀（Hensley, 2006），其他三環藥物如：益伊神（imipramine）、地昔帕明（desipramine）等，理論上也是同樣有效。三環藥物經常以低劑量來處理慢性疼痛，而阿米替林

（Amitriptyline）也可以當作鎮定劑用來治療失眠。以較高劑量使用三環藥物，則多用於憂鬱症和焦慮症的治療。其副作用出現在反副交感神經之生理作用，包括口乾、便秘、暈眩以及協調困難等，對年紀較長的成年人可能副作用更為明顯。三環藥物對於有自殺風險的病患要避免或謹慎使用，此藥物服用過量會造成中毒。

其他沒有針對悲傷者使用情形做過研究的精神科藥物，也可能會有幫助，包括下列幾種：

- **雙重再吸收抑制劑**（Serotonin Norepinephrine Reuptake Inhibitors, SNRI）：速悅（venlafaxine / Effexor）及千憂解（duloxetine / Cymbalta）用於治療憂鬱症和焦慮症，對慢性疼痛也很有幫助。使用 SNRI 藥物需經過數週才能見效。
- **四環類抗鬱劑**（Mirtazapine）：此藥物治療憂鬱症及焦慮症。使用低劑量可讓人平靜，亦可用來治療失眠。對於改善反胃、食慾降低，以及怕增重但又需要避免體重下降的情形十分適用，服用二到三週可見效。此藥物不會造成性功能副作用，且對於年長者很適合。
- **苯二氮平類藥物**（Benzodiazepines）：可那氮平（clonazepam / Klonopin）、煩靜錠（diazepam / Ativan）、贊安諾（alprazolam / Xanax），及其他此類藥物有時會用在因悲傷引起的失眠或焦慮之短期治療中。在生理與心理上有產生藥物依賴性的風險，服用中斷時焦慮感會再現，需考量藥物濫用的可能性。服用本藥物會有認知及記憶衰退、輕微頭痛等症狀，而年長者嗜睡的現象可能較為明顯，這是因為藥物受到年齡影響而減緩新陳代謝的關係，因此需要注意會有跌倒的風險。根據賽門、席爾及其他同僚的研究（Simon et al., 2008）發現，苯二氮平類藥物可能對於參加人際心理治療（interpersonal therapy, IPT）的成人有幫助，不過更進一步的研究應該要以隨機控制實驗（RCT）來求證。
- **美舒鬱**（Trazodone）：這是一種時常以低劑量用於失眠症狀的抗鬱劑，

比其他治療失眠的藥物（像三環藥物、鎮靜安眠藥物、苯二氮平類藥物等）來得好，因為它不會造成藥物依賴性，對老年人也較不會引起跌倒事故。

● *鎮靜安眠藥物類*（Hypnotic sedatives）：像左沛眠（zolpidem / Ambien）、右佐匹克隆（eszopiclone / Lunesta）、扎來普隆（zaleplon / Sonata）等藥物皆是用於短期失眠症狀。其最常見的副作用是頭痛，而暈眩、嗜睡、反胃，以及記憶力衰退也偶有所聞。

案・例

　　瑞福斯太太碧兒七十三歲，六個月前，她五十歲的丈夫往生了。他們沒有小孩，只有一些親近的朋友，是瑞福斯先生被診斷出罹患直腸癌之前，在社區教堂唱詩班的夥伴。碧兒在她先生最後一年的生活中非常投入地照顧他，如今先生走了，她卻因為從照顧者的角色中解脫出來而感到罪過。她避免參加社交活動，認為重新參與歡樂的活動就表示她會忘記她先生。自從另一半過世後，她很少覺得餓，因此瘦了九公斤多；睡眠也有問題，會擔心經濟和自己要照料房子的問題，也會想到先生不再與她同床共枕了，常常在清晨四點就醒來，之後便無法再入睡。碧兒對她的主要照顧機構說，她仍是每天都哭，對未來沒什麼盼望，也時常想就此了結，好去找她先生。她的主要照顧機構把她轉介至心理治療，並為她開立處方，服用低劑量的四環類抗鬱劑（mirtazapine），於是她的睡眠和胃口好轉。治療師在剛開始的頭三週，每週和她晤談兩次，處理她的自殺意念。他們針對經濟和屋子的維修問題討論解決之道，並協助她重新開啟社交活動而不會覺得罪過。經過服用抗鬱劑二至三週，並與治療師晤談後，碧兒發現她不再常常哭了，也覺得有了希望感，不再有自殺的想法。她的主要照顧機構在碧兒不再出現憂鬱情形的六個月後中斷了抗鬱劑的服用，而她也能夠持續生活下去了。

結語思維

　　喪慟中的成年人通常會先向其主要照顧機構尋求協助，他們或他們的伴侶可能會驚訝於「正常」的悲傷經驗竟然這麼強烈，或甚至會被嚇到。這些情形包括無法控制的哭泣、失眠、身心焦慮症狀，有時甚至產生幻覺，而這對主要照顧機構來說，可能不易辨別是否為重鬱症，有時也可能會有共病現象。最理想的做法就是在給予精神科藥物之前，先轉介給專精於悲傷和失落議題的心理學家或諮商師，讓他們對悲傷者的狀況進行評估。這轉介的做法可能會因為當事人對於心理衛生治療有汙名化的觀感，或因主要照顧機構沒有給予適當衛教而不成功，因此對於成年悲傷者過度開立精神科藥物處方的可能性就很大，而心理治療的處置卻顯不足；不過若是能夠謹慎而明智地使用精神科藥物，其實是很有幫助的。

｜參考文獻及延伸閱讀｜

Hensley, P. L. (2006). A review of bereavement-related depression and complicated grief. *Psychiatric Annals*, 36(9), 619–626.

Lexi-Comp, Inc. (Lexi-Drugs™). Lexi-Comp, Inc., June 25, 2011.

Simon, N. M., Shear, M. K., Fagiolini, A., Frank, E., Zalta, A., Thompson, E. H., Reynolds, C. F., & Silowash, R. (2008). The impact of concurrent naturalistic pharmacotherapy on psychotherapy of complicated grief. *Psychiatric Research*, 159(1–2), 31–36.

第二部　調節情緒

51

8｜正念療法

Barbara E. Thompson

適合對象

適合遭遇創傷或複雜性悲傷的案主；但針對初期創傷悲傷的案主,將焦點放在建立安全感或重建日常生活作息可能更為適合,或可使用其他自我管理取向的技巧。

說明

正念療法(mindfulness training)教導人們將注意力放在內在經驗,像是思緒、情緒狀態以及身體感受等,以一種不論斷、開放且保持好奇的心態來面對(Kabat-Zinn, 2005)。正念療法也可把注意力導向無感,例如放空的經驗,不會想要去填滿、逃避或固定在一個念頭上(Epstein, 1998)。有一個與正念非常接近的概念就是「接納」——指的是一種願意參與不開心或不想要的經驗,而不會企圖避免、掌控或逃逸的狀態。經驗迴避(experiential avoidance)使苦難永存,也使人們無法全然活在當下,且無法對未來懷有掌控力和希望。另一個相關的概念是不鑽牛角尖,

也就是說能夠把所經歷到的事情看作是過往雲煙，而非自我設限或對號入座（Baer, Walsh, & Lykins, 2009）。比如說，「我感到憂鬱」可以看成是「我注意到自己有沉重、哀傷的感覺，還有一連串嚴厲的批評」。正念療法需要我們能夠不間斷且專注地去注意到內在變化，以及每分每秒所經驗的歷程，即使悲傷是那麼的強烈也不迴避。經驗中微妙的感受和變化同樣值得重視，這樣才能了解到悲傷是一個積極的歷程，而非一成不變、難以理解、消極被動或永久佇留的狀態，即使它在一開始可能真的讓人有這些感覺。舉個例子，探索「卡住」或「空虛」經驗中微妙的程度變化，將會有豐碩的收穫。專注於這些經驗所帶來的感覺，就會發現在卡住之中還是會有移動，或空虛中仍可能有所獲得；同樣地，複雜性悲傷也會伴隨著急起的寂寞感或被遺棄感。將專注力放在皮膚對環境的感受上，像是觀察自己所穿衣物的質感，或皮膚所感受到的溫度，這使我們打開心門真實感受到分分秒秒活著的經驗，以及與周遭環境的連結。

　　將正念療法當作悲傷與失落治療的一門取向，這並非教導放鬆練習，也不是要達到某種心靈境界、一套不同的思維或改善心情，而是一種透過練習所學到的技巧，讓我們能以較不抗拒、不會想要逃避的態度去經歷悲傷。正念也同時是一種讓我們可以與每日生活重新連結的做法，學習把注意力向外拓展，譬如，品味正在吃的東西是什麼味道、鳥鳴的聲音、天空的顏色、微風的輕吹、徒步時腳的觸覺，或令人撫慰的香氣（Kabat-Zinn, 2005）。在悲傷之中，靜觀那些快樂與不快樂的經驗，可以使人們在失去方向和不穩定的失落經驗裡感覺踏實一些；更甚者，可以為人開創一個空間脫下械甲、開啟視野，並找到與自己和與他人相處的新模式。

案・例

　　戴安娜在孩童時期就開始「自我滋養地」因應著父親的自殺事件和母親的憂鬱症，她努力將生活專注在學業和藝術上，當優異地完成了研究所的課業後，便與一位研究所的同學結婚。她婚後在自己的領

域持續兼差，而大部分的重心都放在養育孩子和支援丈夫的事業目標。這樣過了十五年後，當她丈夫提出離婚的要求，並告訴她，他愛上了另一個女人時，戴安娜原來所擁有的生活便破碎了，原先期望與丈夫共有的未來也隨之幻滅。對她來說，這場婚姻的結束和冗長的離婚過程，加上早期父親的自殺與事後她所經歷的餘波，集結成為一場大災難。童年時期從大災難般的失落中求生存的方式，使得戴安娜把自己孤立了起來。在治療階段，她描述自己陷入了一股自我批判和自我懷疑的大漩渦，使她在日常生活中需要更加費力才能讓自己被看見、被聽見並且受到激賞。若是她當時夠好，父親就不會離開她；並覺得這段婚姻的結束，她也有類似的責任，她不斷鑽牛角尖思索著自己所認為的失敗事例，也害怕未來將會獨自一人過活。戴安娜形容自己的感覺就像「腦袋和心、身體以及意識都分開了」，即使有家人和朋友的關切，仍感非常孤寂。

　　身體掃描是我向戴安娜介紹的第一個正念活動，做了一遍概要說明後，我邀請她採取坐直但感到舒適的姿勢，請她閉上眼可幫助她專注在身體的感受上。一開始，我請戴安娜只需注意坐在房間的感覺、腳踩在地毯上的感覺、椅子支撐她的感覺、聽聽周遭環境的聲音，還有其他任何當下感受到的事情就好。然後，我請她把注意力集中在吸氣和呼氣的感受，無論想到什麼都不要改變對呼吸的專注；如果思緒飄渺不定，或發現正想起過去或未來的什麼事情，都可以對這些思緒貼個標籤命名為「思想」，然後再回到呼吸的動作上。經過這個短暫的呼吸冥想過程，讓自己慢慢沉澱之後，我引導她進入身體掃描的工作，請她專注在自己身體裡的任何感受，但不要去解讀這些感受，慢慢地把注意力從腳趾頭移向頭部。一開始，戴安娜說她覺得「腦袋好像生病了」，還說她「跟身體斷了線」，但經過一些練習後，她便能感受到身體的感覺以及內在的情緒，這讓她可以將那些有關失落的經驗更加完整地統整在一起，並發展出存活在這世間的新模式，卻無需要求自己脫離那些無論是開心、不開心或中立的感受。

經過這個簡化版的身體掃描以及呼吸冥想活動，戴安娜也練了一些其他進行正念的方式，像是透過自己的感受來觀察環境，當覺得自己鑽牛角尖或心情亂糟糟時就做正念行禪。她也再度開始藝術創作，指引自己專注於覺知經驗和創作過程，而非以分析的態度，或達到某種成就標準的目的來看自己的作品。正念療法在這裡的運用，使戴安娜重新發現藝術創作的樂趣。此外，她在作品裡對其生命及治療過程中的改變，也做了隱喻性的表達。目前，戴安娜正進行一系列名為「走出瓦礫堆」的作品，她利用破碎蛋殼的自然色彩重建一些立體創作，即她所謂的「用它們自己的方式結合在一起」並「誕生」。非比尋常地，她還邀請了幾位朋友到工作室觀賞她的作品，這是她以前因害怕被批評而絕對不會做的事。正如她的作品一般，戴安娜開始願意揭露自己，從她過去的瓦礫堆中走出來，用那些已經破碎的元素創作出她自己和其他人都會欣賞的新局面。

結語思維

　　正念療法可以與其他用在複雜性悲傷及失落議題的心理治療取向進行搭配或作為輔助治療，它最具價值的地方就是能夠重建身體和心靈之間的連結，並為每天的日常生活經驗作證。這技巧的本身十分溫和，並能幫助人們接近最痛苦和最疏離的經驗。基本上，正念療法的訓練和練習，是假設人們有內在的力量去學習、成長和進行個人轉化。亦有許多正念療法活動被帶入團體的形式，也可與較為傳統的心理治療架構整合。關於治療師個人是否需要具有相關經驗或先接受訓練，這部分則是有爭議的；我認為治療師若能接受正念的正統訓練並具有相關經驗是很重要的，這樣才能在正念活動中引導他人走過困難，開發可能性。如同艾普斯坦（Epstein, 1998）的說法，正念冥想就像心理治療，是「讓我們看到，與自己以及與別人相處之新方法的關鍵」。所以說，機會難得，要趕緊把握。

| 參考文獻 |

Baer, R., Walsh, E., & Lykins, E. (2009). Assessment of mindfulness. In F. Didonna (Ed.), *Clinical handbook of mindfulness* (pp. 153–168). New York: Springer.

Epstein, M. (1998). *Going to pieces without falling apart*. New York: Broadway.

Kabat-Zinn, J. (2005). *Full catastrophe living*. New York: Delta.

重整惡夢故事 |9

Courtney Armstrong

適合對象

　　這個技巧適合受到惡夢干擾的成人、青少年或孩童，此惡夢可能象徵著與所愛之人死亡有關的議題仍未解決，或因他人之死亡情境而產生令人心神不寧的重複惡夢，但此技巧對想像能力有困難的案主可能不適用。對於解決夢境內議題有著內在衝突的案主（例如有的案主對於放開憤怒或罪惡感尚未做好準備），在其內在情緒衝突還未解決之前，他們對此技巧的進行可能也會感到困難。然而，重整惡夢故事這技巧在處理這些情緒衝突的議題上，其實也是會有幫助的。

說明

　　一開始，我會向悲傷的案主一再確認，他在近親好友往生後會作惡夢，這並非不尋常的情形，尤其他與逝者的關係中仍有未解決的議題時，或逝者是突然死亡或死於暴力事件時，這情形就很常發生。通常案主聽到我這麼說都會鬆了一口氣，而這麼做，對他們的經驗予以正常化看待也很

第二部｜調節情緒

重要。

接著，我會向案主解釋，他們之所以有這些夢境，是因為心裡想要對煩憂或困擾的事有所理解。我建議他們可以試著重寫夢境的腳本，並將夢中的情境改變成他們喜歡的樣子，如此能夠停止再作惡夢，並協助心靈找到平靜和解決之道。

要執行這個技巧時，最好是讓案主先想像一個與惡夢無關的景象，因為這樣較可減少他們的焦慮，並增加他們的掌控感。例如，我請案主閉上眼睛，然後想像被一頭假想的怪獸追趕，接著我要他轉身面對這怪獸，並讓牠靠近。案主常常對於他們停下來不再逃跑並面對可怕的夢中怪獸，但這怪獸卻自動消失或轉身走開而感到驚奇。若事情無法這麼發展的話，我會提醒案主，告訴他們，他就是這場夢的導演，他們在這個夢的世界裡有「超能力」，因此可以更換自己喜歡的場景，在這建議之下，案主可能會想像自己最後飛走了，或想出其他不同的方式使怪物消失。

當案主對於這樣想像畫面的做法感覺較為輕鬆後，我就鼓勵他們重演一直困擾著他們的惡夢情境。我們會先討論這個惡夢，並探索一些案主想要製造出的可能變化；通常案主所想到的點子會比治療師建議的來得好，因為案主的點子較能隱喻夢境中所呈現的問題。

案‧例

莉迪亞的兒子羅根因為長期對抗躁鬱症，最後死於暴力性自殺。她決定將羅根的遺體火化，但又覺得罪過，因為她不確定兒子是否想要火化。在他死後不久，莉迪亞就常常作惡夢，一再浮現她兒子被綁在「輪床」上，在被推向火光熊熊的焚化爐前向她伸出手求救的景象。她了解這個惡夢象徵著她的罪惡感，因為無法在兒子生前，把他從痛苦的情緒深淵中拯救出來；同時也因為將他的遺體火化而感到罪咎。由於莉迪亞有深厚的宗教信仰，這個夢也代表著她害怕兒子正在地獄裡受苦，無法進入永生。

在晤談的過程中，我建議莉迪亞在心裡重新讓這個夢境上演數次，強調產生此夢的那顆心，同樣也能找到解決之道，鼓勵她讓自己的想像力展現一個新的結局，這想像力通常會從潛意識的腦海裡整合出智慧的因應之道來。

莉迪亞重新想像這個夢境的結局是，羅根在輪床被推進火焰之前跳了下來，並走到她身邊，用手臂環繞著她，向她保證自己會很好，然後他親了親莉迪亞並跟她說：「再見了，老媽，我愛妳。」有了這次的經驗，莉迪亞了解到，她只是想要有個機會跟羅根說「再見」，因為他們都確信他們是愛著對方的。這樣重演了這個夢境後，莉迪亞也覺得兒子會沒事的，而且神將會了解羅根當時是多麼地深受困擾，祂會疼惜他而非懲罰他。莉迪亞那晚上床前，仍數度想像著這個夢是這樣發展的；結果真是太好了，她的夢境真的改變了，就跟她想像的一樣，而這惡夢再也沒有回來過。

結語思維

人們雖然對夢境著迷，時常渴望能夠解夢或想知道夢境所代表的意義，但討論惡夢卻往往引發焦慮。在案主帶出夢境細節之前，先請他們重新想像這個惡夢，產出新的結局，這麼做將使整個過程不那麼嚇人，並能夠使夢所象徵或隱喻的事情有更為清楚的脈絡。

進行此一技巧時，邀請案主閉上眼睛，並栩栩如生地想像和*體驗*該夢境結局改變所帶來的感受，如此做的效果最佳。若只討論新的結論，對於改變夢境故事是不夠的，正如尼麥爾（Neimeyer, 2009, p. 69）所認為：「有效的介入可以不需要強勢，但它們必須要能護送案主進入新的覺察、澄清以及可能情境，這就要靠著一些情感上的重要*體驗*來達成，而非只是認知上進行討論。」

雖然案主對新夢境的結局所提出的建議往往較有相關性，也十分具洞

見，但有時案主也可能會提出一個不能和平解決的結局。當這一類的情形發生時，我就要向案主解釋這解決方式為什麼會較為不利，並討論我們可以如何加以改進。

例如，有一位案主的惡夢是她過世的母親拿著刀在追趕她，結果她決定要在夢裡拿槍射擊以阻止她媽媽的追殺；但這位案主的媽媽原先就是舉槍自盡的。雖然案主與我都了解，用槍射擊她母親是象徵著她對媽媽的自殺無法表達出的憤怒感；我們也都同意，在夢境裡隱喻式地射殺她母親會加重案主的悲傷和罪惡感。因此我建議案主在夢裡冷靜地站著不動，讓她夢裡的媽媽帶著刀子走向她，但了然於心的是她夢裡的身體不會受到傷害。當案主在心中上演著這一幕時，她很驚訝她媽媽顯得很困惑，並丟下刀子，上前緊抱著她。夢境有了這樣的改變，不只是讓案主的惡夢停止了，同時也幫助案主釋放自己的罪惡感和憤怒，找到對媽媽予以疼惜的新感情。

| 參考文獻 |

Danlen, P. (1999). Follow-up counseling after disaster: Working with traumatic dreams towards healing. *Traumatology, 5*(3), 28–33.

Neimeyer, R. A. (2009). *Constructivist psychotherapy.* New York: Routledge.

Siegel, A. (1996). *Dreams that can change your life.* New York: Putnam.

第三部
與身體工作

PART THREE

類比傾聽法 | 10

Robert A. Neimeyer

適合對象

「類比傾聽法」（analogical listening）適合有些成人，他們無法界定自己的情緒是屬於抑鬱、難過、悲傷或其他強烈情緒，而他們也不確定這些感覺代表什麼意義或如何去因應。對於抗拒反思或對情緒認同極為困難的案主，則可以使用較為外顯、以行動為主導的治療取向。

說明

對於某種深度的感受，我們往往心裡明白，但卻難以說得清楚，於是治療師時常需要以意義象徵這種較為細緻的方式來協助案主。不過有趣的是，即使案主只用一般語言對於所討論的議題表達自己私下的感受時，其實我們會想說，我知道案主在說什麼，這有時還真是一切盡在不言中。幾乎總是如此，對於內在的狀態，例如悲傷、害怕、空虛或緊繃這些簡單的敘述，其實是可以發掘出更為深入的東西，並非只是表面上耳朵接收到的而已。當案主不那麼確定他們所感受或感覺到的是什麼時，顯然地，光是

第三部 | 與身體工作

靠字面來討論這議題，就無法獲得更新、更有效的描述，或提出治療的方向。簡單來說，我們需要找到一個方式去聽到案主故事背後的東西，讓他們對我們和他們自己述說這個處境，就是為了要找到新的出路向前行。

如此說來，關注當事人在這特定經驗的當下，未曾言說的以及常有的肢體語言對他的特殊意義，將會很有幫助。正如簡德林（Gendlin, 1996）的焦點導向心理學，我所用的**類比傾聽法**就是想要利用這樣的過程來協助案主，往往可減少困難，詳盡討論議題並找出解決之道，不會因落入耿直「理性」的思維而無法達成。

在使用此法的臨床工作中，我會邀請案主只是跟著我輕輕閉上眼沉澱下來，進入一個延伸的當下；由於我也是同樣閉上眼，因此就默默地「允許」他們跟我一起，而非讓案主覺得我在他們閉上眼做這種奇怪的動作時還盯著他們看。放慢我說話的速度，將其引進一個較為放鬆而專心的狀態，也許向他們提出一個問題，話語中引用他們剛才談論悲痛時所用過形容感覺的字眼。例如，有一位案主對她兒子的死有著深深的悲傷，我可能就會在這寧靜、向內專注的狀態下問她：「我把我的悲傷放在哪裡呢？」然後讓她用身體部位來回應，也許是覺得腹部空空的，或心臟有抽緊的感覺。我緩慢地再問她其他問題，並張開眼睛觀察她非語言的表達，同時用類比的方式，而非只是字面地傾聽她的回答，這就是我們將要「開啟」的畫面。我在此的目的並非要「解決」那個感覺或讓案主超越它，而是單純地想要盡可能感受其中意義；從這裡，向前的路徑就展開了。

以下一些可能的問題可以引導治療師在這過程中順利進展：

- 你能夠想到最近當你感到 _____ 的時候嗎？不用描述當時的情形，可否請你現在閉上眼沉澱一下，然後回到那個時間點？
- 當你感到 _____ 時，你有注意到什麼嗎？如果請你專注在自己的身體上，你有注意到什麼嗎？
- 如果你可以感覺到身體和 _____ 的感覺有所連結，你覺得它是在哪個部位？如果它有形狀、樣式或顏色的話，會是什麼？

- 有沒有什麼移動或明顯阻礙移動的情形是和 _____ 有關的？你能夠使它向前稍做移動嗎？會發生什麼事？

- 當與這個感覺接觸時，你發現自己有沒有正在做什麼，或想要做什麼？有沒有人注意到你對這感覺的反應？若是有，他們如何回應？

- 你覺得需要做些什麼來整合或更加理解這個感覺呢？有沒有什麼辦法可以幫你處理它？在這過程中你需要別人幫你什麼？

案・例

　　在此所描述的最近一起類比傾聽案例，發生於一位五十歲案主達菈的第一次晤談，達菈在二十二歲的兒子凱耀於七個月前因侵略性的膽管癌往生後，產生了複雜的悲傷反應。她用手比劃著描述重重包圍且活力耗損的痛楚，這使她只能躺在床上讓自己休息；說到空虛的痛苦，她飛快地在腹部用手圍成一個空球，差不多是子宮的位置，正是她曾經懷著兒子的地方。聽完有關凱耀的成就，這個令人驕傲的故事融入他被診斷出癌症以及最後難逃一死的悲劇之後，我問她在此刻當下覺得痛苦的地方在哪裡。「在我腹部深處，在我胸膛深處。」她回答，並且向我確認正是我印象中她先前所謂的空虛的痛苦，於是這變成了我們類比傾聽的起始點。

　　我先把自己的眼睛閉上，再邀請達菈也這麼做，在椅子上找到舒適的坐姿，然後讓自己專心進入身體，找尋她現在覺得的痛苦部位。我一邊緩慢地說話，一邊張開眼看她非語言的回應，我請她朝痛苦走近一些，從它的邊上稍微靠近一點，然後從這個角度來描述這痛苦看起來像什麼。達菈回覆說它像「一件有很多紋理的……像是很細的砂紙」。「很細的砂紙，」我拉長了語調，「那如果妳伸出手，輕輕地觸摸它，它會像什麼？」「就粗糙些。」達菈回答。「粗糙……」我回應著：「那妳的手的感覺呢？在觸摸到這個砂紙的粗糙質感之後？」「好像會燙傷，希望有乳液或什麼的。」她邊回答著，眼淚邊流了下

來。「乳液，像是軟膏之類的，一些可以緩和燙傷感覺的東西。」達菈點頭，她更進一步地說，這團砂紙就像是「有深度的東西」。「有深度……」我回應道：「就像是還有其他什麼『東西』在裡面，還是它本身就是那個『東西』？」「我想可能還有一些其他的。」她猶豫地回答著。「如果妳再靠近些看，並且靜靜地聽，妳還會發現那裡面有什麼包裹在砂紙裡嗎？」「就是所有的希望，所有可能的夢想，」她啜泣著，淚流滿面、斷斷續續地說：「……那些可能的事。」「可能的事，」我輕聲說，「被埋葬在那裡面了，那團砂紙裡。」她點頭，並強調它們好像「被劃分了。」「妳覺得妳可以就這樣持續保留著它們嗎？或會有所改變？」當達菈睜開眼睛時，我這麼問她。達菈肯定地說她無法這樣保留這悲傷的、令人灼傷的痛楚，因為實在太痛了。經過更進一步處理她的體驗，達菈卻發現有需要再進入這個痛楚裡，走過它，再度去接觸「所有的回憶，所有那些對這位年輕人的期盼，最後被埋進了砂紙裡」。這就是後來我們晤談的內容。

結語思維

　　由於是這種非字面、高度知覺取向的內容，類比傾聽通常能夠引發隱喻式的畫面來抓住感覺：熱熔岩、阻塞的物品、一坨鉛、黑色的團塊、一些想要破繭而出的東西。在運用想像畫面這一類的工作中，常見的錯誤就是緊接著或無意間把案主帶到一個較為講究邏輯、歷史角度、文字表象的層次——這與覺察感受或失落狀態的做法是相衝突的；然而，在積極揭露畫面和感受的過程中，我對這種轉變所提出的忠告是，通常要花十分鐘或更長的時間慢慢地、徹底地把這部分做好。而著重於脈絡和觀念、探索與外在事實相關之感受的工作，最好是在事後眼睛張開的階段進行，讓治療師溫和地帶領案主以比較傳統的反思方式，進入剛才類比傾聽時所發掘的議題。另有一個變通方式，以畫面進一步處理感受的工作可用這一類的傾

悲傷治療的技術｜創新的悲傷輔導實務

聽技巧結合表達性藝術媒材來進行，尤其是不拘形式的自由創作繪畫，或在人體輪廓的圖形裡填上顏色，事後可以用（也可不用）針對這個活動的體驗進行討論或寫下日誌。

　　為悲傷案主提供服務的治療師，若是對此方法的運用有興趣的話，可參考下面所列實際晤談的影帶（Neimeyer, 2004, 2008）。有關這個治療性想像工作之完整的討論，加上案例描述，可以參考尼麥爾 2009 年出版品之內容（Neimeyer, 2009），其中也有許多關於意義建構的其他技巧。

| 參考文獻 |

Gendlin, E. (1996). *Focusing oriented psychotherapy*. New York: Guilford.
Neimeyer, R. A. (2004). *Constructivist psychotherapy* [video]. Washington, DC: American Psychological Association.
Neimeyer, R. A. (2008). *Constructivist psychotherapy over time* [video]. Washington, DC: American Psychological Association.
Neimeyer, R. A. (2009). *Constructivist psychotherapy*. New York: Routledge.

第三部｜與身體工作

11 | 拍手功

Cecilia Lai Wan Chan（陳麗雲）

及 Pamela Piu Yu Leung（梁佩如）

適合對象

對於表達悲傷感到困難，或不願談論自己的失落感受及悲傷的喪慟者。拍手功尤其對生理上的悲傷反應，像是失眠、疲累、身體疼痛及其他生理症狀十分有效。不過，當悲傷具有複雜性時，這技巧應該配合更為密集的治療來使用。

說明

身體上的運動能夠加強喪慟者處理悲傷的能力，尤其是因失落而崩潰且情緒一直深陷極度悲傷中的人。在傳統中醫的說法，身體和心理是連結在一起的，情緒和身體健康交織在一起不可分離。痛苦的情緒，像悲傷和喪慟會導致身體內的氣血不通，造成身體和情緒上的不協調（Ng, Chan, Ho, Wong, & Ho, 2006）。人體的十四條經脈（身體運氣的主要通路）中，有十二條通過我們的手、耳及腳，運用手部運動尤其能明顯促進**氣**（能量）在經脈裡的流動。而氣的流動可以促進身體內在功能的協調，減

少悲傷、憤怒、傷心、挫折及無望等負面情緒，同時也可帶來正向思考和情緒（Lee, Ng, Leung, & Chan, 2009）。

拍手功是一套身心相結合的活動，專門針對手部運動而設計，它是**氣功**裡最簡單的一種形式，透過觀看和反覆練習即可學會。經過每日練習這種「一秒技法」（Chan, 2006），案主在很短時間內就獲得增能效果，他們只要透過簡單運動，無需搜索枯腸地用言詞表達情緒或靈性上的痛苦，就能對自己的身心狀態重新拾回掌控感；這項技巧同時也讓案主找到實質方法來釋放自己的憂傷。為使拍手功產生效果，案主每天至少需練習三次，每次五至十分鐘。分享其他案主使用此簡單技巧克服悲傷的案例故事，可增加當事人練習的意願，若使用日誌來記錄練習時間和心情程度，也可加強並追蹤此活動所帶來的改善效果。

拍手功可在一對一的諮商晤談中學習，或在治療團體中當作一項自我增能的介入方案。以下一系列活動可以作為單一技巧來練習，也可當作一組手部運動來進行。一開始，先請案主站直，肩膀與身體放鬆，雙腳分開與肩膀同寬，腳趾緊貼地面，膝蓋略微彎曲（對使用輪椅或身體虛弱無法站立的人，此運動可以坐著進行）：

1. *擦掌功*：這是暖身運動，雙掌相對放在胸前，以指對指、掌對掌的原則用力相互搓揉約五十次，直到雙手發熱為止。擦掌可促進氣血流通於身體各部位的十二條經脈，整體提升身心健康。

2. *拍手功*：手掌相對放在胸前，指尖向上擺出如祈禱般的手勢，然後兩隻手掌分開距離約肩膀的一倍半，雙肩向後拉擠以展開胸膛，接著把兩隻手掌用力拉回來產生大聲的擊掌聲，而每次擊掌都會覺得有一陣短促且強烈的痛感。拍手的練習應該要每天三次，每次維持五分鐘，這樣大約是每次擊掌 300 到 500 下。每天擊掌約一至二週後，手掌可能會瘀青，而這身體上的痛將可釋放情緒和心靈上的悲傷失落之痛。光是這單一技巧，就足以改善喪慟者的身心狀態。

3. *抱缸法*：經過擦掌和拍手後，肩膀與手臂放鬆，雙掌相對，手指向前放

在腹部前面，手掌及手指稍為彎曲，好似抱著一顆隱形的能量球一般，慢慢地將手掌拉開並擠壓能量球，平行移動手掌，使從肩寬擠壓到約 10～15 公分的距離，此時閉上眼去感受手掌間的振動，這顆隱形的能量球就是**氣**。此抱缸法必須每天至少練習三次，每次五到十分鐘。

4. **慈愛呼吸法**：每天經過整個過程的運動或其中一個運動後，做幾分鐘深呼吸，保持微笑及慈愛的思緒，吸入平靜美麗的光，並慢慢地將之擴散到全身。

案・例

　　秋喜的丈夫李先生死時六十七歲。李先生是一位退休老師，對秋喜十分照顧和保護。對秋喜來說，他不只是一位丈夫，也是她最好且唯一的朋友，是心靈伴侶、真正的另一半，更是歡樂的最大泉源。在他們漫長的婚姻歲月裡，李先生對秋喜如同公主般地寵愛，而她唯一的工作就是享樂。自從他往生後，秋喜就一個人獨居，她期望已出嫁的兩個女兒多花些時間來陪她，但這實在很為難，因為她們兩人都需要工作，又有孩子要照顧，根本就分身乏術。秋喜心中充滿了憤怒、挫折、背叛和被遺棄的感覺，她因此失眠、沒胃口，一直擔心自己生病或罹患心臟病，經常哭泣，也不願出門。

　　秋喜求教於中醫師，他們將她轉介加入一個專為情緒困擾者所設的身心靈整合團體。她在團體中分享了自己的悲傷，以及女兒幫不上忙的情形，情緒中充滿了強烈的自憐和苦痛。在第一次的團體活動中，她學到了拍手功，她對團體的成員說拍手非常有效，而且自從做了這個功，每晚可以睡到五小時。

　　秋喜在第二次團體時學了抱缸法，她便於第二週開始每天早上散步去公園，在那裡練習拍手五分鐘，抱缸十分鐘，每天做數次，她發現這些手部運動可以改善她的睡眠時間與品質。

　　慈愛呼吸法是第三次團體時學到的，秋喜開始了解到發展自己的

社會網絡才是重要的，而不是完全倚靠她的女兒，她變得比較願意去交朋友，並在自己住家附近參加為銀髮族所辦的社區活動。事實上，練習拍手功、抱缸法以及慈愛呼吸法使她發現，自己應該慶幸還擁有健康的身體，自己的幸福需要靠自己來經營。

　　這個諮商團體應用了拍手功以及每一種身心技法，經過六次的活動後，秋喜決定她應該放下悲苦，靠自己去展開新生活，她持續每天練習拍手功並重獲能量，調適自己走向那個不再有丈夫為伴的生活。

結語思維

　　拍手功是一種引流痛苦的活動，身體的疼痛事實上可以使喪慟的人從情緒和靈性的苦痛轉移注意力。全套身心技法，有練習手冊及光碟影片提供讀者學習，資料列於參考文獻（Chan, 2006）；此外也有更詳細的案例，描述一位喪慟的母親如何運用了這些身體活動，請參閱梁佩如等人所發表的文章（Leung, Chan, Ng, & Lee, 2009）。

| 參考文獻 |

Chan, C. L. W. (2006). *An Eastern body–mind–spirit approach: A training manual with one-second techniques.* Hong Kong: Resource Paper Series No. 43, Department of Social Work and Social Administration, The University of Hong Kong.

Chan, C. L. W., Chan, C. H. Y., Tin, A. F., Chan, W. C. H., & Ng, P. O. K. (2009). *In celebration of life: A self-help journey of preparing for death and living with loss and bereavement.* Hong Kong: Centre on Behavioral Health, University of Hong Kong.

Chan, C. L. W., & Chow, A. Y. M. (eds.) (2006). *Death, dying and bereavement: The Chinese experience.* Hong Kong: Hong Kong University Press.

Lee, M. Y., Ng, S. M., Leung, P. Y. & Chan, C. L. W. (2009). *Integrative body–mind–spirit social work: An empirically based approach to assessment and treatment.* New York: Oxford University Press.

Leung, P. P. Y., Chan, C. L. W., Ng, S. M., & Lee, M. Y. (2009). Towards body–mind–spirit integration: East meets West in clinical social work practice. *Clinical Social Work Journal, 37*(4), 303–311.

Ng, S. M., Chan, C. L. W., Ho, D. Y. F., Wong, Y. Y., & Ho, R. T. H. (2006). Stagnation as a distinct clinical syndrome: comparing 'yu' (stagnation) in traditional Chinese medicine with depression. *British Journal of Social Work, 36*, 1–17.

第三部　與身體工作

12 | 維持連結的身體想像

Lara Krawchuk

適合對象

　　失去關係十分密切的人、事、物，而努力想要與所失去的有所連結的案主適合使用此技巧。這類以身體為主的想像技巧，對於剛遭遇喪慟的案主較不適合，對他們來說，可能會因為太過於強烈而無法專注在身體感受的連結上。

說明

　　經歷重大失落後，哀傷者常會千方百計地想知道如何與這個不再實質存在的人維持新的、有意義的連結（Neimeyer, 2001），渴望真實的接觸、聽到並感覺到所愛的逝者，這對活著的人可真是一種折磨。許多人在重大失落的餘波裡感到雜亂無章、孤立無援、支離破碎，並且深陷孤寂；對有些人來說，所愛之人留下許多珍貴的回憶，而實體卻不存在了，這身體想像（body imagery）的做法便能夠開啟一條與其建立新連結的途徑。以身體為中心所導引產生的畫面是一種可溫和引領想像力，讓案主在其中

看到、聽到、嘗到、觸摸到、聞到，以及感覺到的畫面，這些畫面對案主可能深具意義、存有疑問，或需要更進一步的探索。過去二十五年來，想像的運用漸增，在身體與情緒的療癒上，它具有正向的影響。對身體來說，想像最具魅力的特色之一，就是內心所想的可以跟外在實際發生的事件一樣的真實（Naprastek, 2004; Rossman, 2000）。例如，某人建構了一個他愛吃的食物的詳細畫面，即使這在心中的食物其實並不能摸到或吃到，但還是會吞口水，這是很常見的狀況；過了一會兒，心裡便開始吃起這些好吃的食物了！對悲傷的案主來說，透過導引的身體想像，進入一個放鬆的、溫和轉變的境界，這給予他們一個機會，體驗到與所愛之人再度連結的力量，而這個人在此之前是完全不存在的。這又能再次促進關係連結感的延長，一方面反映出實體不在的事實，另一方面則在短暫的時間裡提供了印象深刻的時空分享經驗。對哀傷者來說，想像的連結可為疲累、孤寂和受傷的靈魂提供有力的撫慰。

　　帶領案主練習身體想像時，我先向他們說明，我們只是探討他們內在的世界，這個練習本身沒有「對」、「錯」可言，接著鼓勵他們讓自己放鬆，並放開心胸接受心中浮現的任何畫面。我提醒他們，雖然我會緩和地說話做引導，但他們的心會根據當下他們真正的需要，帶領他們去到任何地方；並極力強調，對這過程中的發展不要有所評斷，也告訴他們這體驗是由他們自己完全掌控的，在任何時間，若覺得想要或有必要停下來，都是可以的。經過簡短的說明，讓他們知道大概的狀況之後，便請他們閉上眼（或定點注視著地面），以舒適的節奏呼吸，並讓身體放鬆。請他們注意身體坐在椅子上、腳放在地板上，以及和宇宙大智慧連結的感覺，然後做一個簡短的身體掃描，看看悲傷「住在」身體的哪裡，而它又是如何呈現的。我們花了一些時間來想像這個痛苦，然後轉移到探索工作，與所愛逝者做內在連結。下面的案例可為這技巧提供很好的示範。

　　黛布拉是一位六十歲的天主教婦人，她在八個月前失去了二十八歲的女兒，琳達死於可怕的自我免疫系統疾病。雖然這病拖了很久，整個過程充滿著極度的痛苦，以及生理功能的逐漸退化，但琳達往生的事實還是發生得很突然，出乎意料之外。黛布拉在一年前就辭去工作，全職照顧女兒，她為自己二十四小時所給予的優異照護而自豪。在琳達的整個病程中，黛布拉經常向我陳述，身為女兒的主要照顧者，同時又扮演著她母親和朋友等角色，能在其間保持平衡的那種愉悅。女兒在她毫無防備下突然離去，這失去孩子以及照顧者角色的事實完完全全將她給擊垮了。朋友們安慰她說：「琳達到了一個更好的地方」，並勸她應該要「放下琳達，再度開心起來」，這些話卻令她覺得深深受傷；她不斷重複地說她的心完全碎了，她的一切都變了調。失去了琳達，黛布拉在情緒上大受打擊，而她的健康也嚴重受到影響，由於健康持續不斷發生狀況，她接受心理治療也變得只能偶爾為之。

　　記得某個春日，黛布拉在缺席一個月後回來接受心理治療，她拖著步伐走進診間，重重地讓自己跌坐在椅子裡，這時她已經滿臉淚水。她的表情痛苦猙獰、眼窩凹陷、皺紋深深刻劃在她的眼睛和嘴角四周，兩眼直怔怔地望著地板流淚，什麼也不說。過了好一會兒，她低喃道：「我做不到，我非常想念她。」我靜靜地見證她深深的痛，簡短地向她探詢以確認她是否安好，同時認真傾聽這段時間每一天、每一天她所度過的至痛。很快地我就明顯發現，黛布拉最困難的部分就是不再感覺到與琳達有所連結，這是她無法忍受的；想想，在琳達經歷可怕的病痛期間，她花了那麼長的時間幾乎是和她黏在一起。黛布拉渴望再觸摸到、聞到和真實感受到琳達，但如今卻什麼也感覺不到，只剩下無法承受的空虛。

　　我問黛布拉是否願意試試身體中心想像法（我們之前有做過幾

次），來找出新的方式與她心中可能存在著的琳達做連結，她欣然同意。於是我提醒她，這個探索沒有設定任何目標，她可以在任何時候停下來。我們開始讓呼吸平緩，然後我看黛布拉的姿勢似乎放輕鬆了，就請她掃描身體看看每一部分的感覺如何。她的悲痛十分強烈，有好幾次都發出痛苦哽咽的聲音，但顯然她還是願意繼續。黛布拉與悲痛相處了一會兒後，我請她用不同於以往的方式來觀察身體，這回是請她看看身體裡面有沒有任何地方是有琳達或琳達的靈正好在那裡的，黛布拉立刻微笑起來，並把雙手移到心臟的部位。我請她花一些時間隨著當下的感覺調整呼吸，她的整個臉都變柔和了，微笑掛在嘴角。我鼓勵她慢慢來，好好探索這個女兒活在她內心的畫面，去觀察細微的小地方，聞聞那些氣味，聽聽看有沒有聽到什麼話語。我重複要黛布拉做深呼吸，並要她「暢飲此刻跟琳達在一起的經驗」。我發現她的手指一直在胸口撫摸著，於是問她要不要給琳達一個大一點的空間，可以把手張開一些。慢慢地，黛布拉的手伸展開來，就像是被一顆隱形的氣球輕輕推開了雙手，她的手指仍然繼續撫摸著這個空間，而且此時笑得更開了。一點一點地，我們把她雙手間的空間加大，最後我請她把手移到最能表達她此刻跟琳達在一起這種經驗的地方，她的雙臂立即伸出，跟地面平行，並像柔軟的翅膀一般揮動著它們。黛布拉燦爛的笑容使整個房間生輝，我再次重複指引她「暢飲此刻與琳達在一起的經驗」。當帶著她走完後續的想像過程，我可以感到她散放出寧靜的能量，此時指引她再跟琳達相處最後幾分鐘，把這一片刻的細節收納起來，最後向她說再見。我提醒黛布拉，琳達的這一部分是活在她內在裡面的，只要她想到，就可以在任何時候去找她。然後我請黛布拉做五次深呼吸，把這經驗封存起來，等她覺得準備好了，就回到我們的空間來。我敲著西藏誦缽把她喚回診間，當她張開眼時，看來是絕對產生了轉化，她變得非常開心且容光煥發，真是令我驚豔。黛布拉對我說，在這引導的想像過程中，是琳達死去後，她第一次能夠感受到再度與她連結在一起，她感到琳達是真正的

出現在她心底。她現在看到的琳達有著一對天使的翅膀，她的身體不再因疼痛而扭曲變形，黛布拉說琳達要她相信她是平安的，又告訴她，若覺得難過也沒關係，但很重要的是，要再找回快樂時光。她說，她能夠再度用手臂摟著琳達，感覺到她的身體在她的臂彎裡，這感覺真是太棒了。黛布拉一再感謝我幫助她經歷這場體驗，但說真的，她開心的笑容可比那些感謝更是我想要的回報！和黛布拉一樣，我也在這次經驗中獲得了轉化。

兩週後，再度見到黛布拉，她說經過上次我們所做的想像經驗後，她在從家裡去工作的路上被一間小教堂吸引，後來她便進入那教堂好幾次，跪著靜靜地祈禱，而每次她都覺得和琳達緊緊連結在一起。她說心中的痛還是那麼深，但如今卻覺得在心裡跟琳達有了一種新的連結，她可以感覺到這個連結將會在她的後半輩子都跟著她。黛布拉將一切歸功於我們所做的身體想像練習，這開啟了她的心，和原本就在心中、她所愛的女兒做了意義深遠的連結。

結語思維

任何人都可以學習如何進行身體想像，找一位值得信賴的治療師、在團體中，或一個人找一間私密的個人空間，都可以安心進行。由於跟失去的或已過世的所愛之人做連結，可能會有十分強烈的情緒，因此極為重要的一點是，在踏上這一類的想像旅程之前，應先建立信任的深厚基礎。建議，以緩慢、舒適的步調來進行想像工作時，千萬不要根據案主所提供的視覺和語言內容作為線索。

| 參考文獻 |

Naprastek, B. (2004). *Invisible heroes: Survivors of trauma and how they heal.* New York: Bantam Dell.

Neimeyer, R. A. (2001). *Meaning reconstruction and the experience of loss.* Washington, DC: American Psychological Association.

Rossman, M. L. (2000). *Guided imagery for self-healing.* Novato, CA: H.J. Kramer Inc.

身體託管 | 13

Diana C. Sands

適合對象

「身體託管」（the body of trust）適用於具有創傷性的喪慟，當悲傷者述說失落事件的能力因為令人困擾的反芻思維而受到阻礙，一直徘徊在負向經驗中，而始終無法調適、達到悲傷所需的敘說發展與統整時；此法較不適合用在為一般喪慟經驗者所舉辦的支持團體中。

說明

對於具有創傷性的喪慟來說，其中一個很基礎的議題就是挫折感，或對這世界所知和所理解的信任架構瓦解了。尤其是經歷自殺事件的喪慟，斷然拒絕的議題引起強烈憂傷，且經常被認為是悲傷者與逝者之間信任關係的決裂，這就破壞了持續連結的架構以及調整功能。這些議題加上其他在創傷喪慟中的困擾，造成意義建構上的危機，挑戰著悲傷者的信仰和價值觀，而這卻是他們形成假設認知架構的基石，也是他們對生活事件用以建構意義的框架（Neimeyer & Sands, 2011）。對一些這樣的喪慟者來說，

重述失落故事有益於悲傷的統整工作，但若是悲傷者的假設認知世界與失落之間有了嚴重的分歧，這故事就變得混亂而失去彈性、無法釋懷，讓悲傷者與傾聽的助人者都變得筋疲力竭。介入的方式名為「身體託管」，是根據敘事法和身體聚焦法修改而來，用於促使具有挑戰性的感知、情緒和認知等具體訊息有所整合，進而協助案主調適意義重建工作。

在創傷性喪慟中，有一種傾向就是逝者所經歷的痛苦和悲傷者的痛苦會變得沒有差別（Sands, Jordan, & Neimeyer, 2011）。若能從第一手觀點踏入故事情節，就可提供機會讓喪慟者辨別他們自己具體的沉痛，並從這裡建構意義所在。透過身體託管的做法重新進入死亡事件的故事，可撫慰案主並為其引進新的洞察和視角。這個介入法可加強敘說的彈性，透過說與書寫、藝術表達、符號、隱喻以及人生定律——即一系列對事情做假設的清單，使人們有各式各樣的方法來解讀這世界。介入工作的進展是緩慢且逐漸展開的，讓喪慟者有時間與悲傷並肩而坐，並好好傾聽自己的身體，這可提供機會添加死亡事件發生時所不知的訊息，可以再將事件依照時間順序排列，並演出當時未採取的行動。諮商師跟著案主的步調，觀察他們的氣息，注意細微的肢體語言，以及言說之間的沉默，對於位置、大小、形狀、重量、顏色、紋理，以及與痛和受傷相關的感受都要深入詢問，才能探索到突破性的訊息。很重要的是要記得，在所有暴力死亡事件中，死亡發生地是刑案現場，調查規範是不允許家屬抱著或觸摸所愛之人的遺體，也不可有其他表達悲傷的方式，受到震驚會影響喪慟者在死亡事件發生時的行為表現能力，這都可能會在未來加深其心中的悔恨，此時可用簡單的形式重演這一部分以處理這方面的議題。此介入方案可運用於喪慟團體以及臨床環境，但需要在已建立好的治療關係中，經確認並加強案主的復原力以及支持系統後才能進行。

第一步是在一張大白紙上描繪喪慟者的身體輪廓，這工作的進行將由案主述說，而治療師負責回應，並在大白紙上註記、畫圖或放置標示物，來表達案主的經驗；若在團體中，部分工作可以請成員來協助完成。例如，一位悲傷者說：「不，不，不！」這些字眼就可以寫在輪廓中的嘴巴

部位；對於身體有封閉、僵硬、凍結等震驚的悲傷反應，可用藍色來標示有這些感覺的部位；也可畫出火焰以表示憤怒，同時可放置像石頭之類的物件來表達悲傷的沉重。在身體輪廓中，標示出悲傷者在關係上、靈性上及其他方面的支持是很重要的，例如，可以加入所愛逝者的位置，而案主的心情狀態、悲傷經驗的元素，像是保護牆，也可繪製於輪廓附近。

此活動中有三個顯著且重要的時間點，可用以帶領並促使這個介入方案慢慢向前推進，一開始的「時間 1」，把故事的開始設定在案主獲知死亡消息的前一刻：那是幾月幾號，什麼時間？他們在哪裡，做什麼？誰跟他們在一起？當時他們是否正期待著什麼事？「時間 2」是關於他們如何發現死訊的：是他們發現了遺體嗎？若不是，他們是如何被告知的？當他們獲知這死訊時，身在何處？那時他們的狀況如何——想法、感覺、說了什麼、身體的感受如何，是否有發抖、驚叫、嘔吐、喘不過氣來、昏倒？「時間 3」則是有關目前，他們現在經驗悲傷的情形如何：對於自己的心和身體有發現什麼不同嗎？在圖畫中，有沒有哪裡畫的什麼，現在覺得療癒了？有哪些仍然一樣？有哪些方面覺得悲傷似乎更加強烈了？他們如何了解這當中的差異？他們的支持系統可以如何緩和、療癒以及安慰他們？

案・例

遭受著兒子自殺之慟的愛德華，為兒子生前接受治療的醫療團隊而深感悲苦與挫折，他對這件事有強烈的反芻思緒，沉浸徘徊在負向經驗的結果，使得他在其他方面的悲傷反應都受到了阻礙。愛德華在為自殺者遺族所辦的身體託管治療團體中，談到兒子死的那天，他結束了一大早在教堂舉行的聖誕禮拜，開車回家的路上，還滿心歡喜地盼望著那天即將展開與家人一起歡度的好日子。他說，當他發現兒子一直未出現，他的焦慮就上來了，打電話也沒人接，胃裡開始有一股揪心的涼意令人害怕。他開車到兒子的住所時，從頭到腳全身發麻，一用鑰匙打開門就發現了兒子，震驚和恐懼呼嘯而來，讓他覺得好像

「跟這世界脫離了」，腦中「一片空白」。他回憶著，兒子的遺體已經冰冷，他一直叫著他的名字，一遍又一遍，似乎沒多久，救護人員就在現場為他兒子進行急救，而他卻站在一旁幫不上忙，只能哭泣著向上帝禱告，連大氣都不敢喘一下。他記得，當救護人員轉向他，在他們尚未開口前，他就知道兒子死了，他真的是崩潰了。他說他太太到了現場，她揪心地尖叫著，然後昏了過去。他邊搖頭邊哭著說：「他的身體——他美好的身體——充滿了可怕的疤痕。」愛德華遲疑地解釋說，他兒子之前曾經縱火自焚，身上有 60% 燒傷；把雙手蒙著臉，他訴說著他們極致的痛苦，那些數不清時、日、月的醫院歲月以及緩慢的復健之路。「我覺得他那時就死了——他內心從未復原過。」他啜泣著說：「但是為什麼，為什麼要選聖誕節？」他兒子的行為就像是在否認過去數年來，全家快樂歡度聖誕節的事實。但對愛德華來說，聖誕節卻代表著這個家所有美好事物的精華，這個他跟太太在他們第一個孩子出生不久，來到這新國度共同建立起來的家。

　　身體託管的活動為愛德華提供了好好坐下、用另一種方式開啟深度悲傷，在情緒上、身體上以及認知層面進行探索的機會。經過一段時間，有了安全感和支持，他同意讓團體成員在地板上鋪上一張大白紙，然後把他的身體輪廓描繪下來。當愛德華述說他的故事時，成員開始在繪圖紙上捕捉生動的畫面：在他的胃部中間用了冷冽的藍色色塊，黑色的問號圍繞著他的頭部，這位父親所帶著的他兒子可怕的燒傷疤痕，則是用紅色色塊崎嶇地滿布在他身體的輪廓。在演出的場景裡，愛德華抱著治療師準備的枕頭當作兒子，他抱著並搖著「兒子」，告訴他，他心裡對兒子的愛和驕傲，以及愛子所擁有的歡樂和光輝也帶入了他的生命，這是在兒子死亡現場他無法做和說的部分。有一位成員畫了一道金色光芒，從案主的身體輪廓上面灑下來，治療師邀請他想像他們家的聖誕精靈出現了，並分享了許多歡樂時光，像是他兒子接獲他送的第一件樂器，還有父子所共享對音樂的愛好。另一位成員悄悄地在這身體畫面靠近他心臟的地方，畫了一棵美麗的聖

悲傷治療的技術｜創新的悲傷輔導實務

誕樹，還有禮物以及團聚的家人。他太太也在現場，說到兒子因為長期對抗精神疾病而筋疲力竭，她是如何以「兒子現在很平靜——不再受苦」的想法來安慰自己。這位父親分享了他的愛的哲學理念，以及他如何扮演孩子的父親：「愛是理解，愛是關心。如果你相信愛，你就能在許多困難中存活。」有一位成員很誠敬地在畫面上，他的心臟的部位寫下了這些句子。於是這對夫妻一起開始，從聖誕節的兒子之死編織出新的意義建構之路，因為那是一年中他們這一家認為最能象徵愛的一天。令人覺得神奇的是，這麼坐在一起，見到自己的痛苦，卻使他們感受到，兒子可能會在他長期抗病的最終，因這些溫暖的回憶和快樂時光而感到慰藉。一位成員在愛德華肩上輕輕披了一件藍綠色的長條軟布，好像療癒披風一般，如同他兒子在說：「我不能再留下來了——我愛你們！」這句話也寫在身體圖像的上方，令人落淚，也令人感到安心，大家都來承擔這個悲傷。這對父母述說著「他們的孩子」早已知道，他們會帶著理解和愛來照顧那個已然離去的他，就像他們對他生前無微不至的照顧是一樣的。找出與這場不幸共度餘生的一條路，對他們來說這只是個起頭，那將是個讓人進入黑暗與絕望，讓生命獲得重要資源與情緒滋養的故事。在這重建的故事裡，畫紙上人形邊緣的嫩綠線條代表著剛萌發的小芽，是隱約的轉化契機，是開啟改變與成長之路的選擇。當故事和人形畫面自然發展到了結局，這對父母親充滿淚水地表示這是個非常棒的經驗，而其他成員也對這個他們曾一同共享的說故事活動表達肯定與支持。最後，團體把這件畫作打包作為一份禮物送給了這對夫婦。

結語思維

　　身體託管的發想根基於創傷性失落中的意義重建研究，以及自殺喪慟反應的三部曲模式裡很重要的「穿著他的鞋行走」（walking in the shoes）

的部分（Sands, Jordan, & Neimeyer, 2011）。此介入方法也受到其他研究的支持，研究者包括歐格登、名頓及潘恩（Ogden, Minton, & Pain, 2006）以及其他學者，他們證實了，身體聚焦法在處理創傷性感知經驗之整合工作，以及協助案主調適敘說重建工作上的效果。在創傷性死亡事件的語言表達歷程中，這方式扮演著有效的好幫手，可協助案主把看來沒道理的失落理出頭緒來。

| 參考文獻 |

Neimeyer, R. A., & Sands, D. C. (2011). Meaning reconstruction and bereavement: From principles to practice. In R. A. Neimeyer, D. L. Harris, H. R. Winokuer, & G. F. Thornton (Eds.), *Grief and bereavement in contemporary society: Bridging research and practice*. New York: Routledge.

Ogden, P., Minton, K., & Pain, C. (2006). *Trauma and the body: A sensorimotor approach to psychotherapy*. New York: Norton.

Sands, D. C., Jordan, J. R., & Neimeyer, R. A. (2011). The meanings of suicide: A narrative approach to healing. In J. R. Jordan, & J. L. McIntosh (Eds.), *Grief after suicide*. New York: Routledge.

第四部
轉化創傷

PART FOUR

複雜性悲傷和創傷 |14

優先處理什麼？

Stephen Fleming

適合對象

　　本技巧適用於失去摯愛後具有創傷症狀的成年人。此介入方式不能用於有自我傷害風險、缺乏社會支持網絡、有嚴重共病狀況需要先行處理（例如重鬱症），或有醫療上無法診斷之病況發作的對象。

說明

　　簡單地說，悲傷是我們為愛所付出的代價，在大多數的事例中，它不會讓生者在無法克服困頓的情況中面對失落的統整，也不需要專業介入的治療；然而，當死亡事件具有創傷性時，人們悲傷反應的複雜度就產生了。創傷性死亡事件的特質包括下列因素：驟逝、死亡發生於「不該發生的時機」（例如孩子的死亡）、死於暴力或殘害手段、多重死亡事件、隨機死亡，以及不該發生或可預防的死亡事件（Worden, 2009）。面對具有創傷性失落的生者，或疑似有第一軸或第二軸疾患使其面對失落情況的調適變得複雜時，謹慎的治療師就會進行綜合人格評估來增進診斷的正確

性，然後告知並指示將採取的介入策略。

　　對治療師來說，令人感到棘手的診斷和處置議題是在悲傷症狀（情感的、認知的、生理的、社交的、靈性的）與創傷後壓力症候群（PTSD）或類似疾患之間做區別。悲傷與 PTSD 呈現非常類似的症狀，PTSD 的一再經驗症狀（如作夢、惡夢，以及暴露於創傷相關的記憶而感到不安）是一般喪慟者不常發生的；然而，PTSD 的逃避與情緒麻木反應（例如，和有關逝者的痛苦記憶保持距離、對以前感到開心的活動失去興趣、覺得被隔離或沒有歸屬感、不易受感動，以及對未來沒有展望等）則同樣會經常出現於那些失去所愛之人的悲傷反應。最後，PTSD 的過度反應症狀（持續保持高度警覺、不易入睡或易驚醒、易激動生氣、注意力難以集中，以及反應過度的驚嚇表現）也時常發生在遭遇失落悲傷者的身上，尤其是孩童的死亡事件（Buckle & Fleming, 2011）。注意 PTSD 的明顯特質（像是不請自來的強烈感受，以及持續出現麻木／逃避的反應），並使用可靠有效的衡鑑工具，可協助治療師判斷其悲傷狀態中是否有 PTSD 的症狀（Buckle & Fleming, 2011）。

　　在創傷的陰影下，個人悲傷反應的表現很有可能受到阻礙或干擾，例如死亡事件中，令人驚嚇的情境讓人覺得十分反感，那麼哀悼者就會抗拒並極力避免去想到或提及逝者，於是創傷的片段便大力阻止了悲傷、渴求及回憶等反應行為的產生與經驗。若 PTSD 症狀使悲傷反應變得如此複雜，則建議應在關注失落事件為案主帶來的衝擊之前，先行處理這些症狀。

　　雖然對於 PTSD 的處遇已有一些較為人知的介入策略，但我在此想討論的是創傷聚焦暴露療法。暴露療法需要在安全、能受到控制的環境裡，很謹慎、重複、詳細地去想像創傷事件（即暴露在創傷中），以協助生者能夠面對與事件相關的恐懼和憂慮，並對這些處境具有掌控感。在大部分的案例裡，建議使用滴定法則（titrated approach）進行，也就是說，治療師運用放鬆技巧並從較不令人緊張的生活壓力情境開始，使案主一點一點地暴露到最嚴重的創傷情境裡，或把創傷事件拆解開一次處理一小部

分地來進行（「減敏感法」）。

麗莎是一位有三個孩子的三十四歲母親，那天，她站在路邊和校車司機打招呼，這是她四歲女兒艾瑪從學校回來的校車。當艾瑪下車時，一陣風把她拿在手中的圖畫紙吹到了校車前面，她立刻衝到前面去撿，司機的視角無法看見孩子，於是車子向前撞倒了她，艾瑪重傷身亡──而她媽媽目睹這一幕可怕的景象，非常無助地眼睜睜看著她的孩子發生致命車禍。麗莎除了悲傷使她耗盡心力，還呈現出典型PTSD 的症狀，包括入侵畫面、逃避以及過度緊張等情形。

除了不自覺地出現那天路上的入侵畫面，麗莎最明顯強烈的行為是一心想與他人分享有關艾瑪的歡樂記憶，談論她調皮的性格，描述她為家人帶來愛與歡笑的種種。在治療過程中，麗莎的渴望、祈求，以及對艾瑪的思念等種種悲傷反應，總會很快地相繼出現那起「路中事件」的爆發性創傷記憶。漸漸地我發現，這種非自然的、爆發式的轉變，卻能緩和地使她專注在創傷處理的工作上，並在不知不覺中讓她從艾瑪所留下的種種及那些痛苦又重要的回憶中轉移注意力。我放棄原本打算先處理創傷的決定，轉而跟隨麗莎的思緒，當她開始探索自己的悲傷，聚焦在悲傷之上時，很奇特地，「路中事件」的片段就突然重現進來，我於是採取非滴定法則來進行暴露療法。

在其中一次會談時，麗莎回憶道：「你知道嗎？我以前都喜歡跟艾瑪一起逛街，買些女生的東西──我真的很想念這些事。」在聊了些跟她女兒「購物療法」（retail therapy）的快樂後，創傷畫面突然出現，她想起了當她在路中抱著艾瑪時，孩子身上穿的那件衣服。我不再評估這畫面對她產生的情緒困擾有多強，以及這時在減敏感工作順序上的相關位置，而是透過重複的生動描繪、重新建構，以及重新經驗這特定的創傷事件，還有它所帶來的恐懼、害怕、罪過、憤怒和

無助等情緒，促使這創傷片段走進她的意識裡。若制式地運用滴定法則，將會使暴露療法拖到最後就消失殆盡，這樣的話，創傷景象的發展會走向終結而不了了之（當然，這在整個心理治療過程是會重複發生的）。在這情況下，我認為消失殆盡不是個實際的目標，最好的應該是希望能把壓力程度降低，並加強其討論創傷的能力，不會因此而變得不穩定，悲傷歷程也不會因這創傷片段而脫軌。

在麗莎的引領下，治療的動線反而不會被打斷，也無需為減敏法特意建構痛苦記憶的程度層級。麗莎曾學習過焦慮管理策略，知道如何讓自己保持平靜，也了解在任何時候，只要她覺得有威脅感就可要求停止暴露療法。當整個療程結束時，心理衡鑑的結果顯示入侵畫面的症狀明顯下降了（例如：重現的畫面、惡夢等），而麗莎的逃避行為也明顯降低，她能夠討論「路中事件」發生了什麼事，也願意再搭乘校車了；最重要的是，她可以讓其他的孩子搭公車去參加各式校外教學。

結語思維

在我的經驗裡，對有創傷的喪慟者同時採取兩條路線，即同時調適悲傷和創傷的議題，來進行心理治療的案例並不少見。從原本應是滴定法則的介入改為非滴定法則，我必須專注於麗莎的引導，由她帶領我走向創傷畫面；為有效地保持與她同步進展，在這急速轉換的過程中，治療師的靈活反應受到考驗。對於這種型態的介入，治療師的先決條件包括：需對所呈現的症狀做徹底的心理衡鑑、需要有深厚的治療關係、接受過適切的訓練並具有善用技巧的能力；此外，由於當事人也是創傷情境中的一員，有必要觀察其替代性創傷的可能性。

關於「需要先處理的是什麼：複雜性悲傷或創傷？」這個問題，答案無庸置疑的應該「**都對**」。

| 參考文獻 |

Buckle, J. L., & Fleming, S.J. (2011). *Parenting after the death of a child: A practitioner's guide.* New York: Routledge.

Worden, J. W. (2009). *Grief counseling and grief therapy* (4th ed.). New York: Springer.

第四部｜轉化創傷

15 | 重述死亡事件

Robert A. Neimeyer

適合對象

　　受困於死亡相關的入侵思緒或畫面的成人和青少年，尤其是因暴力事件而發生的死亡。然而，重述死亡事件大部分應以穩定及輔導喪慟者情緒調整為目的的介入來進行，以及用在想像暴露療法後需促進意義建構的介入工作。當案主的主訴是與逝者依附關係相關的議題，而非死亡事件本身時，即使發生的是暴力死亡事件，也無需使用這種重述故事的劇烈做法。

說明

　　從意義重建的角度來說，對於失去所愛的事實進行生命故事的統整，通常需要兩種敘說形式，一個是以**死亡事件**為重心的故事，另一個則是與所愛逝者之**關係的背景故事**（Neimeyer & Sands, 2011）。失落在自然的調適歷程中，哀悼者通常在這兩種故事之間來回地游移，跟願意傾聽、接納的人分享這些故事，努力把死亡故事編織進他們更大的生命故事中，成為悲傷但必然的轉化；而另一方面，又在所愛之人的生命背景故事上著墨

並尋求支持點,當他們重新建構這背景故事時,便持續獲得依附之安全感,而非與逝者關係的終止。在大部分的案例,當歷程進展到此,單純因失落而產生的悲傷就會變得不那麼占據人心,而生者也漸漸能夠在改變的生命中重建意義感和連貫性。

但誰也不能保證結果一定會這麼順遂的發展,死亡事件本身、生者與逝者的關係,或他們之間的互動,與這些因素相關的狀況都會影響失落的整合以及關係的重整。這當中還包括逝者瀕死時期的情形,從所愛之人健康急速變化挑戰著生者對事情的理解到含糊的死亡原因;尤其是因他殺、自殺及致命車禍所造成的死亡,特別是那種怪異的死亡事件。在這些案例中,哀悼者可能會不斷地叨唸著死亡事件,甚至暗自鑽牛角尖,或一再受到揮之不去的創傷景象所困擾,也許是當場目睹死亡事件,或發現死者的經過;又也許是逝者嚥氣時的情境,活生生來到夢中或在腦中徘徊不去。所有這些情形都表示哀悼者的意義世界受到了打擊,往往粉碎了他們原先認為的美好世界,以為可以信任別人、以為他們自己能夠捍衛所愛使其免於受苦。當這些事情發生時,死亡事件的故事占據了他們的心房,而且嚴重地阻礙了對所愛逝者重新調整依附關係的進展,以及找到個人生命的新意義。

因此自然而然,主要的依附理論和因應策略、悲傷治療的認知行為以及意義重建模式,都會聚焦在某些原理和做法上,其中一個就是「促使對死亡故事的正視,進而嘗試掌控最痛苦的部分,並將此結果與哀悼者內心對逝者、自己,以及這世界的看法整合起來」(Shear, Boelen, & Neimeyer, 2011, p. 158-159)。如同用在其他創傷經驗的實證基礎療法,其特色是在安全的情形下延長暴露在恐懼情境的時間,因此對暴力死亡事件做「具有復原力的重述」,便需要在能調適情緒以及意義重建的情況下,對抗無效的逃避,學會直接迎戰失落故事的因應對策(Rynearson, 2006)。下列用於「回顧」或「重述」死亡事件的指引,是席爾、博倫(Boelen)以及萊尼爾森(Rynearson)所建模式的精華,加上我自己在意義建構工作上所使用技巧的整合,該技巧曾用以引導生命回顧和意義建構,進而完成情感

滿溢的自傳內容（Guidano, 1995）。在此的工作目標並非只是要讓案主「習慣」失落中的創傷，而是要促進案主深入理解此死亡事件及其生命意義，使其將經驗和如同自傳般的記憶統整起來。這重述故事的治療工作指南包括：

- **為強烈的體驗過程建構安全的環境。** 確保強健的治療聯盟關係，即互信、治療師的包容態度，以及能夠協助案主緩和激動情緒的能力等特質，然後才能進行重述故事的工作。

- **加強實力與能力。** 在回顧死亡事件細節之前，請案主向你介紹逝者，請他告訴你這位逝者是誰，在生前他是家庭裡的什麼角色（或其他親近的關係）。同時應教導案主使用正念技巧、呼吸放鬆法，以及想像慰藉法等，為他建立一個處理強烈情緒的技巧資料庫，以備重述死亡事件時可能會用到。

- **把焦點集中在故事的重要情節。** 例如，從接到噩耗、死亡發生或遺體被發現的那一刻開始說起，然後自然發展下去直到結束，比如後來舉辦了喪禮或追思會，或到第一天的結束即可。接下來在臨終曲線上較為複雜的情節可以留待以後的晤談再說，於是這樣可把每一階段的意義建構分開處理。

- **請案主把眼睛閉上以看清心中鮮明景象。** 採取變通的方式時，可使用死亡當下所拍攝的照片（像產出的死胎或在安寧病房往生的逝者）來加強述說的挑戰性；但須注意的是，犯罪現場、車禍或自殺等照片，則可能太具創傷性而應避免。

- **慢慢用專注的「相機」掃描每一幕情節的細節，注意引發情緒的重要畫面、聲音、氣味以及其他刺激因素。** 這使用「慢動作」回顧相關畫面的工作，可以用「特寫」相關細節（像是醫生或警察臉上的表情、呼吸器的畫面等）以及「掃攝」全景（例如用逝者躺在床上的視角來看其他在場者的臉和眼睛）等方式來加強描述，基本上每一情節至少要進行十到十五分鐘，通常時間可能可以更久，主要是根據案主能夠承受的程度，

以及歷程週期的需求而定。

- **在不同敘說語調中順其自然地「隨波逐流」。** 引發出對死亡事件外在的、客觀的陳述，對此陳述內在的、情緒上的反應，以及反思的、具有意義建構的敘說，這就促成了有發展性的收穫。提問：「當走進那房間時，你最先注意到的是什麼？」「你看到了什麼是你不希望看到的？」「回想當時，你自己的情緒或身體感覺如何？」「那時你對事情的理解是什麼？」「這理解有改變嗎？若有，是在什麼時候？」把這三股敘說內容編織成一條敘事的大辮子，可協助案主緩和沉默的恐懼感，給予一條「貫穿線」（through line），對原本支離破碎、雜亂無章的遭遇，能有更多理解及完整感。

- **重複回顧因強烈情緒所產生的「熱點」。** 若案主的焦慮有急速上升現象，像是淚如泉湧、哽咽或無法言語時（或以 10 點 SUDS 量表來說，上升程度達到 2 點或更高時；席爾設計的活動中，治療師在回顧過程裡會不時提出此量表以進行了解），可靜默片刻，然後鼓勵案主再把前面的內容重新說一次，就像是讓剛才那一幕「倒帶」幾秒一般。在重要關頭重複這步驟三、四次可協助案主熟練面對困難的內容，並常常還能填補第一次描述重要細節時所遺漏的「敘事漏洞」（narrative gaps），但卻可能是隱隱造成案主困擾的原因。

- **讓案主引導，徹底進行體驗過程。** 當重述故事的工作告一段落，請案主慢慢張開眼重新進入你跟他共有的治療空間，詢問他在重述故事當中觀察到什麼新的或重要的發現、在當時他對這事件的理解是什麼，以及現在更進一步的理解，若有的話，是什麼。跟隨案主的腳步前行，看到他對這體驗重新再做正向看待（例如，所愛之人已超越了苦難），對於他有此勇氣迎向極度艱難的事件內容而非將之隱藏，治療師通常會表達敬佩之意。也可考慮為案主的重述內容進行錄音，讓他帶回家在下次晤談前用以回顧，以增進更多的熟練度以及統整工作；但只有在確認案主已具備緩和情緒技巧，並有明確的改變，能夠自行將回顧工作做個了結進入下一場有趣活動（例如與信任的好友共進午餐，或是聆聽舒緩的音樂

等）的條件下，才能如此做。

- **把死亡故事放在一邊，留待日後再回顧**。基本上這是在一段時間，數天或數週寫完有關此體驗之日誌後的做法，日誌的內容以理解和調適因應這事件為主，再加上事後與治療師的討論。

　　要注意的是，雖然案主在具有喪慟支持的環境裡，一般都會粗略地陳述死亡事件的來龍去脈，但為了不讓傾聽者面對故事最嚴峻的部分，述說的內容通常是謹慎編輯過的版本；然而那嚴峻、無法言說的部分卻是案主痛苦的根源。於是強烈的藥物成為陪伴案主度過這不曾探索言說、令人苦惱的畫面和日夜揮之不去的焦慮，其實這應該是只有經過專業訓練、有長期暴露療法經驗之督導，以及具有激烈介入方案相關經驗的專業人士來處理的個案。具有轉化作用的重述故事療法跟「破唱片」（broken record）般一再跳針地陳述死亡事件，或重入創傷、再次沉浸於恐怖的做法非常不一樣，它大部分是需要治療師專注於當下，與案主的心路歷程同步，並能在緩和情緒與強調意義的步驟中給出指令，以確認回顧該死亡事件可以讓它在療癒的旅途中發揮作用。

案・例

　　在此描述一位我的案主泰瑞莎重述死亡事件的經過。她兒子麥可幾個月前在回學校的路上死於一場車禍。我們早先的會談都把重心放在麥可優異的表現——樂於助人、親切的個性、對靈性的追求等，而意外驟逝更加使得他的種種事蹟深植人心。當有充分時間為自己「破碎的心」發聲後，泰瑞莎很體諒地回到我們當初晤談的實際需求，專注於處理其他家人所焦慮的議題：為自己找到緩解悲傷的方法，好讓她能夠在家裡和工作崗位上發揮角色功能，而另一方面又能夠致力於與兒子做抽象的連結；但最重要的是，讓她對未來與兒子有某種形式的重聚感到有希望。在此，她深度又兼容並蓄的靈性就是最佳資源，

悲傷治療的技術｜創新的悲傷輔導實務

促使她對兒子年紀輕輕就隕落的事實體悟出更寬廣宏觀的解釋，不但讓兒子從塵俗肉身所無法避免的苦難中釋放出來，也為她和其他愛著麥可的人上了重要的一課，看到生命的瞬息萬變，以及愛在生命中的價值。

　　然而，總體來說，泰瑞莎承認此一靈性敘說雖然重要，但卻只說出了故事的一半；對於沒有說出的部分，她承認那真是筆墨難以形容的至苦，充滿著痛苦畫面和荊棘般的情緒，大部分都膠著在麥可生前最後幾小時所發生的事。我知道，這正是個需要有聽眾的故事，需要有個人可以站在她邊上，聽見別人聽不到的心聲；一個能夠幫助她面對痛苦、忍受痛苦，拼湊出更為連貫的有關她和兒子的苦難故事的人。我簡短摘要性地告訴她重述故事的步驟和目的，並在徵得她同意前，向她提出幾個相關的討論議題。泰瑞莎則自己提出了建議，她希望下次晤談能夠安排 90 分鐘的時間，這樣才有足夠的時間來面對這件事並進行重整，同時她也接受了我的建議，將會帶錄音設備來記錄故事內容，以備日後若有需要可以重聽。

　　我們下一次晤談開始時，先做了一個集中注意的冥想，一起把眼睛閉上，專注在我們共同的目標，讓她對麥可之死的經歷能夠發聲，我請她從最初當來電打斷了她在公司的內部會議這事件說起。電話是來自其他州的高速公路警方，他們通知她說她兒子出了車禍，正由救護直升機送往鄰近的創傷中心。當泰瑞莎控制著她的音調描述這通電話時，我張開眼觀察到她的肢體語言充滿著情緒，於是輕聲問她後來發生了什麼事？她接著描述家人和各方親友驚慌地用電話奔相走告，她在電話的最後都跟每個人說：「請為我們禱告，請禱告。」當她說到打這通令人痛苦的電話給麥可的哥哥，當時他也是在跨州的公路上長途駕駛，打算回家，這時她的聲音變得支離破碎，痛苦打斷了述說，變為深沉的啜泣。我輕聲問她，是什麼事使得她打這通電話這麼難過，泰瑞莎就好像回到了當下一般回答說：「因為我無法保護他使他免於出事，我需要他在我身邊。」在不經修飾的情緒和揭開事件原

委後所連結出的意義之間來回擺盪，泰瑞莎向前來到了其他場景，她回過神來搭飛機去看兒子；看到家人眼中流露著害怕的眼神；醫院派來接機的人超級友善；走過醫院長廊有著與世隔絕的朦朧；光線裡面有著不明人士。事件一幕一幕地掀起，挖出許多早已遺忘的細節——見到兒子之前，醫生說：「這情形救不了了。」她激動得嘔吐起來；醫護人員輕柔的撫摸著她兒子那張破碎又變形的臉——這些都隨著不斷轉換的情緒樂譜釋放出來，裡面夾雜著害怕、希望、愛和憂傷的漸強音符。在她把之前不能發聲的經驗像拼圖碎片一般拼湊起來的同時，我們又重複繞回最困難的部分——她看到麥可遺體在輪床上的第一眼；第二天難以做出的決定；周遭家人朋友的反應；充滿慈悲的醫師建議拔管；她癱倒在兒子沒有氣息的身上，搖撼著他、哭著、求他呼吸。在這重要場景中，我們結束了 75 分鐘的重述故事工作，在「重回」會談室之前，一起藉著幾分鐘的正念呼吸法來轉換場景，張開眼並對剛才的經驗進行討論，這也是我們後面幾次晤談，以及她寫在治療日誌中的內容。最後結果有了顯著的變化：根據泰瑞莎的說法，這讓她感到更加的「完整」，情緒「反應」較小，而且更為「平靜」，因此能夠做出必要的決定，並發現自己內在以及周遭所蘊含的力量，這幫助她減少莫名的強烈痛苦、能夠更為體諒別人、可承受原先所無法承受的事情。在這段強化期之後，她要求再做重述故事的工作，這回從麥可拔管的那一刻說起，經過喪禮，最後結束於她把第一坏黃土灑在兒子的墳上。

結語思維

以喚回經驗記憶的介入治療來說，詳細描述死亡事件的故事，讓案主有機會邀請治療師作見證，使先前那些保持沉默的故事有機會亮相並受到整編，在治療師的服務中表達出來、受到見證、重新統整，最後協調出它

的意義所在。在這過程裡，案主通常能在敘說上達到更為清晰、連貫的階段，能夠在一位具有敏銳度的人面前承受這極大痛苦的經驗，並對自己的勇氣給予肯定。敘說失落故事並不能消除痛苦，而是在一整個殘酷如實和深度情感的細節描述裡，讓案主有機會瞥見更為堅定的意義所在，以及藏在恐懼餘波裡可能的出口，讓他們再次藉機看到自己對逝者表現出的愛意，或更明確想到他們將會如何做。重述故事一方面協助案主在死亡事件自我憐惜的部分做更好的統整，將其放進自我敘說中；同時也理解了受到挑戰的關係連結，正是許多複雜性悲傷的中心議題。

除了一般有關創傷暴露介入治療效果的文獻，運用重述故事或其他回顧活動，無論是對治療師述說或寫私人日誌，在悲傷治療領域都受到日益增加的研究所支持著（Neimeyer, van Dyke, & Pennebaker, 2009）。這一類的介入方案是「修復性重述」程序中的重要做法（Rynearson & Salloum, 2011），並發現其開放性測試的結果十分有效；這類方案同時也是複雜性悲傷治療（Shear, Frank, Houch, & Reynolds, 2005）的主流方案，在控制組使用其他治療的研究中勝出。雖然還有更多關於此介入方案的「有效成分」是我們需要學習探討的，但它在資深悲傷治療師的技巧錦囊袋裡顯然具有重要地位。

| 參考文獻 |

Guidano, V. (1995). Self-observation in constructivist psychotherapy. In R. A. Neimeyer, & M. J. Mahoney (Eds.), *Constructivism in psychotherapy* (pp. 155–168). Washington, DC: American Psychological Association.

Neimeyer, R. A., & Sands, D. C. (2011). Meaning reconstruction in bereavement: From principles to practice. In R. A. Neimeyer, D. L. Harris, H. Winokuer, & G. Thornton (Eds.), *Grief and bereavement in contemporary society: Bridging research and practice*. New York: Routledge.

Neimeyer, R. A., van Dyke, J. G., & Pennebaker, J. W. (2009). Narrative medicine: Writing through bereavement. In H. Chochinov, & W. Breitbart (Eds.), *Handbook of psychiatry in palliative medicine* (pp. 454–469). New York: Oxford University Press.

Ryenearson, E. K. (Ed.). (2006). *Violent death*. New York: Routledge.

Rynearson, E. K., & Salloum, A. (2011). Restorative retelling: Revisiting the narrative of violent death. In R. A. Neimeyer, D. L. Harris, H. Winokuer, & G. Thornton (Eds.), *Grief and bereavement in contemporary society: Bridging research and practice* (pp. 177–188). New York: Routledge.

Shear, K., Boelen, P., & Neimeyer, R. A. (2011). Treating complicated grief: Converging approaches. In R. A. Neimeyer, D. L. Harris, H. Winokuer, & G. Thornton (Eds.), *Grief and bereavement in contemporary society: Bridging research and practice* (pp. 139–162). New York: Routledge.

Shear, K., Frank, E., Houch, P. R., & Reynolds, C. F. (2005). Treatment of complicated grief: A randomized controlled trial. *Journal of the American Medical Association, 293*, 2601–2608.

16 | 暴力死亡之後喚出與逝者的同盟關係

E. K. Rynearson

適合對象

治療師能夠輕易熟練的喚出逝者，而案主也準備好接受這樣的做法，這些案主忘不了內化了的記憶以及所愛之人的暴力死亡事件。對於孩童、青少年及成人，當他們有長期持續的創傷壓力而無法調適，常有強烈的、一再上演的畫面（重現畫面及重複惡夢），則此技巧可運用在為他們所安排的處遇計畫中。然而，對於與逝者關係惡劣或有受暴關係的情形，則不適合使用，因為這種關係本身就是壓力的來源。

說明

逝者因遭受暴力而死所帶來的創傷超越死亡事件本身，因為它不但是意外，還加上另外三個元素：暴力、使人受害以及違法行為（Rynearson, 1987a）。與受害者有情感依附關係，並對受害者感同身受的人，可能對失落事件會有高度的**分離痛苦**（separation distress）（渴求、找尋），以及**創傷痛苦**（trauma distress）（入侵畫面的重複上演、逃避、過度警覺），

還有悔恨、報復以及擔心類似事件重演的連帶想法。持續有入侵畫面，重複上演的暴力死亡事件會在心理上使人失能，造成無法調適而需尋求治療（Rynearson, 1995）。一般的創傷壓力以及畫面重複上演的頻率和強度，是近年臨床治療和處遇計畫首要考量的議題，尤其針對暴力死亡事件後面臨創傷悲傷的孩童、青少年和成年人，治療計畫也包括已做修改的「暴露療法」，用以處理瀕死畫面（Rynearson, 2001）。

受暴力死亡畫面重演所影響的失落和復原之間的動力工作架構可納入在喪慟雙軌擺盪模式（Dual Process Model of Bereavement）中（Stroebe & Schut, 1999）；在此，悲傷在理論上就是一種動力不平衡的修正，不規則地擺盪在對死亡的辯證與抗拒（失落導向）和生活（復原導向）之間。暴力死亡事件所引起的動力呈現在雙軌擺盪模式，如圖 16.1 所示，可作為失落導向內容的參考。

由圖 16.1 可見，暴力死亡事件的陰影籠罩在失落導向的發展，因而干擾了失落／復原的動力。由於死亡的發生毫無意義，使人在所愛之人被殺害的入侵畫面裡掙扎求救，加上強烈的自責與虛無恐怖的絕望，這時心靈膠著在無助的陷阱之中，要處理失落所帶來的揮之不去的反芻思緒，就會有些困難。

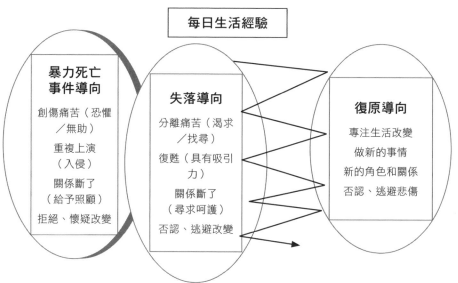

圖 16.1　暴力死亡事件中的喪慟雙軌擺盪模式

第四部｜轉化創傷

99

在介入方案中可主動將逝者加入，投射他的「存在」（presence），於是治療架構變成三角關係，同時也是透過想像對話引出逝者聲音的雙邊對話，這是尋求穩定與意義的資源（Rynearson, 1987b）。這暴露法的三角架構（案主、治療師以及逝者的「存在」）對長久以來一再上演的強烈幻想，在進行重述（暴露）的過程中便產生了具有復原力的因子。逝者經投射的存在加入治療師和案主，成為有助益的同盟，可以藉由援救、尊重、放棄以及原諒等議題一起回顧重複上演的故事——這些議題主要是為了加強故事的寬度和深度，好讓它在心理上使人覺得可以承受、更加具有連貫性，並且不再是「擄獲」而是能夠以更多的個人作為和掌控感來釋放和超越它。

案·例

瑪麗是一位十七歲的學生，遭受強暴並被殺害，她母親愛玲於事發十四個月後轉介來中心。在第一次晤談一開始，愛玲無法停止哭泣「……而我不想談她的死。我每天都不停地想，提起它使我覺得更糟。」這個「去抑制」（disinhibition）的議題是轉介她的精神科醫師所做的註記，但傾聽或增強她重述故事等做法的安排也都無效。

我打斷愛玲並對她說，我們需要談談她女兒的生前，然後再來談她的死。在我的鼓勵下，她從皮包裡拿出一些照片來追憶，就在一張張照片在我們之間傳來傳去的當中，她終於信服女兒的靈魂在天堂等著重聚。

我問愛玲，她是否一直都在跟女兒說話。

「對啊！我每天都跟她說話。」

我問她是否可以幻想著三方對話——瑪麗對媽媽來見我這個治療師有什麼感覺？她會給我們什麼建議來幫助她的媽媽？

「她會要我跟你進行會談，不要那麼思念她，並要我停止責備自己。」

對於瑪麗的忠告，我們都相互表示同意，第一次的會談便以復原力的強化作為終結，並且還教導了愛玲深呼吸、肌肉放鬆以及導引想像的技巧（她選擇坐在山泉邊令人感到舒適的幻想）；同時我建議她，若有重現畫面重演時，可主動轉移自己的心思，專注在瑪麗的照片上並聽見她說：「媽，別再自責了，我現在很好。」

透過想像方式對瑪麗的現身一再確認，加上她報平安的訊息，使愛玲覺得較能脫離每天重現的畫面；但它們仍持續出現，於是她同意參與一個封閉性團體，其中成員都是暴力死亡事件的遺族，這團體是每期十次，所設計的架構可在網路上查到（請至下列網址 www.vdbs.org/html/training-manuals.html 下載 *Accommodation To Violent Dying Training Manual* 的 pdf 檔即可）。

這團體對愛玲的復原力具有支持和強化作用，她的穩定性也因而增加；在超越她為女兒之死而自責的轉變上，尤其有幫助的是我們在第五次聚會時所進行的主動重述故事活動，處理了她心中一再上演的那些畫面。在團體的鼓勵下，愛玲畫了一幅她常有的重現畫面，以黑色圓圈代表瑪麗的死，用天使的翅膀表示瑪麗的靈魂超脫了死亡。她無法讓自己去「看」實際的強暴和殺害事件，而我們也沒有鼓勵她把這部分表達出來。治療師注意到愛玲沒有把她自己放在畫作裡，於是問她要把自己放在哪裡，她決定將自己放在黑色圓圈裡瑪麗的邊上，要犧牲她自己去替死。治療師邀請瑪麗來到這畫面中發聲，「瑪麗」抗議地說她媽媽的犧牲並不能阻止這件事，她們兩個都會被殺害，並提醒她媽媽說，還有爸爸和另外兩個兄弟姊妹都需要她堅強起來去照顧，而瑪麗不希望她再這麼受苦。

在治療團體最後結束時，瑪麗被賦予生命、充滿支持的「出現」畫面以及相關記憶，已經能與死亡事件的重現畫面相抗衡。最後一次活動時，成員都為他們所愛的逝者以及彼此製作了道別卡，愛玲將瑪麗說過的話放在卡片裡：「謝謝你們幫助了我媽媽，她現在好多了，該是她回去工作並為自己生活的時候了。」

治療一年後，瑪麗的媽媽告訴我，重現畫面和她女兒死亡的夢境已不常有；並說，這治療幫助她記得較多瑪麗的生而不再是瑪麗的死，但她覺得回到工作崗位繼續擔任護理工作，加上大女兒生了她的第一個孫子，這些事情在復原歷程中也扮演著同樣重要的角色。

結語思維

　　這種召喚死者的三方同盟治療技巧，透過敘述分享的解構及再統整，就是重述與回顧那些一再上演的畫面，藉由與死者協力再建構的敘述，案主成為主動述說的角色，如此便在膠著中開啟了具體化視野。同時一旦案主成為述說者，故事的「所有權」便跟著出現：這個重述故事屬於說故事的人，而不是自動的入侵。

| 參考文獻 |

Rynearson, E. K. (1987a). The psychotherapy of pathologic grief: Revisions and limitations. *Psychiatric Clinics of North America*, *10*(3), 487–499.

Rynearson, E. K. (1987b). Bereavement after unnatural dying. In S. Zisook (Ed.), *Advances in bereavement* (pp. 77–93). New York: American Psychiatric Press.

Rynearson, E. K. (1995). Bereavement after homicide: A comparison of treatment seekers and refusers. *British Journal of Psychiatry*, *166*, 507–510.

Rynearson, E. K. (2001). *Retelling violent death*. New York: Brunner-Routledge.

Stroebe, M., & Schut, H. (1999). The Dual Process Model of coping with bereavement: Rationale and description. *Death Studies*, *23*(3), 197–224.

眼動減敏重整療法 （EMDR） 17

Phyllis Kosminsky 及 Raymond McDevitt

適合對象

　　針對有未解決之創傷的案主，這些創傷跟失落、早年關係上的創傷、無止境的罪惡感、憤怒，或其他影響他們調適喪慟能力的情緒有關。儘管眼動減敏重整療法（Eye Movement Desensitization and Reprocessing, EMDR）被認為是安全且為大多數案主能夠承受的技巧，但一些受醫療限制（例如高血壓、心臟疾病、痙攣，或有中風病史）的患者仍需要先徵詢他們的主治醫師後才能進行此療法。有解離經驗的案主進行 EMDR 時，只能接受有受過專為這些人進行 EMDR 訓練的治療師來進行。有物質濫用議題者需要在進行 EMDR 之前，先安排好適切的支持網絡。

說明

　　「我理智上知道你說的有理，但我還是覺得那是我的錯。」「我無法把那些畫面趕出腦海，這真是要把我逼瘋了。」「即使那是兩年前的事了，但感覺上卻好像昨天才發生的一樣。」這些就是受過 EMDR 訓練的

治療師會聽到的陳述，因為這些話就是發聲的人飽受未解決創傷之苦的指標。此處所謂的創傷，並不一定是指主要創傷——眼見車禍發生或發現所愛之人的死；有時看來可能很細微的事情——未拿水給長者喝的記憶、所愛逝者死前剛發生過的一個小小爭執——都可能占據遺族的心房，而把其他較為正向的記憶排除在外。這無法擁有與逝者的相關正向記憶，就是未竟創傷使悲傷歷程複雜化的原因之一（Rando, 1993）。身為治療師的我們非常希望能幫得上忙，但有時好像做什麼都沒用，案主把自己鎖在他們過往的經驗或所相信的事物裡，而無力感籠罩著我們，這時正是運用EMDR 的時候。以下說明就是對 EMDR 的介紹，但卻不是讓讀者用來練習此技巧的內容；因為實際執行此療法需要接受訓練和督導，欲知詳細情形請與 EMDR 協會接洽。

　　EMDR 技巧為薛比羅（Francine Shapiro）所發展（Shapiro & Forrest, 1997），是一個結合認知及關於身體取向等要素的療法，再加上其獨特的兩側對稱刺激法（bilateral stimulation）：例如名稱中所謂的「眼動」。EMDR 是一組包括了幾個階段的活動設計，其中每一階段都建立在前一階段的發展上，可邀請案主回憶事件「最糟的部分」（例如，她看到遺體的當下、他聽到尖叫聲的時候），然後再請他描述所看到的、感覺到的等等。EMDR 的核心特色就是引發對該事件的「負面認知」（例如，「都是我的錯」或「我是個糟糕的媽媽」）。它所依據的學習理論，是假設人之所以被鎖在創傷的記憶裡，乃因為創傷本身的特性壓制了腦部進行訊息處理的能力。我們對發生了什麼事的信念——所相信的事往往因訊息不足，或我們對改變事件發展的能力有錯誤想法——為我們建造了一座監獄，而且這是一座說不出口的監獄。EMDR 的做法是讓新的訊息能夠進來進行統整，一種個人如何看待事件及他們自己在這事件中所扮演角色的轉換；遺族不會忘記這事件，但經過 EMDR 的「處理」，就能夠記著這件事卻不會伴隨著恐懼、罪過等負向感受。以下摘要為 EMDR 各階段提供了一個大概的輪廓：

*步驟 1：蒐集背景資料。*就像面對任何一位案主一樣，先蒐集背景資料，若案主呈現出某個特定的創傷反應，可就該創傷的特性進行討論。

*步驟 2：為案主做準備。*介紹 EMDR，解說進行步驟。

*步驟 3：目標評估。*請案主回憶失落經驗中「最糟的部分」，描述所有附帶產生在身體、情緒以及認知層面上的負向感受。除了「負向認知」，也詢問有關「正向認知」的部分（「想到當時發生的事，你現在比較會相信的是什麼？」），藉以引發希望，並相信改變的可能性。

步驟 4：減敏感。

● 請案主把令他困擾的畫面以及負面想法提出來，並注意是否因此引起任何感覺或身體感受。

● 請案主為記憶所帶出的「困擾程度」在 0 到 10 的刻度上打分數。

● 做一些不同形式的刺激活動：在此就是移動眼睛，指示案主維持頭部靜止不動，然後在他們眼前來回擺動手指，請他們「跟隨我的手指」移動眼睛；另一種形式是「兩側對稱刺激」，包括使用刺激聽覺或身體的提示所進行的活動。

● 完成整個過程後，再詢問案主對之前記憶的困擾程度是多少分，並設定「把分數降到 0」的目標。

由於 EMDR 不像我們大多數會用在工作上的治療性形式，又因為它需要「操作技巧」（兩側對稱刺激），讀者可能會不想使用。但本章作者發現 EMDR 可以和有急性痛苦或長期創傷案主之治療計畫相結合，讓案主從創傷經驗中解脫，對加強治療關係以及促進工作進展都有幫助。

　　蓋瑞是一位五十歲的汽車技工，他因弟弟之死，以及這件事帶來的深遠影響前來接受治療。他十分絕望地深陷在死亡事件的陰影中，無法向前行或「克服它」。他弟弟死於兩年多前，但這衝擊遽然重現是因為蓋瑞最好的朋友突然死亡，且被發現的情境跟當初弟弟之死十分類似，於是兩個月後他來尋求治療。

　　蓋瑞的弟弟以及後來他朋友的死，分別都是在他們自己的住所已經死亡幾天後才被發現的，兩起死亡事件都是自然死亡，但發生得很突然，毫無預警。蓋瑞的弟弟傑克是單身，長期以來跟家人疏離；他這位朋友則是剛離婚，把自己孤立了起來。他們兩人除了蓋瑞以外，都沒有其他支持系統。

　　傑克曾經酗酒，後來復原後，在蓋瑞的車坊工作了很多年，他在工作的十多年當中都相當節制。在發現弟弟的幾天前，蓋瑞和傑克在工作上有些爭執，難聽的話就相互飆出口，最後還是靠同事把他們拉開；傑克憤然離去，第二天也沒有回來上工（在這一類的衝突之後，這是他常有的行為）。但經過幾天都無法聯絡上傑克，於是蓋瑞去到他的住處，卻發現弟弟垂頭坐在躺椅中，已經死亡三天了。

　　在傑克過世十八個月後，蓋瑞最要好的朋友忽然沒了消息，當發現他的車仍停在住處車道，蓋瑞便請警察去查看，結果他們發現此人已死亡兩天。這不幸的消息觸動了蓋瑞對弟弟之死的許多記憶和情緒，他開始產生重現畫面、焦慮到幾近恐慌、容易發怒、作惡夢，並感到深層的、令人無力的哀傷；他很絕望地深陷在這死亡事件的困境，對於最後與弟弟爭吵的事不斷有罪惡感並感到心煩。

　　那時，我（本文作者 McDevitt）還是個沒有足夠經驗的 EMDR 治療師，但很幸運地有幾位非常有經驗的治療師擔任督導。我使用標準的 EMDR 步驟，把工作焦點放在負面認知、畫面、感受，以及生理上的壓力點等目標，進行兩側對稱刺激法。我使用的是聽覺對稱刺

激，透過耳機使聲調輪流在左右邊出現。

蓋瑞的負面認知就是他弟弟的死是他的錯，他應該可以多做些什麼的；他的負面印象就是弟弟死亡多時的樣子，還有當時弟弟住所散發出的味道，這些使得蓋瑞覺得非常羞愧和罪過。他感到胸口和喉嚨都很緊繃，若是用量表測量主觀壓力的話，他估計自己對於負面認知和生氣及心煩程度的想法，令壓力達到了最高分。

然而，蓋瑞達成目標的進展十分神速，在第一次晤談後，他對死亡事件是他的錯的想法降了三分之二，而心煩的程度則降了一半，胸口緊繃的感覺也沒有了。第二次晤談結束時，發現他認為死亡事件是他的錯的想法已經不再，而且也不再感到心煩。他想起弟弟身旁有一瓶威士忌的畫面，當時他趁救護車還未到時將它藏了起來。蓋瑞也想起他們最後一次吵架之前傑克的怪異舉止，他很生氣弟弟故態復萌，但他原諒了他。「我對此不再感到罪過了，只是傷心，我們共度了多年的好時光，我愛他。」第三次晤談一開始，我們就重新檢測他的負面認知想法以及心煩程度，兩者都是零，他之前的緊繃感消散了，惡夢停止、焦慮消失、脾氣可以掌控，而且不再感到哀傷。而接下來的半小時，他所進行的議題則是朋友之死。

蓋瑞持續接受治療一年以處理其他議題，他對於弟弟和朋友之死的創傷和耗竭心力的悲傷未再復發；不過案例是沒有「典型」之說的，人們都是在自己的步調裡處理創傷失落，有些人比其他人進展得快一點，這並不表示 EMDR 是條捷徑，不過它真的是個非常有幫助的工具。

結語思維

EMDR 是一項頗為吸睛的治療性技巧，它在幫助人們從創傷事件中獲得復原的效果上受到矚目。如同所羅門及蘭多（Solomon & Rando,

2007）所述，所愛之人的死是人生中普遍會遇到的處境，但它不需要這麼的令人困擾，甚至造成創傷。而且我們了解到，許多來找我們的案主多多少少都曾有創傷經驗，也許是早年時期抑或成年之後的遭遇，研究顯示當案主帶著會干擾正常悲傷進展的創傷記憶時，EMDR 就很有幫助（Sprang, 2001）。EMDR 可為十分需要從無止境的罪惡感、憤怒以及害怕的困境中解脫的人提供協助，並促使案主獲得對逝者的正向記憶，這些正向記憶是因為創傷而被鎖在其中。我們在此鼓勵尚未探索過 EMDR 的讀者多了解這方面的議題，並在治療技巧的口袋裡加入這一項考量（培訓資訊請見 www.emdria.org）。我們也希望治療師向受過 EMDR 訓練的專業人士尋求諮詢，這些人士能為「卡住」的案主，或因逝者或死亡事件本身而受困於不健康之反芻思緒中的案主提供服務。若是能夠照此建議運用，則 EMDR 就能促進創傷的化解，並培養出健康有益的哀悼模式。

| 參考文獻 |

Rando, T. (1993). *Treatment of complicated mourning.* Champagne, IL: Research Press.

Shapiro, F., & Forrest, M. (1997). *EMDR: The breakthrough therapy for overcoming anxiety, stress, and trauma.* New York: Basic Books.

Solomon, R., & Rando, T. (2007). Utilization of EMDR in the treatment of grief and mourning. *Journal of EMDR Practice and Research, 1*(2), 109–117.

Sprang, G. (2001). The use of eye movement desensitization and reprocessing (EMDR) in the treatment of traumatic stress and complicated mourning: Psychological and behavioral outcomes. *Research on Social Work Practice, 11,* 300–320.

重現畫面的意義建構 | 18

Susan Roos

適合對象

　　處於失去親人的創傷中，易受刺激引出重現畫面者；或是雖有強烈悲傷，但生活功能仍具調適力和生產力的人。本技巧對以強烈分離痛苦為主訴，卻無創傷性入侵畫面的悲傷者不適用。

說明

　　由於右腦的運作，重現畫面（flashbacks）通常被認為是一種創傷後壓力症候群（PTSD）的徵狀；然而凡是經歷了創傷性失落，即使並未達PTSD 的診斷標準，重現畫面也還是會在各種時機出現，而且頻率很高。對於那些令人驚嚇的畫面，有的人認為腦子會企圖協助當事人處理這個「未竟事宜」，或協助他們更深入了解那些重要的生活事件；也有人推論當此危機經驗完全處理好之後，重現畫面就會停止並與個人生命故事統整。就此一觀點來說，重現畫面如同其他各種記憶一般儲存在腦中，當有需要或想要使用時就會被翻找出來。

雖然目前能量心理學顯示有時能夠明顯降減重現畫面，但針對重現而開立的藥物的確是不太理想，而且用藥有提升服用過量或藥物濫用可能性的風險。於是我發現利用重現畫面來做**意義建構**倒是個可行的選擇，有效又有利。在具有治療關係的脈絡中進行此技巧包括：相互反射（類似音樂與藝術上的對位創作）、心理動力，以及認知行為因素。

案·例

珍娜是由她的主治醫師轉介給我，因為二十一歲的女兒海瑟在幾個月前死於一場交通事故而使她產生焦慮。這失落的餘波為她帶來嚴重的創傷，醫師覺得她的紅斑性狼瘡病情因為焦慮而變得更糟了。我們的治療關係很快就建立起來，可能是因為珍娜的巨大壓力和希望能夠解脫之故。珍娜的家是一個開放且充滿了愛的四人家庭，包括珍娜、她丈夫、海瑟，以及海瑟的弟弟。珍娜接受治療前後計十五個月，頭三個月是每週一次，之後則是隔週一次直到治療結束。正如預期，她在治療剛開始時描述了海瑟之死的悲傷情境，心情焦慮並淚流滿面，但卻未達 PTSD 的診斷標準。

在雙親的支持下，自孩童時期起，海瑟就被期許未來成為一名執法人員，而她弟弟則想成為一位警官。海瑟具有刑事司法的學士學位，而且在事故發生前不久，才剛從一間小型警察局完成教育訓練。當車禍發生時，是由她的實習教練開著警車，而她坐在前面的客座，教練突然將方向盤右打以閃避另一輛汽車，結果警車撞上了電線桿，電線桿因此倒下壓在海瑟的座位上。海瑟當場受到多重重傷失去意識，教練則輕微受傷。海瑟的父母接獲通知時，她已被送到創傷中心，他們處理了骨折的部分，但對於要採取更進一步的治療卻不樂觀。靠著維生設備，虛弱的海瑟在昏迷中維持了三週，她可能的發展來到了三岔路口：(1)以殘疾之軀從昏迷中甦醒過來；(2)變成植物人；或(3)可能死亡。

珍娜形容女兒昏迷的那三個星期真是「度日如年」，她不確定海瑟是否知道她的父母都在身邊，每一片刻都是永無止境的漫長，令人透不過氣來，珍娜的焦慮一天比一天嚴重。當醫師宣告海瑟「腦死」的那天，他們撤除了維生設備，並決定把有用的器官捐出移植。

　　警方舉辦了一場完美無缺的喪禮，珍娜明白，這喪禮「正是海瑟會想要的那種」，但與其因此而感到欣慰，珍娜卻覺得她「更加痛苦了」。她拒絕了教練對她的撫慰，並說自己「完全無法直視他！」葬禮過後，她覺得稍為放鬆些，家中海瑟的房間都沒人碰過，包括準備讓海瑟打包搬到公寓去的那些箱子。

　　在關係的脈絡裡，我將珍娜安排到一個折衷整合的治療方案，她有很明顯的進展。她見了海瑟器捐的受贈者，並與其中一位保持聯繫；也能和朋友們進行社交；還隨同丈夫到德州奧斯丁以及首府華盛頓特區參加典禮，是他們將前一年因執勤喪生警員的名字加刻在紀念碑的儀式。表揚海瑟的徽章放在她服務警局的行政部辦公室，珍娜對於海瑟所得到的讚揚感到高興，並開始能夠與別人談起她。

　　珍娜不再每天（有時是傍晚）去海瑟的墳前，見她似乎較能接受現狀了，我問她若是對教練能夠放下的話，是否會更好。她表示已經準備好了，於是教練在下一次的會談中被邀請加入。一開始，她和教練警官都很緊張，幾乎聽不清他們說的話。我問珍娜是否願意談談海瑟的事，她立刻告訴那警官她已經不再為女兒的死怪罪他，而且她知道他都有去醫院看海瑟，對他的尊重與關心表示感謝。而教練也說出了內心深處的哀傷與懊悔，並表示他打算全然退出警力單位。他們眼中帶淚地相互擁抱，珍娜並說她希望教練能夠持續工作下去；這時我們都感到釋懷，且他們之間的「嫌隙」也化為烏有。珍娜與丈夫也跟兒子談到未來要成為警察的事，他們的兒子十分困惑，儘管他仍是想追求這樣的未來，但並不想成為父母痛苦的泉源。不過珍娜與丈夫卻全然同意兒子的決定，對他給予鼓勵和支持。

　　當珍娜表示她覺得自己已經回到「正軌」時，我們便計畫終止治

療，而且也真的就停了，我告訴她未來有任何需要都可以再回來找我。

六個月後，珍娜跟我約了會談，她說想要回到教堂（這是海瑟舉行喪禮的地方），並每週日都試著這麼做，已經有兩個月了；但每次瞥見教堂，她就不由自主地出現警察們在棺木兩頭行長禮的畫面，於是她總是哭著轉頭回家。在喪禮中，這種行禮方式都是在棺木將要蓋上前所行的禮。

我對她十分了解，感覺她需要的不外乎生活品質和症狀緩解，因此決定不把她轉介給其他治療師進行能量心理治療，像是思維場療法（thought field therapy）、EMDR、干擾法（perturbation）等等（Weinstock, 2010）；而是很即興地問她是否願意一起來想想看，那畫面具有什麼意涵。當我們同時向內搜尋可能的意義時，她說：「那個行禮就是太久了，我覺得好像就此停在那裡不會結束了，這很令人受不了，好像過了好幾年。」我問她是不是像海瑟昏迷那段時間的感覺？「沒錯，」她回答。「我們找到了！」我又問這是不是就是發現「回不去了」的那個時間點？她點點頭，開始哭了起來，然後變得放鬆了。我們沉默了幾分鐘，然後一起討論如何做心中演練，當接近教堂時，她該如何理性跟自己對話。她說她覺得「比較沒那麼神經質了」也「比較有自信」，她會在接下來的星期日去那個教堂，而且會在數週內打電話給我，讓我知道那個令她困擾的畫面後來怎麼樣了。兩個月後，她打電話來告訴我，她已經去了教堂，朋友們都很高興看到她，而且自從我們上次見面後，都沒有再出現入侵畫面了。

之後我就再也沒跟她談過，但根據我們最後一次會談所「觀察」的結果來看，我十分有信心，覺得珍娜現在應該很好，雖然仍為失去女兒而持續悲傷中，但那個行禮的畫面不再有了，或可說已經減少了許多。

結語思維

　　儘管這技巧對消除重現畫面很有效，但除了像本案隨著三星期昏迷之後的行長禮畫面（二者都是對女兒存活希望終結的象徵）這一類與死亡事件相關的因素外，其他因素也應有所考量；這些因素包括對創傷的介入時機、復原力、各式支持以及其他議題。我的心得是，建立穩固的治療同盟關係才是獲得最佳治療效果的重點，相關文獻對於此一觀點，經年累月也都大致保持著一貫的支持。若是要將能量技巧用來處理重現畫面的話，我會建議不要單獨使用，而是放進持續的治療關係脈絡裡。

參考文獻

Weinstock, D. (2010). *Neurokinetic therapy*. New York: Random House.

第五部
改變行為

PART FIVE

行為啟動 | 19

Laura E. Holcomb

適合對象

　　許多喪慟成人雖以基本的自我照顧克服了過去的挑戰，但還是無法參與日常生活中所有的活動，可以運用此行為啟動技巧來獲得改善。此技巧尤其適合臨床上有憂鬱傾向，或因悲傷而逃避參與活動的人。但是行為啟動技巧並不能替代失落方面的悲傷治療，或為重大失落產生的創傷症狀所安排的特定治療方式。

說明

　　行為啟動治療乃針對憂鬱心情造成逃避參與活動之行為，又因此缺乏正增強，使得心情更加憂鬱而陷入的惡性循環，此技巧提供增加活動力並減少逃避行為的工作架構，在對於憂鬱症治療的研究上獲得很高的支持（Dimidjian et al., 2006; Mazzucchelli, Kane, & Rees, 2009）。對於有嚴重憂鬱症的人們，狄米珍及同僚（Dimidjian et al., 2006）發現，行為啟動治療法結合抗憂鬱藥物是相輔相成而有效的，甚至超越認知治療。

對喪慟者來說，避免參加生活中的日常活動是常有的事，這是悲傷歷程直接帶來的影響，不一定是因為處於憂鬱情境；但若喪慟者在合理的時間範圍內，仍無法重新起步逐漸參與令人開心或有意義感的活動時，這就增加了罹患憂鬱症的風險。因此雖然目前並沒有人針對這項論點進行研究，但在邏輯上運用一些行為啟動的工作形式以預防喪慟者的憂鬱情緒是屬合理的；同時將其作為因喪慟而引起的憂鬱症治療計畫的一部分，當然也很有幫助。

行為啟動需要監測行為，可用活動日誌來達成此目的。使用日曆記事本（無論紙本或電子檔都可）的空間，若還可依據時辰來記錄那就更好了。日曆記事本也比較不像單張日誌紙，會因亂放而找不到，又可以讓病人／案主把行為啟動的作業和工作計畫（若是上班族的話）、醫療及心理衛生約診等記事放在一起，而且還有重要生活大事的提示，像重要人物的生日、假日活動等。使用日曆記事本同時也可預防半途而廢，因為相較於單獨的日誌紙張，它比較能讓喪慟者像是使用記事本一般持續地天天使用。

喪慟者在第一週時，只要在記事本上記下他們的活動和心情即可，作業指示會要求他們不要改變目前的生活習慣，這樣才能記錄到日常活動的基本型態。這要求也使任務看來比較沒有壓力；但因為目標聚焦在記錄活動，並期待未來與治療師分享日誌內容，喪慟者可能因此在第一週就會有正向改變。這個自我激勵的歷程使治療師有良好的機會給予案主讚賞，也鼓勵了喪慟者的自我增強。

治療師因此能夠協助喪慟者進行腦力激盪，建立一份目前逃避參加的活動清單。而令人開心的活動傳統上就是行為啟動治療一向以來所聚焦的目標，它們具有改善心情的潛在性；其他包含核心價值觀、具有長期生活目標的活動也可考慮納入，還有日常生活中還沒重新開始的常規活動（例如：家事及其他雜務、運動等）。對每一活動可能帶來的快樂進行預測，並把預測與實際經驗做比較；也可根據預期的困難度來為這些活動打分數，再把挑戰性較低的活動放入治療初期的歷程，以增加成功的機會，同

時也降低半途放棄的可能性。

　　然後，治療師引導案主在接下來的一週，選擇並安排一些活動放入記事本，以增加成功機會為目標。對於進一步的目標達成，可鼓勵喪慟者在後續時段，交替變換雜務型的任務和享樂性的活動，同時也要實際考量所選的任何活動，其所需花費的時間以及完成該活動所需的精力。

　　也可請喪慟者為每一活動的享受度和純熟度（成就感）打分數，分數為 0 到 10，0 代表不覺得有什麼樂趣或成就感，而 10 則表示非常有趣或完成事務的百分比。藉由這樣打分數的過程，喪慟者會發現那些曾經想要逃避的活動，卻帶來了意想不到的回饋，這能夠鼓勵他們更進一步參加其他活動的意願；案主也需要在記事本上記錄進行某個活動時所遇到的阻礙，並寫下下一週計畫中可以如何改善的點子。

　　治療師和案主一起回顧記事本上的活動、分數及筆記，並觀察這些活動對其心情和生活品質的影響；同時鼓勵喪慟者慶賀自己的進展、能夠持續執行需要的活動，並在記事本中每週加入至少一個新活動，直到生活感覺充實、有益為止。

案·例

　　四十七歲的瑪麗，在五十三歲的姊姊突然死於心臟病後六週，自己來求診接受治療；她自從五年前離婚後便搬來與姊姊同住。雖然在姊姊過世後，她回到了工作崗位擔任櫃檯接待員，但發現自己下班後完全提不起勁來。雖然吃得很正常，但大多數都是速食，因為她不想去大賣場買菜。自從姊姊往生後，居家打掃和處理帳單付款的進度都嚴重落後，朋友打電話來她也不接，且不再有社交活動。

　　瑪麗過去透過治療調適了她的離婚之路，因此現在來尋求協助以因應失去姊姊的生活，她覺得自己可能有輕微的憂鬱傾向，就像她剛離婚時的情形一樣。她了解也同意，除了進行失落悲傷的治療，她還需要逐漸地參與生活裡的各種活動，以防止她更加憂鬱。

瑪麗在記事本上記錄一週以來的活動和心情，治療師看了記事本後提醒她，在她工作時以及接了一個朋友的電話後，心情便有改善。她能夠接受姊姊無法被人取代的事實，而且跟朋友多保持聯絡才能解除她的孤寂，雖然她擔心自己並不是個好夥伴，但還是同意在記事本裡安排該週稍後的時間打電話請朋友晚上 7:30 過來家裡一起喝咖啡。結果她發現朋友來拜訪所帶來的樂趣度高達 7，而成就感的分數也達到 6。

　　瑪麗也答應選一個週五晚上從 7:00 到 8:00 的時間來處理該付的帳款，透過這個不覺得有什麼樂趣（評分只有 2）的活動，她的純熟度分數達到 6。但由於工作一週下來，到了週五晚上已經很累了，她在記事本中寫著：以後要選擇其他晚上的時間來處理帳單的事。瑪麗的治療師還鼓勵她把開心的活動安排在做完雜務事之後進行，於是她安排在帳單處理完之後，於 8:00 的時候看一場她喜歡的喜劇電影（享受度 7，純熟度 5）。

　　接下來的一週，瑪麗覺得她的心情和精力都增加了些。她安排在星期二晚上吃完飯後的 6:30 要打掃廁所 20 分鐘（享受度 3，純熟度 8），接著要在 7:00 時看一本新的推理小說（享受度 8，純熟度 6）。經過上週朋友來訪使她覺得很開心，於是再安排週三晚上 7:30 打電話給那位朋友，提議他們可在週日早上一起搭車上教堂（享受度 6，純熟度 7）。同時她也安排週六下午 2:00 到 2:30 去大賣場買菜（享受度 5，純熟度 8），於是可以開始在家自己做飯吃。

　　瑪麗持續使用記事本，由治療師協助她進行那些放入計畫中的活動，並逐漸加入其他有趣或需要達成目標的活動。她參考可能的活動清單，並確認每天至少安排一個短程又令人開心的活動。瑪麗的心情持續改善，而且她感覺到自己正開始了一個新的、令人振奮的人生階段。她後來仍一直長期使用著每日記事本。

結語思維

　　行為啟動技巧很容易實施，而且也證實對憂鬱症很有效（Dimidjian et al., 2006; Mazzucchelli et al., 2009），因此這些技巧對喪慟者是很好的選擇，能夠預防或治療憂鬱症，並能夠促使案主重新參與所有活動，增進生活品質。使用行為啟動技巧來幫助喪慟者是一個值得研究調查的領域，此技巧與本文作者在本書 54 章「在悲傷歷程中設定自我照顧目標」所介紹的目標設定技巧可作相得益彰的配合。

參考文獻

Beck, J. S. (2011). *Cognitive behavioral therapy* (2nd ed.). New York: Guilford.

Dimidjian, S., Hollon, S. D., Dobson, K. S., Schmaling, K. B., Kohlenberg, R. J., Addis, M. E., Gallop, R., McGlinchey, J. B., Markley, D. K., Gollan, J. K., Atkins, D. C., Dunner, D. L., & Jacobson, N. S. (2006). Randomized trial of behavioral activation, cognitive therapy, and antidepressant medication in the acute treatment of adults with major depression. *Journal of Consulting and Clinical Psychology*, 74(4), 658–670.

Mazzucchelli, T., Kane, R., & Rees, C. (2009). Behavioral activation treatments for depression in adults: A meta-analysis and review. *Clinical Psychology: Science and Practice*, 6(4), 383–411.

第五部　改變行為

20 | 度過佳節倍思親的時刻

Nancy Turret 及 M. Katherine Shear

適合對象

　　受困於重要節日像假期或紀念日，可能引發失落感而想要逃避的案主；但若案主經歷的是深層或持續的悲傷，不一定受日期影響，那麼在面對重要節日的議題上就比較不那麼相關，而這情形則應以更為密集的處遇計畫來減輕每天可能都會出現的症狀。

說明

　　本技巧是為複雜性悲傷治療而發展的其中一部分，那是一組以實證為基礎，專為具有複雜性悲傷之喪慟者而進行的治療法（Shear & Shair, 2005）。月曆上有些日子，像是家族性的節日或逝者的紀念日等，對許多喪慟者來說尤其感到悲傷，而具有複雜性悲傷的人往往在這些日子中又比其他喪慟者更為情緒不穩。有時人們在面對這些時刻的因應之道，就是試著不去多想；他們可能把情緒關閉、避免社交，只希望趕快度過這佳節倍思親的時刻。哀悼沒有所謂正確的方法，然而在面對失落時，通常選擇較

為積極的策略來處理回憶所帶來的痛楚，會比較有幫助。為佳節思親時刻預做計畫，可以使人們較有掌控感，並協助他們走向與失落之苦和平共處的路途。我們在此所做的建議可以協助具有複雜性悲傷的人，同時對其他喪慟者在某些日子到來，可能有悲傷情緒升高的情形也同樣有幫助。

處理佳節思親時刻是複雜性悲傷治療程序的一部分，稱為**情境重遊**（situational revisiting），此一步驟是鼓勵人們重回他們曾企圖逃避的場所和活動，他們因為這些場所和活動所引發失落的痛楚而逃避。其中一種難以逃避的回憶便是那些特定的日子，像逝者的紀念日、生日，或自己的生日，或家族性的重要日子；有時可能是較為特別的日子，例如某位案主以往總是在週年慶大促銷時跟她逝去的好友一起去購物，卻發現每年到了大促銷的季節，就特別難過；而失去孩子的父母，可能會在每年開學期間特別痛苦。不同的人都有他們自己的時程模式，卻因為這個失落而永久改變了。但其實這些令人特別難過的時刻，同時也為喪慟者提供了對失落的反思、緬懷逝者以及思慮自己未來的機會。在複雜性悲傷治療中處理佳節思親時刻可根據四個原則進行，以幫助人們發展更有調適力的策略：

原則 1：*預期佳節思親時刻的到來，並預做計畫*。治療師邀請案主說出一年裡特別感到難過的那些時間，預期這些時間的到來並預先做好計畫，可以使喪慟者增加自我掌控感，並減少面對失落時的無力感。一般都會想要以逃避來強行控制自己的情緒，卻反而可能因此增加壓力，造成失控的結果；相反地，面對這些時刻，帶著期盼並積極規劃，可協助人們減少無助感，且因而降低悲傷的強度。

原則 2：*知道自己會傷心，並專注於自我照顧*。最好的方法就是承認傷心與渴望的情緒屆時會增強，然後再決定要如何處理這情境。我們不需要對即將到來的佳節思親時刻抱持被動態度，讓案主允許自己感受悲傷可能反而比較好。人們時常認為自己應該略過這一關，他們可能會自我批判，或可能把重心放在別人無法了解的困境上，較好的方式其實是接納哀傷，並決定如何掌控它。有些人寧願就讓自己悲傷；有些則可能希望

第五部｜改變行為

規劃一些活動或找到心理層面的策略，好讓自己不要這麼悲傷；另有些人會選擇參加活動以分散注意力。找別人陪伴是個好主意，雖然這麼做有時令喪慟的人更加感到孤寂；別人常常會想要幫忙，我們可鼓勵案主盡可能放開心懷來看到他人的關懷。

原則 3：把部分心力集中在自己的生活，並盡可能找一些有趣或開心的事來做。 在複雜性悲傷中，有一部分的困難點是要找出沒有逝者卻又能令人滿意的生活方式，因此複雜性悲傷治療將重心放在兩個方向：一是處理失落，一是找出如何在沒有逝者的生活中仍能保持樂趣和滿足的可能性。在特殊的節日裡，人的思緒和情感自然會膠著在失落議題上，所以設定一個時段讓自己專注在自己的思緒情感上，其實是個好辦法。相較於負面情緒，人們在較為正向的狀態下也較能解決困難的、長期性的問題；佳節思親時刻可以視為是一個嘗試對逝者開放，抱持正向情緒的機會。

原則 4：試著找到緬懷逝者或關懷他的表達方式。 當成年人失去了親密的親友，尤其這幾乎是他們一直關心照顧著的對象時，大部分人會發現，喪慟中讓人困擾的是對此人的照顧結束了，就意味著人死了，關懷就會停止。如果能讓人覺得，即使這個人已經走了，但我們還是能夠關懷所愛的這個人，就會感到好些。我們確實可以照樣關懷逝去的人，只是做法跟他們在世時是很不一樣的。過世的父母、孩子、朋友或愛人，需要我們記得他們並予以致敬，有時可能有很重要的事務需要持續下去，例如一位女士的先生過世了，她可能會覺得好好照顧他的事業是可以為他做的事。對大多數的喪慟者來說，紀念他們所愛的人並珍視這段記憶是很重要的，而佳節思親時刻就是個很好的機會讓我們對所愛之人的記憶予以敬意。人們可能會計畫去墓園或到逝者最後安息的地方探視、燃點一支蠟燭或花些時間祝禱，或進行其他宗教性的活動。有些人會做一些此人喜歡做的事情來紀念他，有些則撰寫有關此人的文章，或聚集其他人一起來祝福這位逝者曾經走過的一生。

案‧例

瑪莎是一位六十九歲喪偶的退休婦女，她三十歲的女兒珍，在出差回家途中死於一場車禍。女兒的忌日、生日以及結婚紀念日，對瑪莎來說都是非常難過的時刻，還有冬季節慶她與女兒共度寒假留下的許多回憶。由於珍的墓地在另一個遙遠的城市，瑪莎無法經常去看女兒，因此她會找花店準備花束放在女兒的墓前，然後請他們拍照寄給她看花束的布置。然而，這只提供了一點小小的慰藉，因為瑪莎其實很不喜歡這種提醒她女兒的死，而又要自責不能多做什麼的感覺。治療師跟她說明了佳節思親時刻的處理原則，他們討論了瑪莎將如何預期那天的到來，並共同參與花束的選擇與安排，她於是開始將花束安排的計畫視為是一種關懷女兒的方式，且能夠把這些布置的照片拿給朋友和家人看，並跟他們一起點燃蠟燭紀念珍。由於對佳節思親時刻的預期和接納心態，瑪莎開始能以不同方式來經驗痛苦的假日；此外，到了治療最後階段，她擔心以後會懷念每週三來接受治療的日子，於是決定也預期這一天的到來，就讓她自己對此感到傷心，並設計了一個計畫來照顧自己。她的決定是每週三到教堂去，並為女兒點燃一支蠟燭，而且還決定以後也要把這樣的儀式加入其他特殊日子的活動裡。

結語思維

大部分有複雜性悲傷的人都有面對佳節倍思親的議題，在概念上的理解，那些是他們想要逃卻逃不了的處境。面對這無法避免的特殊日子，最好的方法就是根據上述所討論的原則為他們做好計畫，以實證為基礎的複雜性悲傷治療便將這些原則併入，成為方案設計的一部分（Shear, Frank, Houch, & Reynolds, 2005; Shear & Gorscak, in press）。當案主能夠積極地

去因應佳節思親的時刻，他們通常都會覺得較為幸福、對未來較有希望，且發現在幫助他們面對失落之苦時非常有效。

│ 參考文獻 │

Shear, M. K., Frank, E., Houch, P. R., & Reynolds, C. F. (2005). Treatment of complicated grief: A randomized controlled trial. *Journal of the American Medical Association, 293*, 2601–2608.

Shear, M. K., & Gorscak, B. (in press). *Complicated grief treatment.* New York: Guilford.

Shear, M. K., & Shair, H. (2005). Attachment, loss, and complicated grief. *Developmental Psychobiology, 47*, 253–267.

自我肯定訓練 21

Rafael Ballester Arnal 及 Beatriz Gil Juliá

適合對象

協助想要向周遭的人表達自己感受和需求的青少年及成人；但光是自我肯定訓練並不能解決個人因失落所產生的內在衝突感受，這部分需要有其他治療技巧來處理。

說明

悲傷歷程不會在與世隔絕的環境裡發展，失去所愛的喪慟者基本上都是家庭、社會及工作環境中的一份子，在這當中，他們的感受或因應失落苦境的方式未必都能受到周遭人們的理解與尊重。因此自我肯定訓練是有效的做法，讓喪慟者能夠伸張他們的權利，用合宜的方式及步調來感受自己的情緒變化，並表達他們所受的苦，且有時間專注於對逝者的追憶。

自我肯定（assertiveness）的概念根基於沃爾普（Wolpe, 1958）最先提出的理論，經由艾伯提（Alberti）及伊莫斯（Emmons）將其發揚光大（Alberti & Emmons, 1978）。此概念是指人們在與他人溝通時，能有效而

自在地表述他們的觀點、意見、信仰或感受的能力（Kelly, 2000）；其重點是，在一個從被動到攻擊行為的連續光譜上，自我肯定是一種位在正中間的行為。在被動的一端，此人對自己的權利看得太輕，於是無法設定界線或確認自己的需求跟他人的需求是否列於同等重要的地位；而在攻擊的一端，則是此人對別人的需求和權利看得太輕。介於被動與攻擊之間的正中，就是自我肯定所在的位置，是能夠傳達自己的立場，並表述希望自己如何被對待的能力，是堅定、具有說服力而不具敵意的態度。當其他社交技巧的訓練目標是協助人們在一個較為舒適的情境中能與他人相遇和交流時，自我肯定訓練則正好相反，它的目的是降低會令當事人感到挫折的互動，其發生機率和衝擊。

自我肯定訓練在各種場合的應用不計其數，範圍從學校到公司行號，到婚姻及個人心理治療的溝通技巧訓練等。然而說也奇怪，即便失落的議題終究會影響到喪慟者的整個社會環境，干擾他們在各方面的社交功能，但此訓練卻很少有系統地運用在悲傷治療的脈絡裡，我們在本書的目的就是要描述和說明此一介入方案為哀悼者所提供的相關事宜。

自從帕森斯（Parsons, 1958）拋出「病人角色」這個概念，一轉眼已經數十年了，他認為當一個人「生病」時，人們便約定俗成地賦予此人為這社會的「病人角色」。根據帕森斯的說法，病人角色的特性包括兩項權利和兩項義務，首先，此病人有權豁免去肩負一般的社會責任，並且不需要為自己的生病負責；但另一方面，他也有兩項義務，那就是知道自己的狀況是不被期望的（譯者按：即有尋求痊癒之心），並需努力克服此狀況（譯者按：即指配合醫囑的義務）。而身處喪慟的情形也一樣，人們有悲傷的權利，可伸張合理的需求來紀念逝去的人以求療癒；然而不常見的是，在喪慟者逐漸調適、因應失落，用自己的步調處理悲傷，並學習繼續在沒有逝者的日子中生活下去的同時，那些與經歷重大失落的人一起生活及工作的人們，雖然非常想要幫助哀悼者少受苦，但卻不給機會讓他們表達傷痛，甚或不讓他們快樂地憶及所愛之人。人們批評或阻止喪慟者表達悲傷，不經意地責備他們的苦難處境，於是惡化並加強了哀悼者被誤解與

被孤立的感受。所造成的結果，不是喪慟者發出激烈反應，就是順服地退縮，這樣所產生的惡性循環效果便傷害了其家庭或社交系統裡的所有成員。在這情形下，教導喪慟者練習自我肯定是可以扭轉這個動力的。

案・例

　　四十五歲的瑪利亞在三個月前失去了和她有著緊密關係的父親。瑪利亞與璜結褵，育有兩子，分別為八歲與十二歲。由於瑪利亞沉浸在深深的悲傷之中，許多家庭活動她都不去參加，丈夫也抱怨她情緒不穩，而且不再跟他有親密關係。雖然瑪利亞還能夠處理日常生活上基本的家務事和照顧孩子，但她承認的確有迷失在自己的思緒和回憶中的傾向。由於這情形一直持續著，璜對瑪利亞的傷痛行徑多所指責，他不但責怪她的哭泣，就連單純地對父親的回憶、她和父親的關係，以及父親在她生命中所具有的意義也不允許談論。由於瑪利亞不被允許悲傷，他們之間的夫妻關係最後走向了充滿憤怒的僵持，璜控訴她拖延悲傷的歷程，而漠視丈夫和孩子的需求。璜爭辯著表示她應該盡量少去想父親的種種，好好控制住自己的悲傷情緒。但是對瑪利亞來說，璜的建議其實都只是一連串的指責：「妳表現得好像天底下只有妳失去了親人一般，」「妳爸爸是死了，但這並不表示是世界末日，」「看妳這副德性，我幹嘛要回家？」「妳應該控制一下自己，不要讓孩子注意到，不然他們最後都會因為妳而產生心理問題。」瑪利亞十分氣餒，她在憤怒反駁和又氣又罪咎的退縮之間來回擺盪著。

　　在這情形下，治療師安排了一次與璜的晤談，詢問他瑪利亞的悲傷歷程對他和孩子來說代表著什麼。治療師也提供了有關喪慟的心理衛教，即告知在失落轉化的過程中，什麼是正常且可接受的表現，而他這部分又可以做些什麼來扮演促進轉化的角色。儘管很盡力地想要撩起璜的同理心，但他在情緒上就是比妻子冷靜許多，要他了解她的悲傷反應似乎困難重重，因為根據他自己的經驗，當年失去雙親時，

也從來沒有像她這樣過。他無法了解人們失去所愛之後,悲傷歷程會有如何不同的發展,也就是說,每一個人的悲傷反應都是獨一無二的。既然璜對妻子的治療過程沒興趣也不想參與,治療師決定,接下來跟瑪利亞的晤談就把議題放在她對失去父親而產生的傷痛是有權利去經驗以及表達的。治療師向她解釋自我肯定行為,以及那條被動─自我肯定─攻擊光譜的概念,然後請她列出那些她不為璜所接受的行為的各種情境,還有他在這些情況中所做的批評。透過行為測試和自我肯定式回應的訓練,治療師及案主試著在言語及非言語反應中找出瑪利亞能夠給予她丈夫的回應,好讓他尊重瑪利亞可以有自己要走的歷程。最後他們終於合作完成了一份草稿,列出一份「喪慟的權利」清單,像是哀悼、哭泣、離開幾分鐘或幾小時去思考一下、回憶那些與逝者一起生活的片段等權利,以及接受可以暫時降低對性的需求,以及沒興趣參加某些活動的權利。經過幾次持續以這些為焦點的會談,家裡的情形改善了,而且因為如此,瑪利亞在調適失落的歷程上也開始有了進展。表 21.1 便是一個用在這工作中自我肯定日誌的樣本。

表 21.1 衝突情境中自我肯定回應日誌之範例

瑪利亞的行為	丈夫的反應	被動的可能反應	攻擊的可能反應	自我肯定行為
當我們在說一件分享的事情時,我提到與父親一起散步的事。	璜說:「妳這樣說只是傷到別人和妳自己,然後又讓妳自己陷入痛苦。」	「好好,抱歉。我以後會試著不再這樣說。」	「你真是世界上最敏感的人!如果你有那麼一丁點愛我,就不會這樣說我。我恨你!」	「我不同意你的說法。我並不想忘記我爸爸,回想那些時光使我覺得好過些。我想我有這麼做的權利,但如果這令你困擾的話,我以後就去找別人說。」

結語思維

　　在像本章所描述的這一類案例中，當案主的社交圈裡有人不尊重他們以適合自己的方式走過悲傷旅途的權利時，自我肯定訓練會是個很有效的治療工具。顯然，理想的話當然是他人若有足夠的同理心，就可免於使用這樣的介入治療；然而若是不可能避免的話，訓練喪慟者能夠自我肯定而直言的做法，讓他享受廣泛經驗到的支持（Kelly, 2000），這的確可以協助他們重新得回悲傷的權利，並找到較不氣憤或較無衝突地與他人共同生活的方式。

| 參考文獻 |

Alberti, R. E., & Emmons, M. L. (1978). *Your perfect right: A guide to assertive behavior.* San Luis Obispo, CA: Impact.
Kelly, J. A. (2000). *Social-skills training.* New York: Springer.
Parsons, T. (1958). *The social system.* London: Routledge & Kegan Paul.
Wolpe, J. (1958). *Psychotherapy by reciprocal inhibition.* Stanford, CA: Stanford University Press.

第五部　改變行為

22 | 尋求平衡的
寫作介入療法

Lorraine Holtslander

適合對象

年紀較長、在其所照顧的配偶往生後而面對喪慟的人。此技巧不足以應付複雜性悲傷、強烈悲傷之介入治療，那還需要更聚焦的治療性介入方案。

說明

尋求平衡的寫作介入療法是一種自我管理工具，是專為年長者因其所照顧的配偶往生後的需求而量身訂做的，任何在工作中遇有年長案主的專業人士均可使用此一技巧，包括想要找到方法協助案主處理悲傷的主要醫護照顧者。這也很適合用在支持團體裡，或成為喪慟治療計畫的一部分；在追蹤電話或訪視，或甚至團體中，能有機會來分享他們的寫作，可就他們獨一無二的悲傷之旅製造話題。「尋求平衡」的概念最初起始於一個紮根理論的研究，這是關於喪慟照顧者對希望之體驗的探討（Holtslander & Duggleby, 2009）。喪慟者因之前經常筋疲力竭的照顧，而逝者往生後，

造成喪慟者出現大量情緒不穩的困境，為其找到平衡點是著手處理這類情形的首要步驟，是他們在追尋新希望中找到新方向、重獲新意義和目標的第一步。有些喪慟的照顧者能夠輕易向前行，但有些就有很大的困難，若一開始無法在生活中找到平衡點，將使他們停佇不前。參與者持續記錄日誌是此研究工作的一部分，而寫作本身的效果與影響則往往是最大的收穫。

　　尋求平衡寫作的特定內容是根基於另一紮根理論研究所發展的主要步驟，該研究是以曾為照顧者的喪慟年長者為研究對象（Holtslander, Bally, & Steeves, 2011），運用德菲法（Delphi）邀請為喪慟長者服務的專家來發展每一階段的活動。三階段分別是「深度悲傷」、「求取平衡」以及「向前行」，敘述此三階段的定義後，便以特定的書寫練習鼓勵人們進行反思、表達情緒，並用個人化且創意的方式呈現自我，在他們獨一無二的喪慟旅程中找到平衡點。

- **深度悲傷**（Deep grieving）：此一階段所包含的活動著重於悲傷的情緒面向，例如空虛、哀傷以及失落等感受，邀請悲傷者把「我今天的情緒」寫出來，然後用事先計畫好對他們有效的「休息時間」活動（例如散步、看電影，或打電話給某人等）來平衡這情緒。在此階段的另一活動是建立一個支持系統，把具有支持度的人列出來——家人、朋友、諮商師等等，然後在他們名字旁邊加上聯絡電話，並寫出他們最有幫助的是什麼。此清單就像是一份支持電話簿一般，當案主需要特殊幫助（如：傾聽、修理東西、給我鼓勵）時就可用到（請見本書 58 章「編織社會支持的交響曲」）。
- **求取平衡**（Walking a fine line）：此階段所包含的活動是結合兩種極端的做法，然後將焦點放在平衡點上——把案主帶回悲傷以及讓他們向前看的活動。這些包括維持每日生活的平衡，像是利用週曆規劃每週三個活動，以及用三個不同的方式讓案主給自己留一點時間。
- **向前行**（Moving forward）：此階段是向前行的歷程，包括一天的計畫、

向別人求援，以及花時間照顧自己等。主要活動是藉由考量哪個活動可賦予他們內在的力量，並能反映他們的照顧經驗和失落經驗，還有這故事對他人的幫助可能會是什麼等等的議題，藉此反映出他們照顧逝者的故事，以及這如何使他們變得堅強。

案・例

　　唐娜是一位六十五歲的女士，丈夫死於癌症，她利用本章所介紹的寫作治療工具表達了她所經過的一段非常艱辛的照顧期以及丈夫的病程。在「深度悲傷」的階段，唐娜寫出她的憤怒、哀傷、麻木以及筋疲力竭等情緒，「每次理解一天是怎麼回事，或甚至一次只能理解一小時，這是任何人在這階段可以處理的極限。」唐娜發現她的眼淚是悲傷歷程很自然的一部分，而根據這些情緒規劃「休息時間」的活動也很有必要，她注意到可以如何讓自己在閱讀、看電影、到郊外散心等活動中獲得「放鬆」，也注意到「確認支持系統有哪些人是件好事，（因為）需要有人提醒記得接受並感謝他人的善意。」「他人所表達的愛提升了我們的希望，相信事情會好轉，相信我們並不孤單。」在「求取平衡」找到中庸之道的階段裡，唐娜形容著自己的經驗：「生活上的挑戰是痛苦的，而且擾亂了平日正常節奏的平衡；每天想一件好事並為此感恩，可使人有較為正向的生活態度。」唐娜自己辨別出這個時機是很重要的，做法包括身體的活動讓心智清醒、找時間獨處，以及把感受寫下來等。她說向前行就是一次過一天：「不要太餓、太累或太傷心。在生理和心情上餵飽自己；必要時就休息；專注在正向的事情上。你還有路要走，你的生活改變了，但並非結束了。」唐娜透過寫作發現過得快樂並不表示對逝者不敬。「向前行」要如幼童行小步般地完成，承認進展退步也是悲傷的一部分，但每天要專注於向前行。對她來說，專注在她能做的事而非不能做的事上，可以使她保持平衡；她發現當平衡受到挑戰時，就需要專心努力以維

持穩定，這常常需要做些微的調整，但一小步卻能帶來大不同。唐娜如此寫著：「我不認為我們任何人會處在完美的平衡中，生命就像是一場雜耍表演，需要我們專注在不斷的變化上。」她十分推崇寫作對她的幫助，讓她憶起那些美好時光，但也讓她更加注意到失落的事實。「失落的關係從實體的存在變成了記憶的關係。」這真是一個非常艱難的挑戰，唐娜靠著她非常實際的反思寫作，終於能夠用一種平衡的方式來面對這個挑戰。

結語思維

此一介入方案目前仍在測試中，邀請曾照顧癌末配偶而處於喪慟中的年長者為樣本，顯示了正向且實際的效益。針對此一族群的特殊需求，使用量身訂做的寫作活動，以書面指引來引導，在設計與測試這介入方案時是十分重要的考量（請見 Neimeyer, van Dyke, & Pennebaker, 2009）。每個人的情形都是獨一無二的，並非每個人都能參與這種形式的活動，對於那些能夠並願意參與的人，根據寫作指引可提供他們機會洞悉是什麼觸動了失落中的平衡，又有什麼辦法可以幫助他們在這當中變得更有平衡感。一方面對過往致敬，一方面對他們自己獨特的旅程予以關注，可讓他們得到許可為生命裡的重要人物悲傷，並找到方法向前走入新的生活方式、找到新的意義和目標，以及建立起新活動做為他們與逝者和新支持資源的連結。悲傷會使平衡感持續受到挑戰，因此就需要專心努力以維持穩定。

| 參考文獻 |

Holtslander, L. F., Bally, J., & Steeves, M. (2011). Walking a Fine Line: An exploration of the experience of finding balance for older persons bereaved after caregiving for a spouse with advanced cancer. *European Journal of Oncology Nursing, 15*(6). doi:10.1016/j.ejon.2010.12.004.

Holtslander, L. F., & Duggleby, W. D. (2009). The hope experience of older bereaved women who cared for a spouse with terminal cancer. *Qualitative Health Research, 19*(3), 388–400.

Neimeyer, R. A., van Dyke, J. G., & Pennebaker, J. W. (2009). Narrative medicine: Writing through bereavement. In H. Chochinov, & W. Breitbart (Eds.), *Handbook of psychiatry in palliative medicine*. New York: Oxford University Press.

第六部
重建認知

PART SIX

以行為實驗改變 |23
災難式的錯誤解讀

Paul A. Boelen 及 Jan van den Bout

適合對象

有長期性悲傷疾患（Prolonged Grief Disorder, PGD）的青少年及成人，即指喪慟超過半年以上仍具有渴望逝者、難以接受失落、不相信失落的事實、失去逝者而無法繼續生活，以及其他造成痛苦及失能狀況的悲傷症狀。失落發生頭幾個月因調適悲傷而常有的暫時性傷痛不適合使用此技巧。

說明

遭逢所愛之人的死以及生命故事中斷之打擊的人，因無法逆轉的分離而面臨重大挑戰，需要處理痛苦的情緒、想法和記憶。能夠在**心中體驗接納**（experiential acceptance）這段心路歷程，在健康的調適上是很重要的，也就是說願意面對這些痛苦的情緒、想法和記憶，可促進對失落事實與意義的解讀、協助當事人調適對自己以及與逝者關係的看法、接受此不可逆轉的分離事實，並能激勵其參與有助於失落調適的活動。相反地，在

心中體驗逃避（experiential avoidance）因失落而起的情緒、想法和記憶，則被認為會阻礙復原歷程，且使哀悼者易於脫離正常悲傷反應的發展而產生長期性悲傷症狀。這經驗到的逃避也可能會以認知逃避的形式（如壓抑不喜歡的想法和記憶；對死亡事件的細節有反芻思緒，但卻無法面對逝者不會再回來的痛苦），以及情境式逃避的形式（如避免外界的刺激——地、人、物，使哀悼者憶及失落的事物）出現。

　　就認知行為理論所提出的觀點是，個人對於失落而產生災難式錯誤解讀的反應，就是經驗逃避背後的主要動機（Boelen, van den Hout, & van den Bout, 2006）。特別是當人們害怕面對自己的強烈反應，並誤以為這是心理有病的徵兆，像是「要瘋了」或「失控了」，他們就傾向於採取經驗逃避的態度，因而產生認知及情境式的逃避行為，也因此干擾了失落的整合工作，並阻礙矯正此錯誤解讀、調整對自己和對逝者的看法，以及採取建設性作為的機會，痛苦便因此持續存在（請見圖 23.1）。研究證實這種災難式的錯誤解讀確實與逃避行為有關，並產生長期性悲傷症狀（Boelen, van den Bout, & van den Hout, 2006）。

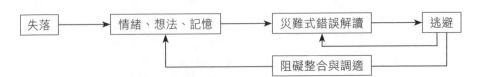

圖 23.1　災難式錯誤解讀以及逃避行為維持悲傷症狀之基模

　　行為實驗對於打破這災難式錯誤解讀與逃避行為所造成惡性循環的悲傷症狀，是非常重要的，這是讓案主進行特定的行動／作業以檢測他們災難式的錯誤解讀，進而降低其有害無益的逃避行為。可依照下列步驟進行（請參考 Mueller, Hackmann, & Croft, 2004）：

悲傷治療的技術｜創新的悲傷輔導實務

步驟 1：問題架構。此一步驟在於辨識當事人逃避行為背後想要躲避以及所持有的災難式錯誤解讀，其內在與外在的刺激因素為何。一般來說，「失落的事實」是想要逃避的中心議題，而「要瘋了」是災難式錯誤解讀的重點。但為了設計實驗行動，治療師和案主需找出特定令人想逃避的刺激因素（「哪一個特定的內在因素——想法、記憶，或外在的因素——地、人、物、境，是你想要躲避的？」），並確定所害怕的災難為何（「究竟是什麼樣令人焦慮的事，是你在面對這些事情時害怕會發生的呢？」）。值得注意的是，確認了想要逃避的刺激因素以及災難想法，對災難式預想的效度就已經產生了初步的懷疑。

步驟 2：目標認知（或「災難式預想」）之建立。在此依所架構的問題建立可測量（並可證明有錯）的災難式預想，以「如果……，那麼……」的結構來設計。其中「如果……」是指去面對想要躲避的刺激因素，而「那麼……」是指面對後所害怕的結果。

步驟 3：改變認知（或「正向預想」）之建立。此步驟則是針對面對「如果……」這件事建立不同的結果，此結果不一定要非常的正向，但要是比較好的、實際的，且相較於令人害怕的災難，這是較為能夠接受的結果。此改變的結果也要以可測量的形式來建立。

步驟 4：行為實驗。此步驟是設計實質且特定的行為作業，並能夠蒐集到必要資訊以評估災難式預想和改變認知的效度；設計上大多需要一步步地面對想要逃避的刺激因素，並清楚訂定進行方式。實驗作業有時可在會談過程中進行，有時則可讓案主在兩次會談之間以自己的步調進行，有時可能還需要他人的協助。

步驟 5：評估。當實驗完成後，治療師和案主將評估其結果，並就案主的災難式預想及其改變預想進行比較。更進一步的作業可將目標設定在蒐集更多資訊，以加強正向預想，或檢測其他可計畫的災難式想法。

　　麥克的兒子死於車禍，兩年後他來尋求治療。這些年來他一直渴望接近兒子，但每當面對不可能實現的心願，內心便感到抗拒和痛苦，在生活調適上也有高度困難，加上其他長期性悲傷症狀，像是車禍現場的畫面令他痛苦不堪，這顯示著他還有創傷後壓力的共病症狀。麥克確信，若是面對兒子真的已經天人永隔的事實，將使他「發瘋」（問題所在）。他災難式的認知便是「如果我讓自己想到兒子死亡的情形和後果（並跟我的治療師討論這件事），我就毀了」。所謂的「毀了」就是會跟現實生活脫節，且好幾週都無法工作和社交（災難式認知）。經過探討後，我們將預想結果改為「如果我讓自己想到兒子的死，我就會覺得傷心和痛苦，但這情形在當天結束之時可以降到我能夠處理的程度，而且它不會妨礙我第二天在工作與社交活動上的表現」（正向預想）。所設計的實驗作業是在與治療師會談的一個半小時裡，由麥克詳細描述他聽到兒子死亡消息當下的情形，並回顧他一直以來對於兒子之死所逃避的事情（行為實驗）。麥克十分傷心並淚流滿面地敘說那場車禍，而且想到當時狀況就十分驚嚇。回顧車禍事故讓他看清，當時其實是沒有任何辦法可以避免事件的發生，這改變了他的罪惡感，轉而生起兒子的氣來，責怪他的粗心大意；雖然麥克的感受十分強烈，但他心中的故事卻連貫了起來，而他的情緒並沒有因此失控。對於他所避免不願去面對的失落深淵，經過這次口述引發了強烈的悲傷劇痛，表達出長久以來壓抑的情緒使麥克筋疲力竭，但這就是他獲得釋放與自由的代價。對於他下週的工作計畫與社交活動，我們也做了簡短的討論，麥克對於他能夠在會談後的幾天內因應好自己的情緒很有把握，這在後來次週的會談中亦獲得確認。令人傷心地了解到失落不可逆的事實，已經取代了他之前的渴望和抗拒之情；害怕「被毀了」的想法也為「相信自己能夠因應」的信心所替代。更進一步回顧麥克前幾週的活動，結果發現行為實驗擊敗了他災難式的預想，並確定所改變的正向預知是對的（評估）。

結語思維

　　個人對於悲傷反應的災難式認知與適應不良的逃避行為有關，這容易使喪慟者產生長期性悲傷症狀（Boelen, van den Bout, & van den Hout, 2006）。行為實驗則可用來檢測這些認知的效度；重要的是，實驗本身並非治療方式，而是較為完整的認知行為治療計畫中的一個要素。這計畫還應包括案主與治療師之間安全的合作關係、敘說失落故事的空間、認可案主的痛苦，以及接納案主處理失落的方式。

　　行為實驗應該在連貫一致的氛圍中進行，需要案主自己意識到其產生動機願意投入的理由；因此只有在案主他們自己覺得卡住了，表示希望能夠向前行的時候，才能使用行為實驗來處理。重要的是，與其他認知行為介入方案合併使用時，這技巧在減輕長期性悲傷案主之痛苦與失能狀況上，被證實為有效的方法（Boelen, de Keijser, van den Hout, & van den Bout, 2007）。

| 參考文獻 |

Boelen, P. A., van den Bout, J., & van den Hout, M. A. (2006). Negative cognitions and avoidance in emotional problems after bereavement: A prospective study. *Behaviour Research and Therapy*, *44*, 1657–1672.

Boelen, P. A., van den Hout, M. A., & van den Bout, J. (2006). A cognitive-behavioral conceptualization of complicated grief. *Clinical Psychology: Science and Practice*, *13*, 109–128.

Boelen, P. A., de Keijser, J., van den Hout, M. A., & van den Bout, J. (2007). Treatment of Complicated Grief: A comparison between cognitive behavioral therapy and supportive counseling. *Journal of Consulting and Clinical Psychology*, *75*, 277–284.

Mueller, M., Hackman, A., & Croft, A. (2004). Post-traumatic stress disorder. In J. Bennett-Levy, G. Butler, M. J. V. Fennell, A. Hackmann, M. Mueller, & D. Westbrook (Eds.), *Oxford guide to behavioural experiments in cognitive therapy*. Oxford: Oxford University Press.

24 | 以理情治療
ABC 模式回應失落

Ruth Malkinson

適合對象

　　喪慟者（青少年及成人）、夫妻及家庭在急性悲傷期或之後，於「健康」（合理）的悲傷歷程中仍面臨調適困難的人。而在失落剛開始的階段，較需要支持與關懷，不適合使用此法。

說明

　　理情行為治療法（REBT）中的 ABC 模式是指發生事件（activating event, A）的循環互動；對於此事件所抱持的信念（beliefs, B）；以及產生的情緒和行為結果（consequences, C）。所謂的 **理性** 和 **非理性**，凸顯出對事件的感受和解讀，在調適與調適不良之間的差異，也因此在這模式下有幾個假設：(1)因死亡而起的失落是不可逆轉的可怕事件，可以有很多方式來看待和解讀；(2)這兩種想法（理性與非理性）之間的特性顯示出人們傾向於以非理性看待生命事件（尤其是不好的事情），但其實也可用理性的角度來解讀和修正，然而如何看待與解讀端在於個人的選擇；(3)

事件、信念及情緒之間的相互作用和人們如何看待它們有關，此模式認為認知與情感很顯著地相互影響，並指出扭曲或非理性的想法是造成情緒紛亂的主因；以及(4)健康悲傷歷程的 ABC 模式使產生的傷心、擔憂及後悔等情緒有別於不健康悲傷所產生的憂鬱和焦慮情緒。

　　死亡事件，尤其是出乎意料突然發生的死亡，是一種創傷（A）；這影響了人們的信念系統（B）；於是相繼產生了情緒和行為（C）。辯論階段（disputation, D）則是運用認知、情緒和行為等介入方案，將不理性的反應改變成理性的回應。在死亡事件之後，喪慟者可能會對他們自己和他人，或他們混亂的情緒（後設認知）做自我挫敗（非理性）的評價，從這裡出發，悲傷調適就是一趟體驗個人失落之苦的健康歷程，包括想法與情感表達的方式，這可協助喪慟者整理受創的信念，轉而健康地接受失落事實。此階段區分了健康負向情緒（行為和身體知覺）（NHE）與不健康負向情緒（NUE）的差別（請見表 24.1）。

表 24.1　有關悲傷的評價以及所產生的情緒

悲傷調適	不良悲傷調適
健康（功能）的評價及所產生的健康負向情緒（NHE） **傷心：**生活永遠改變了。 **健康的憤怒：**他沒想到後果。 **能高度容忍痛苦所帶來的挫折感：**想到我再也看不到她了，就很痛苦。 **掛記：**我對這件事無能為力，我會很想念她。	不健康（失功能）的評價及所產生的不健康負向情緒（NUE） **憂鬱：**我的人生毫無價值。 **不健康的憤怒（盛怒）：**他怎能這樣對我？ **低度容忍痛苦所帶來的挫折（焦慮）：**太痛苦了，我不想去想，我無法忍受這種痛。 **罪咎：**這是我的錯，我希望死的是我。

　　理性的悲傷反應可降低憂鬱、絕望、恐懼以及自我貶抑等的自我挫敗感，並增加自我接受度和接納失落的事實。此介入方案的目標在於促進悲傷的調適歷程，在這過程中，傷心、痛苦與挫折摻合著正向的感受，於是能夠有所平衡（Malkinson & Ellis, 2000）。針對急性期的介入方案，在此介紹五個富有彈性的模式，敘述如下：

1. **評估當事人的認知情形**，包括理性和非理性的。這需要辨識出不正常的非理性信念（對自己、他人和社會所持有的絕對性要求），以及他們在情緒（例如焦慮）、行為（例如逃避）和生理上（例如呼吸困難、心悸）調適不佳所呈現的結果。

2. **教導理性的 ABC 回應模式**，解釋信念與後果（B—C）的關聯，然後藉著探索其他理性評價的方式，來矯正其非理性想法以及他們有關調適不佳的情緒反應。

3. **練習做出理性反應**，並觀察其調適的結果，再以晤談之間的家庭作業加強他們的練習。

4. **辨識出移轉性的認知**（或稱之為「續發性症狀」），這正是阻礙情緒反應的因素，像是「我絕對不能去想它，那太痛苦了」。

5. 在喪慟者對失落有了較為健康的反應後，**評估其改變**，並找到方法維持這樣的改變。要做好預防故態復萌的準備，尤其是接近紀念日、生日等會勾起對逝者回憶的日子。

案·例

　　茉莉在突然失去服役中的大兒子後幾個月，來尋求家庭治療。家人了解到，他們一開始決定要堅強起來並繼續過得「像是什麼都沒發生一般」，這件事實在不可能。他們一直克制自己不要去談死去的兒子或哥哥，以為可以避免提到他時所帶來的痛苦和淚水。

　　這家人進行每週晤談共六次，會談目標包括評估每一位家人的悲傷型態，告知失落與悲傷是因人而異的（表達的形式、調適步調和悲傷強度都會不同），以及對悲傷做理性的 ABC 反應模式和非理性反應、正常且合理的因應方式等。還有一個目標是聚焦於協助這家人能夠以開放且支持的態度相互溝通。最後當全家進行聯合晤談時，失落所帶來的悲傷和痛苦都不再那麼令人無法承受，家人們也都能較為開放地談論逝者。茉莉要求讓她個人繼續接受治療，因為她覺得在「平

悲傷治療的技術｜創新的悲傷輔導實務

衡和控制自己的痛苦與淚水」這件事上還是有困難。對她所進行的治療是使用 ABC 模式，目標則是促進健康的悲傷歷程。

身為猶太大屠殺事件生還者的第二代，茉莉說她已經飽受生命中的痛苦，在兒子突然喪生後，她決定要堅強起來繼續活下去；然而卻發現這對她來說實在太困難，又痛苦不堪。茉莉形容著她的痛苦，負向的疑慮（模式 1）顯示出她主要的非理性想法圍繞在掌控和自我貶抑的議題上：「我一定要堅強，如果做不到，我就是弱者。」

此時茉莉想到在家庭會談時，治療師向他們介紹過的理性 ABC 模式及非理性反應（模式 2），探索了從她特質表現出來的非理性想法和後果。茉莉看到自我挫敗與她的信念緊緊相連，她告訴自己：「我一定要堅強，這是我的座右銘。」「如果我哭了，我就是弱者，這就背叛了自己，也讓自己蒙羞。」治療師要茉莉找出一個理性的想法來調整她覺得蒙羞的感受（模式 3），經過一段時間的探索，她說：「當我哭泣時，我應該可以不用對自己這麼嚴苛；我只是希望不要哭。」治療師請茉莉觀察自己在說這些話時的情緒，她回說覺得有一些解脫，而治療師也指出挫折感（較不痛苦）與羞恥感之間的不同，於是一組新的 B—C 連結建立了起來：「我希望自己不要哭，若是哭了，我會覺得挫折。我哭是因為傷心，不是因為我是弱者。」茉莉兩次會談間的家庭作業，就是練習失落與悲傷工作單上的 ABC 模式（Malkinson, 2007, p. 85）。

當治療持續進行時，茉莉提到會避免想起死去的兒子（像是不提他的名字、把他的照片拿開、開車時避免靠近他所埋葬的墓園等），經過一番辨識則發現，造成逃避行為的非理性信念（模式 4）就是：「這樣的話，我就不用面對兒子死去的事實所帶來的極度痛苦；而且，這是我維持兒子還活著的方式，我不想把他想成他已經死了。」她用非理性想法遮掩痛苦的感受，正與她認為那樣是弱者的評價有關。以呼吸訓練來進行認知重建，可協助案主改變，而能夠有終於接受失落事實的理性反應，這可列為每次晤談之間的家庭作業。

六個月後，當治療接近尾聲，茉莉說：「我覺得大部分痛苦的想法都跟我兒子永遠沒機會實現他的音樂長才有關，這是他一直所盼望的事。」對茉莉來說，她採取行動克服對失落的逃避，最大的改變行為就是烘焙她兒子所愛的蛋糕、與家人談論兒子對音樂的喜愛，以及將兒子的信箋做成小手冊發行（模式 5）。

結語思維

從本章所討論的案例可見，逃避行為在失去孩子的喪慟上，是急性悲傷階段常見的反應，被認為是悲傷反應自然歷程中潛在的阻礙，因此這是評估與介入的主要目標。有時喪慟者相信，逃避可防範憶及逝者所帶來的痛苦，或可規避接受失落事實的必要性。茉莉避免想起兒子的因應策略，就是想對痛苦和哭泣繞道而行（她把這些行為看作是弱者的表現），認為這只會加重她的傷痛。更理性和具有調適力量的回應並不能規避痛苦，但確實能夠增加少受一些煎熬的可能性。

總而言之，理性的 ABC 反應模式對失落後的悲傷之路，是一種正常且健康的悲傷反應。這是以協助喪慟者在失去逝者的生活中達到平衡，並能夠與逝者維持持續關係為目標的一種有架構之整合方式（Rubin, Malkinson, & Witztum, 2012），這可應用在處於急性悲傷與長期性悲傷的案主、夫妻以及家庭中。

| 參考文獻 |

Malkinson, R. (2007). *Cognitive grief therapy: Constructing a rational meaning to life following loss.* New York: Norton.

Malkinson, R., & Ellis, A. (2000). The application of Rational Emotive Behavior Therapy (REBT). In R. Malkinson, S. S. Rubin, & E. Witztum (Eds.), *Traumatic and nontraumatic loss and bereavement: Clinical theory and practice* (pp. 173–195). Madison, CT: Psychosocial Press.

Rubin, S. S., Malkinson, R., & Witztum, E. (2012). *Working with the bereaved: Multiple lenses on loss and mourning.* New York: Routledge.

悲傷治療的技術｜創新的悲傷輔導實務

接受與承諾療法（ACT） 25

Bronna D. Romanoff

適合對象

　　經歷複雜性或創傷性悲傷的案主，以及因死亡事件而造成情緒激動的早期個案。此一技巧對於失落後需要在實際生活及社交改變為主要訴求的案主可能較不適合。

說明

　　接受與承諾療法（acceptance and commitment therapy, ACT; Hayes, Strosahl, & Wilson, 1999）是「第三波」行為療法之一，著重於心理現象的脈絡與功能。ACT 是「運用正念和接納歷程，以及承諾與行為改變歷程來建立心理調適性」（Hayes et al., 1999, p. 10），是一個在精神病理學和心理治療上發展完整的模式，已在各種臨床疾患的應用上做過研究。ACT 使用治療性技巧，像是正念、引導式想像、透過說故事及隱喻方式來培養對思維與感受的接納，解除情境語言的認知，並增進當下經驗的感受，了解自我就像思想、感受或經驗的觀察者一般，界定並澄清有價值的

生活方向，最後做出承諾，從個人價值認定的目標方向採取行動。

　　ACT 模式強調對個人事件的接納，包括痛苦的想法和感受，同時也採取行動建立豐富而有意義的生活，它與悲傷的雙軌擺盪模式（Stroebe & Schut, 1999）理念一致。根據雙軌擺盪模式的說法，哀悼者「擺盪」在失落取向的因應歷程中，像是處理悲傷、經歷突發性的悲傷、渴求等；而另一方面也在重建取向的歷程中，例如進行新的事務、否認或逃避悲傷、建立新角色和新關係等。

　　許多喪慟者會經歷急性期悲傷的痛苦，這種痛苦會隨著時間逐漸下降，最後找到方式接受這永久的失落，而走向有意義和有目標的生活。但約有 10% 的喪慟者卻發展出複雜性或長期性的悲傷反應：對失落事件的情境不斷徘徊在負向經驗中，長期地渴望和找尋死者蹤跡，或逃避痛苦，這使他們無法重新建立「有價值的生活」。他們可能成就了雙軌中的一方，卻賠上了另一方的歷程。在創傷性悲傷中，入侵性的思緒和不想面對因失落而起的痛苦回憶與影響，就會使得悲傷歷程脫軌，而使人無法在生命中向前行。

　　心理治療並非針對大多數喪慟者而發展，但對那些經歷複雜性悲傷的人來說，ACT 的核心理論和治療技巧提供了有效的工作架構，並與雙軌擺盪悲傷模式有一致的概念。藉由物質濫用把自己與悲傷痛苦隔離的、無法接受失落事實的案主，或那些嘗試各種辦法都無法擺脫強烈傷痛、憤怒、懼怕的人，可透過正念的學習與練習，用一種不帶評價的態度專注於當下每一時刻的感覺，以幫助他們接納那些既有的經驗，這正是 ACT 的核心理念。

　　許多案主都會把他們的悲傷經驗解讀為「我是不是瘋了」或「沒有他我活不下去」，並把這些想法與所編的故事當作真的會發生的事實，而非它們真正的角色——想法和編出來的故事。ACT 的認知解除技巧可協助案主看到想法就是想法，或只是個評估的標籤，並非直接的經驗。例如，當案主說「我無法越過這房間」時，可以要求他走過房間；或當他說「我不值得被愛」時，可以改成「我認為沒人會愛我」。

當案主經歷創傷性悲傷時，常會感覺他們的世界像是被核子彈瓦解了，而他們自己也是無可挽回地改變，甚至崩潰了，他們進入了一個無所參照的陌生境地。ACT 視自己為背景之原則可用來協助案主，讓他們對自己有卓越感和慈悲心，這比我們為他所建立的認同或他們的自我概念來得重要。利用引導式想像，邀請案主把各種時段的記憶帶回來，並「關注那個專注的人」──一種在時間上不斷地自我觀察，但是卻與感覺、情緒、思想等經驗分離的做法。儘管有著創傷的歷史和被粉碎的假設，但自我仍維持完好。

應用 ACT 的原則和技巧，可幫助案主接納失落的事實，並願意面對悲傷的痛苦情緒。專注於個人價值與承諾，將帶來以重建導向為焦點的因應歷程；問問案主，他們想要給自己什麼樣的生活，然後幫他們達成目標。ACT 技巧中有一項對悲傷中案主尤其有用的就是墓誌銘（Hayes et al., 1999），與案主花很多時間討論逝者的墓誌銘後，可假設若是案主他們自己死了，比如說在五年後，邀請他們為自己建立墓誌銘，他們希望有什麼是值得被紀念的呢？什麼樣的行為會與這樣的價值觀一致？又什麼時候是向這價值觀移近的最佳時機？找出前行的阻礙，並運用行為啟動或接納策略來疏通這個阻礙。

案・例

瑪麗是一位中年婦女，她在一次攻擊事件中受了重傷，而他丈夫在這事件中喪生。開庭過程和罪犯的認罪，造成她與其他家人關係破裂，也因此帶來了多重二度失落。由於所遭遇的傷害，瑪麗對於攻擊事件毫無記憶，並花了許多時間在接下來的數年中重新獲得身體上的康復和功能。身陷於這個以重建為主的因應歷程，使得她尚未有機會深入探索多重失落所帶來生命變故的內涵。當治療進入以失落為方向的因應歷程時，瑪麗學習了正念和接納技巧，為自己建立起接納痛苦思緒和感受的空間，並能夠承認她的生命世界產生劇變的事實，一切

都不再是她想要的那樣了。她在身體上所受的傷造成自我損毀的感受，藉由對自我的觀察為歷程主軸而有所發現，雖然瑪麗日常生活上的許多面向因這悲劇而被摧毀，但她的自我核心並沒有改變。對價值觀進行分類的練習，穩固了她的認知，了解到內心深處長期的熱情和慈悲依然存在，有了這層了解，她便能夠對那些曾經傷害她所珍視的家庭的人採取原諒行動。由於原諒是一個歷程，而生氣的感受是來來去去的，因此瑪麗必須重複面對挑戰，不時地詢問自己，現在這個行為是否對她走向一個有意義的生活會有幫助。

結語思維

ACT 是美國物質濫用暨心理健康服務管理局（SAMHSA）所認可、以實證為基礎的技巧，適用於憂鬱症及強迫症的治療；同時這個治療法應用在多重問題，像創傷後壓力症候群，也有廣泛的研究並給予支持。複雜性悲傷既不屬於 PTSD 亦不是重鬱症，但卻和這兩種病症十分類似。雖然 ACT 在臨床上的理論源自於關係框架理論，以及功能性的關係情境，同時支持 ACT 理論的專家也曾提出警語，表示 ACT 並非一大袋技巧，可以在對其基本模式毫無理解的情形下隨意應用，但其模式與悲傷理論的雙軌擺盪模式卻非常一致，且關於 ACT 應用的學習已有各式文獻發行，這對悲傷治療師都很有幫助。

| 參考文獻 |

Hayes, S. C., Strosahl, K., & Wilson, K. G. (1999). *Acceptance and commitment therapy: An experiential approach to behavior change.* New York: Guilford.

Luoma, J. B., Hayes, S. C., & Walser, R. D. (2007). *Learning ACT: An acceptance and commitment therapy skills-training manual for therapists.* Oakland, CA: New Harbinger.

Stroebe, M., & Schut, H. (1999). The Dual Process Model of coping with bereavement: Rationale and description. *Death Studies, 23,* 197–224.

悲傷治療的技術｜創新的悲傷輔導實務

針對失落關係的 | 26
基模治療法

Wendy G. Lichtenthal

適合對象

　　這個技巧適合有罪惡感、長期性悲傷反應，或對失去的關係、逝者或他們自己充滿批判的成人及青少年。不過，基模治療可能不適合對沒有複雜性症狀的哀悼者，用來對他們做直接的喪慟支持。

說明

　　悲傷文獻非常重視在失落調適中，理解死亡所扮演的重要角色（Neimeyer & Sands, 2011），但卻很少有人提及理解失落關係的策略該是什麼。當案主呈現對失落關係的傷痛或悲傷反應時（例如，感到罪過或充滿批判），我經常會運用楊恩博士（Dr. Jeffrey Young）及其同事所發展的基模治療模式（Young, 1990; Young, Klosko, & Weishaar, 2003）來協助案主發展與逝者在關係上的「慈悲的領會」（compassionate conceptualization）。楊恩（Young et al., 2003）對基模所下的定義是：「任何用來理解個人生命經驗的一種寬廣的組織原則」（p. 7），許多基模都在生命早期

就發展出來，但為維持個人穩定的世界觀，這些基模即使早已扭曲變形，都還是會持續地應用在成人時期。基模治療法的運作模式著重於個人如何透過認知扭曲、自我挫敗的生活型態，以及基模上的因應風格來操作他們的基模反應，於是這個療法的目的就是讓調適不佳的基模透過認知（如：思想重建）、行為（如：行為的逐漸改變），以及經驗方面的技巧（例如，以想像操作來協助其重新為人父人母、破除不健康的生活型態等，請見 Young et al., 2003 對這些技巧的描述）而有所療癒。一個人在自我挫敗的生活型態中，可能會為鞏固其調適不良的基模，而投入某種關係中。

有幾個理由可以說明，為何對於關係的理解具有治療的價值。首先，若是關係因張力和衝突而變得複雜時，案主會發現這幫助他們了解到，是什麼原因使得他們被牽涉在這關係中；儘管這不是個好選擇，但能促進案主發展出對這關係之所以做了「選擇」的慈悲觀點。其次，當他們在生命中繼續前行時，了解逝者在他們鞏固認知基模的運作中所扮演的角色，也是十分重要的；於是看到在這逝者實質上已不存在的世界裡，會有什麼樣的任務需要他們去實踐以發展出健康且調適良好的反應。

對於此一技巧的運用，需要具備對案主之主要認知基模及因應模式的了解，尤其是那些調適不良的部分（詳情請見 Young & Klosko, 1993; Young et al., 2003），這些資料可以用正式的量化評估加上（或）透過焦點生活史的探索來蒐集（Young et al., 2003）。對於此治療技巧的運用，大部分都是一些心理衛教，首先提出認知基模的定義，筆者把它看作是一個鏡頭，人們透過這視野看世界和關係而有所認知，而這些是經由早期經驗所形塑出來的結果，然後針對調適不良的基模進行描述。這是楊恩和他同事（Young et al., 2003, p. 14-17）曾經在文章中提到的，在此我把在失落後時常引發的幾個認知基模挑選出來，舉例如下：

- *遺棄／不穩定*（對於別人可能給予的支持與連結，視為不穩定或靠不住）。
- *比不上別人／羞愧*（覺得自己很差、不被需要、不好或不討人喜歡）。

- **不信任／虐待**（認為別人會傷害、欺騙、說謊、虐待、羞辱，或利用、操弄）。
- **依賴／無能**（認為若是沒人幫忙，自己就無法處理每天該做的事）。
- **嚴苛的標準／吹毛求疵**（認為行為必須符合很高的內在標準，經常感到不滿）。

　　我也告訴他們有關人們如何因他人啟動我們的基模，因而被對方吸引的反應，然後再討論關係中早就受到引發的基模，這造成逝者對我們具有高度吸引力（包括愛情上與非愛情上的）以及我們跟逝者的契合（這往往是選擇這段關係最重要的部分，像是配偶或親密朋友）。若逝者是家人，我就會把案主從小在認知基模發展過程中扮演著重要角色的人，及其錯綜複雜的依附關係點出來，這個人也可能就是這些年來增強此基模的人。案主的主要基模以及逝者的假設基模都會提出來討論，因此能夠理解到雙方之間的關係是如何維持，或某些關係是如何斷裂。我經常建議案主閱讀楊恩（Young）及克洛斯科（Klosko）於 1993 年所合著的《重創你的人生》（*Reinventing Your Life*）一書，以協助他們進一步對自己的基模，及其在關係上的影響和因應方式有所理解。隨著時間的發展，再鼓勵案主用慈悲的角度來看他們各自的認知基模，就像是對自己說：「**當然，你會留在這段關係中……**」

案・例

　　克莉絲汀是一位五十一歲的寡婦，她的丈夫艾榮九個月前死於食道癌。與丈夫這段二十九年的婚姻其實十分複雜，充滿了衝突和語言暴力。克莉絲汀非常困惑地接受了悲傷治療，她不解的是為何經過這麼多年嚴重的爭執和殘酷的對峙，現在卻對艾榮的死感到悲傷難過；她對自己雖經歷百般虐待，卻仍願留在這段關係這麼多年也有諸多批判。在我們的會談中，我提出有關認知基模的心理衛教，也提到了人

之所以被某個人吸引的化學反應基模。克莉絲汀重點式地提供了她的生命史，包括對自己吹毛求疵的描述、富裕的原生家庭，以及有關艾榮個人教養的種種細節，其中也充滿著情感剝奪與批判的議題。透過我們的討論發現，克莉絲汀在這關係中與艾榮相處的方式確實觸動了她的某些基模。當艾榮在整個婚姻生活中不斷申斥她時，觸動了她不如他人的基模；而當他「表現不佳」無法在經濟上依照她想要的方式支持她和他們的三個孩子時，觸動了她的高標準基模。對艾榮來說，我們假設克莉絲汀的高標準基模可能觸動了他自己不如別人的基模，強調了他在社交層次的不妥與劣勢，於是深受她的吸引；此外，克莉絲汀對艾榮的失望使她與艾榮保持著距離，這卻觸動了他的情感剝奪基模。於是我們終於凸顯出了這段關係得以持續的「道理」，我鼓勵克莉絲汀用慈悲的角度來看自己之所以留在這關係中的決定，這也是因為她想要為孩子保持一個完整的家的用意。克莉絲汀表示，這個架構對她很有幫助，並終於能夠對丈夫表達諒解之意，而且可能更重要的是，對自己的體諒。

結語思維

　　了解喪慟案主調適不良的基模是很值得的做法，有各種理由支持這個論點：協助他們理解自己對失落的因應方式（例如，高標準看待悲傷或設法「克服」，是因為有嚴苛標準的基模）、協助他們跟潛在社會支持資源進行互動（例如，把自己隔絕起來，是因為不信任基模）、協助他們看待自己的未來（例如，對於進入新關係有所遲疑，是因為遺棄基模），以及前述案例所強調的，可協助他們看待失落的關係。案主經常對他們的失落關係，或這關係脈絡中他們或逝者的行為，表現出嚴苛、批判的評價，這種評價將導致罪咎、自我懷疑和憤怒的感覺。運用基模治療模式協助案主理解為何會選擇、維持或切斷這段關係，可幫助他們對自己的決定有所了

悲傷治療的技術｜創新的悲傷輔導實務

解，於是也因此加強了他們對自己、對逝者，以及對整體關係的慈悲心。

| 參考文獻 |

Neimeyer, R. A., & Sands, D. C. (2011). Meaning reconstruction in bereavement: From principles to practice. In R. A. Neimeyer, D. L. Harris, H. Winokuer, & G. Thornton (Eds.), *Grief and bereavement in contemporary society: Bridging research and practice*. New York: Routledge.

Young, J. E. (1990). *Cognitive therapy for personality disorders: A schema-focused approach*. Sarasota, FL: Professional Resource Exchange.

Young, J. E., & Klosko, J. S. (1993). *Reinventing your life: How to break free from negative life patterns*. New York: Dutton.

Young, J. E., Klosko, J. S., & Weishaar, M. E. (2003). *Schema therapy: A practitioner's guide*. New York: Guilford.

第六部 | 重建認知

27 | 針對孩童長期性悲傷
進行認知重建

Mariken Spuij 及 Paul A. Boelen

適合對象

　　受苦於長期性悲傷疾患（Prolonged Grief Disorder, PGD）的喪慟孩童以及青少年──這是一種遭遇喪慟超過六個月以上，仍有著令人困擾與失能的分離痛苦症狀（例如渴望逝者），以及其他令人身心耗弱的悲傷反應。對於在所愛之人往生後，只是單純需要支持的新近喪慟者，可能就不適合使用此法。

說明

　　過去十五年來，成人的複雜性悲傷或長期性悲傷等症候群已逐漸受到重視，而長期性悲傷被描述為是一種特有悲傷症狀的集結，包括分離的悲苦、思緒中充滿著逝者的種種、對未來失去目標、麻木、悲痛、無法接受失落的事實，以及無法在沒有逝者的生活中繼續過活（Prigerson et al., 2009）；兒童和青少年在臨床上，也明顯會有與成人類似的長期性悲傷症狀（Spuij et al., 2011）。至目前為止，對於孩童的長期性悲傷尚未有有效

的處遇（Currier, Holland, & Neimeyer, 2007），因此對於此處所介紹的處遇方式加以發展和進行測試是很重要的。

　　本文作者在一宗大型研究案的子計畫裡，發展了為兒童的長期性悲傷而設計的認知行為治療處遇計畫（Spuij et al., 2011），除了有關暴露及行為啟動的設計外，認知重建也是此專案主要介入計畫之一。認知重建背後所持的主要理論，就是心理上的痛苦（即悲痛情緒和調適不佳的因應行為等）並非受某個特定情境及「發生事件」的直接影響，而是當事人如何看待和感受這些情境和事件的結果——也就是指當事人對於這些情境和事件的**認知**。於是，緩和痛苦的方式就是：(1)找出當事人為該特定情境或狀況感到難過，其背後的（調適不佳）認知為何；(2)檢視這些認知是否有效且適用；接著(3)再把上一步驟所蒐集到的有助於減輕痛苦強度，並能夠促進而非阻礙建構行為的訊息加入這些認知，重新形塑當事人的認知。

　　此一介入方法在孩童長期性悲傷處遇中的應用，從多方角度來看都能獲得證實。首先，兒童長期性悲傷與整體性的負向認知相關，包括他們對自我和自己悲傷反應的認知（Boelen & Spuij, 2008），這表示改變這些認知對於緩和孩子的長期性悲傷是很重要的。其次，事實證明，認知重建應用在成人的長期性悲傷處遇是有效的（Boelen et al., 2007）。第三，認知重建用在孩童焦慮與憂鬱的治療上也很有效（David-Ferdon & Kaslow, 2008），而這些病症跟孩童長期性悲傷的症狀十分類似。在我們的治療計畫中，認知重建的運作是根據下列步驟進行的：

步驟 1：原理說明。 首先，由治療師對孩子說明，所愛之人的死的確是破壞並違反了個人自我、生命以及其他議題至今未曾懷疑過的正向想法。因此，負面的思考模式可能就出現了；並加以說明，雖然會有這樣的發展是可以理解的，但若他們一直維持著負面的感覺，就會阻礙他們採取對因應悲傷有幫助的行為。所以，為了要調整自己面對失落，對自我、生命以及其他議題重新建立並維持較為正向且有助益的看法是很重要的。

步驟 2：找出負向認知的中心。在此步驟中，讓孩子完成一份簡要認知問卷，檢視他們在九個議題上的負向認知程度：(1)自我（「自從他／她死後，我對任何人來說都不再重要了」、「自從他／她死後，我對自己覺得很羞恥」）；(2)生命（「自從他／她死後，生命變得沒有意義」）；(3)他人（「其他人一點都不給支持」、「我不會表達出我的感受，以免朋友把我當異類」）；(4)未來（「我不指望以後會變得比較好」、「他／她現在死了，我所希望的事永遠都不會發生了」）；(5)罪咎（「他／她的死，都是我的錯」、「我一定要學會如何防止這樣的死亡事件再發生，以免以後又失去了誰」）；(6)有關他／她自己的哀傷（「我的感覺不正常」、「我對這個失落的悲傷方式是不對的」）；(7)面對失落（「如果我認真想起這個失落，我就會悲傷到哭個不停」、「如果我讓自己的感覺釋放出來，我就會瘋了」）；(8)緊抱悲傷（「我必須一直悲傷，不然的話我會忘記他／她，或就是背叛了他／她」、「只要我還在悲傷，我就可以讓他／她不走」）；以及(9)死亡焦慮（「我所愛的其他的人也會突然就死掉」、「我無法忍受這種我的生命有一天就突然停止的想法」）。把治療過程中其他階段所獲得的資料與這份問卷上的內容匯集在一起，就會發現重要訊息透露了認知在其困擾中的影響力。

步驟 3：檢視所確認出的認知問題。當找出了重要的負向認知後，就先用「口說探究」來一一檢視每個認知的效度和適用性。跟案主討論每一條認知時，提出兩個關於效度的問題（「我怎麼知道我所想的是真的？」和「關於這個想法，有什麼證據可以證明，或可以反證？」），以及適用性的問題（「如果我一直持續這樣想的話，會發生什麼事？」「如果我所想的是真的的話，最慘的會發生什麼事？」）。然後建立「行為探究」（在成人認知行為治療中稱之為「行為實驗」），把它設計成可以讓孩童進行的活動，用以測試某個特定認知的效度——大部分是用「如果我⋯⋯那⋯⋯就會發生」的形式來進行（請見本書第 23 章「以行為實驗改變災難式的錯誤解讀」的內容）。

步驟 4：把負向想法轉變成有益的想法。根據步驟 3 所蒐集的證據，在這

最後階段要做的就是把最初的負向認知重新整理，轉變成較為正向、實際一點的想法，這可減少或消弭心理痛苦，並促發建設性行為的產生。重要的負向且調適不佳的認知，及其相反的想法可製作成隨身卡片的正反兩面，讓孩子帶在身上，每當有負向認知出現時，就可拿出來看看。

案・例

　　十二歲的伊娃在她接受治療之時，於一年前失去了她最心愛的姨媽，又於三個月前失去了阿公。收案訪談時，很顯然可以看出這兩次失落事件粉碎了她原本對生命的正向看法，並促發了她的死亡焦慮——凡是有潛在回饋的互動她都逃避，並和她所愛的人們保持距離。完成簡式認知問卷，確認她的負向想法果真十分明顯。這同時也顯現出她有壓抑失落感受的傾向，因為她不想讓朋友們對她有負面的看法。檢視出三個重要的負面想法是：「我的生活不會再有任何快樂時光了」、「我最好跟其他人保持距離，以免再度失去他們會很痛苦」，以及「若是朋友們知道我的傷心，他們會覺得我很可憐」。和伊娃討論了她最近的一些情形，她表示心情低落感到傷心，想要克制自己不去參加溫馨的活動，這讓她明白她的那些認知想法可能就是造成她有負面的感受，且變得很消沉的原因。治療師向她說明，探究這些想法可以使她有更為實際且正面的看法，這可以減輕她的負面感受，並幫她再度參與能為她帶來歡樂的活動。他們做了「行為探究」（behavioral investigation）的計畫，其中伊娃安排要跟許久未見的朋友見面，以測試如果他（她）聽到伊娃有時會很悲傷，那這位朋友會不會有負面的反應。結果這位朋友聽了伊娃的事，他的反應十分具有支持性；事實上，他們共聚的時間也帶來很多樂趣，這幫助伊娃看到了她原先的預測是不正確的。這次的經驗也讓伊娃減輕了在生命和死亡焦慮上的負向認知。這些認知經過更進一步的「探究」之後變成了「雖然我有時會覺得傷心，但我還是能感受到樂趣和開心。」以及

「雖然我可能會再度遭遇失落，但與他人保持距離並不能使我感到好過。」伊娃把這些句子寫在隨身卡片上，接下去幾週都把它們帶在身上。

結語思維

負向認知邏輯上是發生於孩童面對失落之時，持續這樣的認知，就可能使孩子在失落的復原之路上產生了心理困擾，認知重建則是針對這情形的一個重要介入方法。當採用此法時，找到正確的認知很重要，並非每個負向認知都**可以**改變，且**應該**要改變——雖然很多人以為這是認知行為治療師的目標，但其實這是個迷思。事實上，治療師要找的是那種造成孩子困擾的核心認知，是會干擾他參與回饋性活動的認知，而且要是能夠改變的。

認知重建本身並非是一種治療，它只是整體認知行為治療計畫裡的一部分（Spuij et al., 2011），這個計畫強調的是與兒童發展安全的工作關係，並能夠看到且接受孩子的痛苦。更進一步地，採用工具來為不同特定需求、不同年齡以及具有不同認知能力的兒童調整介入方案——像是認知重建，以及其他主要的暴露法和行為啟動介入方案。認知重建可以用在「理性」或甚至「冷靜」介入方案，但當用在關懷與安全的情境中，有系統地探究負向認知（就像一位真正的福爾摩斯，或 G 型神探），這對減緩孩童面對喪痛時的急性痛苦，以及防止此痛苦持續進入成人期很有用。

| 感謝 |

本章所描述的工作內容是由荷蘭健康研究與發展機構（Netherlands Organization for Health Research and Development, ZonMw）補助的 15701.0002 專案所提供（計畫名稱：兒童悲傷困擾的認知行為介入計畫之發展與評估）。

| 參考文獻 |

Boelen, P.A., de Keijser, J., van den Hout, M., & van den Bout, J. (2007). Treatment of complicated grief: A comparison between cognitive-behavioral therapy and supportive counseling. *Journal of Clinical and Consulting Psychology, 75,* 277– 284.

Boelen, P. A., & Spuij, M. (2008). Negative cognitions in loss-related emotional distress in adolescent girls: A preliminary study. *Journal of Loss and Trauma, 13,* 441–449.

Currier, J. M., Holland, J. M., & Neimeyer, R. A. (2007). The effectiveness of bereavement interventions with children: A meta-analytic review of controlled outcome research. *Journal of Clinical Child and Adolescent Psychology, 36,* 253–259.

David-Ferdon, C., & Kaslow, N. J. (2008). Evidence-based psychosocial treatments for child and adolescent depression. *Journal of Clinical Child & Adolescent Psychology, 37*(1), 62–104.

Prigerson, H. G., Horowitz, M. J., Jacobs, S. C., Parkes, C. M., Aslan, M., Goodkin, K., et al. (2009). Prolonged Grief Disorder: Psychometric validation of criteria proposed for DSM-V and ICD-11. *PLoS Medicine,* 6(8): e1000121.

Spuij, M., Van Londen-Huibers, A., & Boelen, P. A. (2011). Cognitive-behavioral therapy for Prolonged Grief in children: A feasibility and multiple baseline study. Manuscript submitted for publication.

第六部｜重建認知

163

第七部
面對抗拒

PART SEVEN

「你可以接受自己
是 OK 的嗎？」 28

Therese A. Rando

適合對象

　　面對所愛之人的死，企圖抗拒此失落的案主，這情形發生於學齡中的
孩子以及此年齡以上的人們。他們因為拒絕釋放痛苦、拒絕讓生命向前
行，而卡在自己的哀傷中。對於失落所引起的急性悲傷，其困擾是正常且
可預期的案主來說，就不適合本技巧。

說明

　　每一位因所愛之人往生而來接受治療的案主，最後都會願意放下痛
苦，並在他們的生活中健康地邁開大步向前行——這是個迷思；這種情形
會使哀悼者備感威脅。為何哀悼者在失去所愛之後會拒絕變得「OK」
呢？這有很多原因，有些是他們有意識的選擇，有些則是無意識的。如果
治療師無法洞悉這一點，他們可能就抓不住那個重點，去理解哀悼者在治
療中不合作、阻礙改善，或其他治療議題中造成哀悼者感到罪咎或停止不
動的理由。在哀悼者為他們的失落走向一條健康的調適之路時，會有著很

第七部｜面對抗拒

167

多潛在的阻礙，而最根本的是，當事人帶著批判的態度認為自己如果一切沒事是不被接受的。若是哀悼者不允許她自己健康，這世界上就沒有可以讓她改變的處遇療法，除非她決定要讓事情有所改變（Rubin, Malkinson, & Witztum, 2012）。失落後的健康哀悼之路，就像失落餘波中的健康生活一樣，兩者都需要由當事人不經意或刻意地做出抉擇，接受不再繼續頹廢、願意經驗美好人生的決定。

需考量在特定情境裡，那些特定因素的作用，當發現案主卡住了的時候，確認他們的抗拒並探討此抗拒所扮演的功能，會是很有幫助的做法。一個簡單又有效能讓這抗拒浮出檯面的評估技巧，就是適時地提問：「**你可以接受自己是 OK 的嗎？**」這句話可以產生大量的訊息，但卻只會引發很少量的防衛機轉。首先，這「OK」是個相當中性的字眼，不很特定，也不會有負面的暗示，好像在診斷或治療什麼。這可讓當事人把此問題指向任何她所選擇的方向來決定「OK」對她來說是什麼意思，並有最大的空間找出她可能無法接受的人、事、物。其次，提問的措辭讓案主在針對其抗拒做解釋時，可以自由地決定所釋出訊息的形式；可能是一般大眾的信念或假設認知（像是，「白髮人送黑髮人，永遠走不出傷痛」），也可能是個人特殊的狀況（例如，「因為我跟他分手而令他走上絕路，我不再允許自己和其他人交往了！」）第三，這提問很一般，但卻又有足夠的敏感度，即使是哀悼者很細微的痛苦，也能夠挑揀出來。

若案主承認，其實不能接受自己是 OK 的，那麼下一步便是決定如何來證實這個想法，並且說出原因。呈現自己不好的主要方式就是不肯釋放痛苦，許多哀悼者有著一種迷思，認為如果他們不留在痛苦裡，那就表示接受了所愛之人的死亡、他們對這個失落無感，或他們對逝者愛得不夠深。有些人認為痛苦是他們對所愛逝者的一種「證明」，或如果他們走出了傷痛，便解讀為是「背叛」了所愛的人；有些將痛苦視為是與所愛之人的「連結」，又有些人則將痛苦看作是自己感到罪過的一種補償方式。另外還有一種呈現自己不好的方式，就是在生活上無法調適著向前行，理由包括對於把逝者「丟下不管」感到罪過、想要讓自己和自己的世界保持跟

以前一樣以降低失落感、誤以為這樣的做法就是哀悼，以及擔心這麼做會
將逝者遺忘。

　　若是案主無法接受自己是 OK 的，則有利於深入探討的問題列出如
下：

- 你覺得若自己很好沒事的話，這代表什麼？
- 你覺得這表示你是什麼樣的人？你所愛的逝者是什麼樣的人？你們的關
  係是什麼樣的關係？
- 為何你會想要留滯不進？
- 你從這個不好之中有什麼獲得？它可以為你成就什麼？
- 有哪些方式可以讓你覺得跟逝者有連結，但不會令你痛苦？
- 你如何用比較健康的方式來處理罪惡感？
- 身為一位哀悼者，你對自己的期待是什麼？
- 若你真的想要的話，將如何在生活上調適著向前行，並仍然能與逝者維
  持健康的連結？

　　治療師能夠就著所獲得的答案，加入他們所擅用的心理治療策略來疏
通那些阻礙，減緩它們的衝擊，或向哀悼者推薦較為健康的新的行為模
式。

案・例

　　史帝夫離婚時，他唯一的女兒才三歲，與孩子的母親擁有共同監
護權，生活上大多數時間都和妮雅在一起。他是一位極度投入的父
親，甚至連自己的社交生活都降至最低，只是為了要全心專注在女兒
的成長過程中。女兒於十四歲時突然死於一場離奇的車禍，傷痛中的
史帝夫在治療過程裡進行得還算順利，對於自己的痛苦都能確認並表
達出來，而且能夠找到紀念女兒的方式。然而隨著時間過去，治療師

發現史帝夫總是有藉口無法完成他們所設計的行動計畫，這是為了讓他參與較多的社交活動，並減少長期不斷的痛苦而設計的。當史帝夫明顯地卡在急性悲傷症狀，無法適切調適面對失落時，他的治療師便詢問他，對於女兒的死，他是否能夠接受自己是 OK 的。此一簡單的問題一提出，就把史帝夫震懾住了，接著情緒和淚水的洪流傾瀉而出，他哭著說：「如果她不能活下去，我也活不下去！」此一問題開啟了最具意義的為父之罪和自我期許的探索，這正是史帝夫緊握痛苦不放，積極阻礙他好轉的因素。一旦確認，治療師便能夠對他做有效介入，找到促進健康哀悼的方向，調適他的失落並依他所願找到與死去女兒的適切連結，最後終於能讓史帝夫接受自己在沒有妮雅的生活中也能好好過日子。

結語思維

　　對許多不同類型的治療師來說，處理抗拒議題已經成為工作上的基石，當哀悼停滯不前或變得複雜時，抗拒議題就變成介入的焦點，因為它們一旦干擾了非複雜性的哀悼，基本上就會促進複雜性哀悼的發展（Rando, 1993, 2012）。此一技巧提供了簡單、「哀悼者友善」的方式來辨識其中的阻礙，以提出更進一步的介入治療，並增加哀悼者對自我設限的覺察。

參考文獻

Rando, T. A. (1993). *Treatment of complicated mourning.* Champaign, IL: Research Press.
Rando, T. A. (forthcoming in 2012). *Coping with the sudden death of a loved one: Self-help for traumatic bereavement.* Indianapolis, IN: Dog Ear Publishing.
Rubin, S. S., Malkinson, R., & Witztum, E. (2012). *Working with the bereaved: Multiple lenses on loss and mourning.* New York: Routledge.

深度悲傷治療的
公開聲明 |29

Bruce Ecker

適合對象

　　五歲以上的孩童、青少年及成人，他們因失落而起的悲傷有壓抑和逃避的傾向，卡在無限輪迴的複雜性喪慟中，或在自然歷程中需要重新檢視他們面對失落的意義世界時使用。公開聲明可應用在十分廣泛的案件中，包括個人、夫妻和家庭治療，但治療師需要根據案主的情緒能力、穩定性以及發展階段來修改技巧或一點一滴地逐漸進行。

說明

　　悲傷歷程通常是獨特、具有個人意義和情緒主軸的，這些重點若被忽略了，它的發展便可能受阻或令悲傷永無止境。情感上的困境所帶來的壓力如果沒有受到關注，就會使心情、思緒和行為大受影響，這些負面結果看來似乎神祕、棘手且揮之不去，而公開聲明的技巧倒不失為一個簡單的處理方式，就像「剝洋蔥」一樣，可以讓內在情緒漸漸透露出來，成為直接而明確的經驗。要先確認案主個人特殊的、有關失落的情緒困擾，才能

展開有建設性的轉化歷程。

依據治療師所選擇的特定議題，公開聲明的目的是引發此議題的深度情緒，在此聲明中，案主經由治療師的導引，使用十分個人化的用語來表達之前較不那麼個人化或較沒有方向，但已經呈現出來的主要議題；或是已經表達但有強烈內涵意義的內容。例如，常會聽到案主隨性或斷斷續續地談論到一些事情，而治療師發現這可能就是可用以推敲，對情緒進行深入探討的重要訊息。若邀請案主使用更為個人化的口語來陳述同一件事情，對於壓抑的主要情緒進行深入探討，並看到其發展方向，則健康的調適歷程就能很快展開，一如本章接下來要介紹的案例一樣。

用語措辭的形式尤其重要。與理智和社交禮儀的用語形式有著強烈對比，在公開聲明中，最重要的就是要去擷獲那些原本無聲的元素，因此用詞一定要用人稱代名詞，並以現在式來表達，才能夠將案主所深陷的某一特定苦難，而他又是如何逃避著這個苦難的狀況，以其生活上可認知的形式，給予一個全然坦白、高度明確、生動且實質的表達。我把這種語言表達方式命名為**大腦邊緣語言**（limbic language），對於追蹤皮質下大腦邊緣系統的內在情緒認知十分有幫助。我們仰賴這樣的形式來進行公開聲明以及其他經驗性的技巧，這些都是常用於連貫療法（Coherence Therapy）的技巧（Ecker & Hulley, 2007）。

在對案主是可行且安全的情形下，公開聲明的工作可以設計成直接對著關係對象敘說（在視覺上呈現此人或當面說），否則的話就對著治療師說。所聲明的這一、兩句話，其用字遣辭可以由案主和治療師合力修飾，或治療師可組合這些字句，提供案主「試用」，治療師可請案主做任何必要的修改以符合自己真正的感覺。接著，若有需要的話，請他唸這段聲明兩、三遍，這足可使案主落入自己的感受層面，透過文字語意為他帶出主觀經驗。這麼做的目的並非在於強烈情緒的體驗（這可能會發生也可能不會），而是要案主明晰並實際地感覺到對自己真實情緒的認知。

變通的做法是提供案主不完整的句子，讓案主可以一遍又一遍不假思索地說出完整的語句，這種編輯句子的技巧可有效深入潛藏的內在，本章

案例將可看到。

這些技巧的成功關鍵在於，遵從案主對他們自己真實情緒的認知，因此我會說明：「即使第一次說，你會覺得有些僵化，但最好還是由你來『試用』這些話語，就看看它們是否符合你的感覺，是否抓住了你內心的真實情緒。若有任何字眼，即使只有一點點不那麼對味，我們都可以再做修改，讓整個句子準確地抓住你真正的感覺。」

公開聲明所運用的原則是：當未被認知的內在真實情緒與心有戚戚的言論相遇時，將會有意識地浮現於其回應中。當後到的認知與先前的知覺相互契合時，邊緣系統所知的內涵就會流入大腦皮質，亦即意識系統，這時往往深沉於內在的情緒便因公開聲明而被牽引出來，而且不會因聲明內容而受限，它會伸展至另一相關的無意識中，於是下一個議題也開始受到關注，且另一個公開聲明亦因這議題而產生，這麼一個接著一個，就像高筒靴的鞋帶一般把孔洞串連了起來，我們稱之為**系列接觸**（serial accessing）。

案・例

　　一位四十多歲的婦女，在她五歲的兒子喪生後八年來，一直深陷於嚴重的憂鬱之中，這孩子是在自家門前被一輛卡車撞傷，拖延了一個月後才往生。一開始我先把目標放在處理她的複雜性喪慟，以引發那些隱藏在內心、使她陷於憂鬱狀態的主要情緒，採用公開聲明和完成句子的技巧（全程以柔軟、同理的聲調進行）來達成目的。下列所述的段落是從她提出的、較沒有個人化的句子開始，「無法防範他死去的無力感。我想既然連這都做不到，我可能真的是沒有價值。」

治療師：妳願意想像比利（不是他的真名）現在就在眼前嗎？他到了嗎？好，我想請妳對他說出：「比利，我覺得真是糟透了，我無力防範你的死。」無論是在心裡說或大聲說──選擇妳覺得最好的方式。

案　主：（突然哭了起來）比利，我真的非常非常抱歉，我無法防範
　　　　你的死。這真是糟透了，我很抱歉，小傢伙。

　　接下來的幾分鐘，把焦點放在她的自責，我提問說：「妳是否覺
得自己值得再度開心起來？」後續的對話如下：

治療師：妳可以試著告訴我，妳感到罪過的部分嗎？我知道那還有其
　　　　他部分，但在妳自己的內在覺得罪過的地方，妳覺得親愛的
　　　　兒子被卡車撞到是妳的錯的部分，就這一點來說，妳對於能
　　　　不能接受自己再度開心起來所感到的真實情緒是什麼？

案　主：（沉默。）

治療師：想到什麼嗎？

案　主：我想是可以接受的，只是情緒不在那裡，我根本不讓自己開
　　　　心。

治療師：怎麼說？怎麼說？妳可以完成這個句子嗎？「我不讓自己開
　　　　心，因為如果我開心的話——」

案　主：我就會原諒自己。（停頓）而我不願意這麼做。

治療師：很好，繼續說，「我不願意原諒自己，因為——」

案　主：你知道，有一部分的我——我想是沒有了他，我不想自己一
　　　　個人繼續過下去。如果我持續這樣下去的話，就不需要處理
　　　　這件事了。

治療師：了解。所以，妳還有看到他嗎？想像他在眼前並試著對他
　　　　說：「我怕如果我原諒了自己，我就會失去跟你的連結，那
　　　　就沒有你來陪我一起過下去了。」

案　主：（哭泣）我……比利，我很怕。即使我可以想像到你現在是
　　　　個小天使，我還是害怕原諒自己——會使你離開，而我不希
　　　　望你離開。

治療師：如果這麼對他說，是不是妳的真心話：「保持跟你連結，對
　　　　我是如此重要，以至於我情願永遠都不原諒自己。我寧願覺

得自己罪過且悲慘，這樣就不會和你失去聯繫，繼續過著沒
有你的日子。」

案　主：（嘆息）比利，我覺得我願意做任何事來保持與你的連結，
包括以後的日子都持續停留在悲慘境遇，並且不原諒我自
己，你知道我這是真心話。

結語思維

　　公開聲明在經驗性療法中，可以有很多不同的運用，而且發現實證工
作上也十分支持這項做法（如 Watson, 1996）。在上述所舉的案例中，他
們把連貫療法（Ecker & Hulley, 2007）中最初的發現階段呈現出來，這
是針對內在情緒的認知，或根據現有徵狀必然會有的情緒來進行建構。這
位喪子的媽媽之前並沒有意識到，她之所以停留在令人痛苦的憂鬱中，是
因為急切而熱烈地想要跟孩子保持連結，默默地以為若是苦難結束了，兒
子就會「離開」，而她就要「自己過著沒有他的日子」（此會談的全本稿
件內容及錄影帶，請見 Ecker & Hulley, 2008）。經過直截了當的認知，
感受到並整合了她自己的目標和內在運作，還有那些造成她困擾的個人認
知架構及心理模式因素，對她來說，這些都是這麼真實地存在著，然後改
變的契機出現在眼前──像是可讓她找到其他豐富而有意義的方式，積極
履行想要維持如今來到意識層面的連結目的等；因此終能結束她處於愁苦
境遇的內在需求，喚出必要的功能。

| 參考文獻 |

Ecker, B., & Hulley, L. (2007). *Coherence therapy practice manual and training guide.* Oakland, CA:
Coherence Psychology Institute. Available at: www.coherencetherapy.org/resources/manual.
htm.
Ecker, B., & Hulley, L. (2008). *Stuck in depression: A disabling bereavement.* (Video and viewer's
manual.) Oakland, CA: Pacific Seminars. Available at: www.coherencetherapy.org/resources/
videos.htm.
Watson, J. C. (1996). The relationship between vivid description, emotional arousal, and in-session
resolution of problematic reactions. *Journal of Consulting and Clinical Psychology, 64,* 459–464.

30 | 悲傷管理中有控制的逃避

J. Shep Jeffreys

適合對象

　　尚未有所改變,且試圖尋求某種程度的掌控力,想要主宰其悲傷歷程,以限制釋放自己情緒的成年案主。若案主在失落發生數月後,已更進一步進入復原期,當他對已改變的生活主動進行省思式的探索,而較少有情緒波動時,在這情形下就比較不需使用這項技巧。

說明

　　許多人的悲傷歷程,在最初情緒釋放的階段都會以哭泣、嘆息、呻吟、憤怒、擔心、吼叫、啜泣、流淚等形式,以及用害怕、罪咎和羞愧之類的語言來表達。悲傷反應的強度,大約都是在他們遭逢失落頭幾週的餘波中最強;有些人則發現他們對於自己主動的悲傷行為能夠做好區隔,或擋掉其中一部分或所有的反應,於是能夠因應日常生活中的實際需求和職責所在。還有一些人則需要他人協助,才能找到方法來加強自己專注在採買、倒垃圾、接送孩子或支付帳款等日常活動上;並需要知道,在悲傷中

「暫停」一下是 OK 的。

這「並行」的悲傷方式（Jeffreys, 2011）是一種量身訂做的計畫，讓案主能夠藉由掌控來避免情緒釋放，以限定哀悼的時間，也就是透過限制悲傷活躍期的時間，並於表達痛苦心情之後，緊接著參與不相關或非悲傷活動的方式來完成。雖然在做飯、洗刷、慢跑、祈禱、散步或談話時仍有悲傷、虛弱、嘆息或一些表達內心哀傷的話語，但主要的焦點還是放在分散注意力，或非悲傷的實質活動上。

失落後的生活具有著「兩個面向」的概念，是直接來自於案主的經驗，他們有的是自然而然地就是這麼做的，或會用言語表達想要這麼做。史篤蓓及舒特（Stroebe & Schut, 1999）以及魯賓（Rubin, 1999）的研究十分支持這個悲傷者在失落後的雙軌功能概念。著名的詩篇第 23 篇對於「走過死蔭幽谷」給予了我們靈性上的基本概念，悲傷者可以把注意力放在**陰霾**之處，也可選擇抬頭仰望造成陰影的**光芒**。在這悲傷旅程中的旅人，可以決定他要在每一個關注點佇留多深、多久，並做好如何轉向的計畫；同樣地，悲傷者對於悲傷也可以有所選擇與掌控。對許多人來說，自失落發生後所沉浸的無助氛圍裡重建起掌控感，是重新拾回生活功能的起步。

建立這種悲傷中有控制的逃避（controlled avoidance），其基本架構如下：

1. 首先在一張紙上寫下你希望在這練習中獲得什麼。有沒有重要任務，或人物是需要你關注的，或只是想要從這場風暴中獲得一些緩解？

2. 設定一段時間——也許是三十分鐘到兩小時，作為你一天中可以主動悲傷的時程。邀請一位所愛或所信賴的朋友與你一起在某個特定時間做些什麼，或設定計時器讓自己知道時間到了。

3. 雖然知道自己可以延長時間再進行一段，但要限制這個衝動和時間，而不是無限延長。

4. 設定重新進入主動悲傷的時段，如果可能的話，當悲傷時段結束時，改

變自己身體的姿勢或地點，並參與事先計畫好的非悲傷活動（請參考下列建議）。

5. 如果可以的話，把時間和活動記錄下來，以及這件事是如何使你從主動悲傷的情境裡抽離出來。這是否符合你的期待，若是沒有，你又打算如何修改？

　　以下是人們發現很有效的「有控制的逃避」的一些活動：

- 社交接觸。
- 禱告／冥想。
- 放鬆活動。
- 到郊區散步，接觸大自然。
- 做家事——洗刷地板或清理浴廁、整理亂糟糟的抽屜。
- 買菜——買一些自己喜歡的食物或好東西。
- 付帳款。
- 培養嗜好／手工藝。
- 體能活動。
- 閱讀喜歡的書籍。
- 看喜劇錄影帶／電影。
- 音樂——唱歌、彈奏樂器、聽音樂。
- 幫助其他悲傷的人。
- 購物療法。
- 其他可令你對悲傷分心的活動。
- 找心理師或靈性導師請他們提供意見。

案‧例

　　珍娜是一位生化博士，她在一間食品加工的大型公司擔任資深主管，丈夫因淋巴瘤而接受了一小段時間的治療，最後終究還是離她而

悲傷治療的技術｜創新的悲傷輔導實務

去。留下的兩個孩子仍就讀小學低年級，她充滿了惶恐，且不能置信跟這個完美伴侶的美好人生怎麼就這樣結束了，這令她極度痛苦；也無法相信自己幸福的世界就此一去不返，因而崩潰。身為一位成功的科學家以及主管，總是習慣於事先設定完成目標的她，試圖想要打敗這癌症戰場敗陣的事實，結果仍然出擊不成，珍娜為此深受創傷。依據她的需求，提供連續四個月的孩童照顧喘息服務，並週期性地與她的工作場所保持聯繫後，她開始找到方法讓自己能夠轉而投入部分生活上的實際需求。

珍娜對於探索更多強迫自己專注於實際生活的做法，抱持著開放的態度，好讓自己從強烈的悲傷情境轉移至非悲傷的活動，而不是任悲傷時間「恣意橫行」。她決定用計時器和放鬆活動來幫助自己轉移注意力，我們演練了呼吸、肌肉放鬆的技巧，以及用於辦公室的安撫想像練習，並且搭配她挑選錄製的輕音樂。珍娜也安排了跟朋友一起午餐，把上班的路程當作一趟旅遊等，讓這些事情成為悲傷後額外的活動項目。經過幾週後，她開始可以設定計時器，並讓自己有一段時間（三十分鐘到一小時）能夠自由釋放痛苦，然後再藉著輕鬆的音樂把自己轉移到非悲傷情境，接著可能去拜訪朋友，或為家人煮一餐飯，或到健身房做運動。沒多久，她就能回到工作崗位擔任全職的工作了。珍娜表示體驗並了解了這「齊頭並進」的悲傷架構，讓她重新獲得對生活的掌控，這方式十分適合她。

結語思維

因無止盡且強烈的情緒洪流而深陷痛苦的悲傷者，或需要緩和一下宣洩的情緒的人，記得這句話：「不要什麼都不做！若是可以，就要**做些什麼**，讓自己在悲傷中喘息一下。」準備一張清單，把可使自己轉移注意力的、或情境相反能夠順利轉移到非悲傷事務的活動列出來。重新獲得「死

蔭幽谷」之旅的掌控感，讓我們在失落事件後的生活中，也能重新開始獲得新意義、新儀式，以及新的社交平臺──一個新的常態。

| 參考文獻 |

Jeffreys, J. S. (2011). *Helping grieving people—When tears are not enough: A handbook for care providers.* New York: Routledge.

Rubin, S. (1999). A two-track model of bereavement: Overview, retrospect and prospect. *Death Studies, 23,* 681–714.

Stroebe, M., & Schut, H. (1999). The Dual Process Model of coping with bereavement: Rationale and description. *Death Studies, 23,* 197–224.

第八部
發現意義

透過個人態度發現意義 | 31

Wendy G. Lichtenthal 及 William Breitbart

適合對象

適合對象為：喪慟成人及青少年想要在所愛之人實體已逝的生活中重建意義感的人。此技巧對於有創傷後壓力症候群（例如，對創傷性死亡景象有入侵性思緒），或靈性世界觀與自由意志觀念不一致的案主則是禁忌。

說明

所愛之人的死亡提醒我們生命是有限的，這在許多日常活動中是難以忽略或否認的事實。失去所愛之人也往往奪走人們這填滿了目標和緊緊相連的關係，於是喪親者在所愛之人實體不存的生活裡，就留下一種生活不再有意義或失去目標的感覺。本章所介紹的技巧就是闡述這個存在的議題，大部分是立基於弗蘭克（Viktor Frankl, 1959/1992）的著作，他在書中描述了大屠殺時期自己在集中營的經驗，以及這對他在《活出意義來》（*Man's Search for Meaning*）這本書中發展出意義療法（logotherapy）的

影響。此技巧之取向,更進一步受到為末期癌症病人編纂的意義中心心理治療手冊之發展的影響(Breitbart et al., 2010),手冊中提到弗蘭克存在原則的心理衛教,並鼓勵透過一連串挑釁的提問和體驗性的練習,來深思什麼才是最具意義的事情。

當陳述人類如何將所受的苦難昇華時,弗蘭克經常採用尼采的哲學思想:「那些知道**為什麼**而活的人,就能忍受幾乎**任何磨難**」(1959/1992, p. 109)。每個人都有他自己的意義來源,而弗蘭克將其分為三種來源:「(1)藉由創作或完成一個行動獲得;(2)藉由體驗事件或與某人交會獲得;(3)藉由我們面對無可避免的苦難時所持的態度而獲得」(1959/1992, p. 115)。然而,所愛之人的死,往往強奪了原來深植於喪慟者與逝者關係中意義所在的核心資源,並把先前具有意義的角色解除了,像所愛之人長期病程中照顧者的角色。當我們鼓勵案主透過創新的努力(如:創作、志業、行動)和具有意義的體驗(如:愛、美、幽默)重新與那些意義來源連結——甚至找到新關係時,這對超越因重大失落而受的苦難來說,都不會是個特效藥。因此,當與喪慟案主會談時,我們時常會強調弗蘭克的重要信條之一,即人有根據自己的遭遇來選擇意義內涵的自由,即使最悲慘的際遇也不例外。

弗蘭克曾提及:「……可以剝奪人們的每樣東西中,只有一個例外,就是人類最後的自由——亦即在任何所遭遇的情境中,仍可選擇個人態度的能力。」(Frankl, 1959/1992, p. 75)為闡述這個道理,弗蘭克陳述了他與一位年長醫師的諮詢對話,這位醫師來向他尋求指引,因為他「無法克服失去妻子的痛苦,她於兩年前過世,而他愛妻子勝過一切」(1959/1992, p. 117)。弗蘭克問這位醫師,如果是他先死,他太太會怎麼樣?醫師回答:「對她來說這是件很可怕的事,她怎能承受這種痛苦!」弗蘭克指出了醫師受苦的**意義**所在,「而她現在免除了這個磨難,正是因為你,是你為她承擔了這份苦難——當然,代價就是你現在必須好好活著並且哀悼她」(Frankl, 1959/192, p. 117)。採用這樣的工作架構,治療師的角色就是協助案主去找到他們悲傷境遇中的意義所在;治療師所要做的,不是指

悲傷治療的技術|創新的悲傷輔導實務

出某個特定的視角，或用什麼方式來看待案主的處境，而是把注意力放在他們深陷痛苦中卻仍擁有的選擇和自由。

在悲慘遭遇中（或儘管面對悲痛時）進行發現意義的討論，應先從見證其苦難開始；這是關鍵，因為當一個人正在分享他的深度悲傷時，引介重新框架新視角的做法被視為是一種沒有同理心的作為，因此治療師應避免只是做個啦啦隊。當認知到哀悼者經驗著強烈的痛苦後，可用弗蘭克從集中營生還的故事帶出其理論，治療師必須很小心地不要把案主的經歷和大屠殺生還者的經歷直接做比較，而是要單純地強調在痛苦情境中所受折磨的共通性，就是它超出了個人所能掌控的範圍。進行心理衛教，告知人們如何可以自由選擇他們所想要持有的態度，讓案主在大部分無法掌控的情境中獲得一些表面上的控制感。依照布萊巴特等人（Breitbart et al., 2010）針對末期癌症病人所設計的方法，我們常會建議喪慟的案主閱讀《活出意義來》一書，並在會談中討論任何使他們產生共鳴的地方。

基本上，治療師可以與案主共同合作轉化悲傷的意義，將焦點從對**結果**（outcome）的訴求（例如「解脫」）轉移到**過程**（process）（像是「我如何處理這個傷痛？」）；這可視為是一種保持距離的技巧，卻使人從中培養出自我效能感。有時某些案主會把悲傷一直「留著」，認為這是維繫連結的方法，強調在所臣服的苦難中是可以有「選擇」的，此一提醒很有效。接下來可以討論抱著這種態度生活的運用，尤其當案主陷於調適不佳的思維（例如徘徊在負向經驗中的反芻思緒）或行為（例如逃避有助於復原的活動）時。

治療師同時也可說明，一個人面對苦難時，所選擇的態度如何能成為意義來源所在，這正是弗蘭克主張的，人類有獨特的轉化能力「化悲劇為勝利」（1959/1992, p. 116）。然而很重要的一點是，應強調苦難可能持久存在，運用這種認知重整並不會使痛苦消失，而是將外層的罪咎感和自我評斷移除，那往往是因為對抗、評斷苦難而產生的東西。探索案主如何處理之前曾遭遇的困難或失落事件、著眼於他們對自己的因應態度引以為傲的事例，或請他們回想當時情境可能會採取的態度，這些都能夠激發治療

師與案主之間的討論。請案主描述他們所佩服的一種態度，這能夠激勵其思考該如何面對目前的苦難和悲傷。

安妮與喬伊結褵三十多年，在喬伊死於攝護腺癌後不久，安妮即開始接受悲傷諮商。這位退休老師形容喬伊是一位很棒的伴侶，也是個「人見人愛」的社交達人，她驕傲地回憶著老公對人們的影響力，並形容他是個多麼「有風采」的人，安妮述說著如今家庭和他們的社交圈因喬伊的離去所帶來的強烈痛楚。她表示，最重要的是老公如何把她從一生都在跟憂鬱和自卑感交戰的日子裡拯救出來，就是有老公這麼愛著她，才使她感到生命的意義和價值。而今沒有了喬伊所給予的確認和支持，她開始覺得好像生命什麼都不是了，並對自己「做得不夠好」充滿批判。安妮拚命參與各種社交活動、鍛鍊身體，並加入志工行列，讓自己過得十分忙碌，但仍說她覺得非常「失落」。治療師對於這段人人稱羨、充滿愛與支持的婚姻的失去先是給予見證，然後把弗蘭克的論點帶了進來，強調著一個人在遭遇到這樣深沉的失落時，會有什麼樣的自由度來選擇他（她）將如何去面對。儘管失落是這麼的嚴重，安妮仍舊能夠積極參與生活事件的能力值得重視。她在因應失落事件過程中，對自己所持的高度期望也提出來做了探討，因為這情形會造成她對自己的批判，這對她即使感到痛苦，也還是能夠參與和體驗有意義活動的負責任表現是有影響的。治療師鼓勵安妮思考一下她在別人身上觀察到的態度，有哪一種是她所嚮往的，於是她注意到，那好像就是在理想的自己和她現在生活的方式之間。唯一美中不足的是，她不曾發現自己是如何把注意力轉移到那些具有意義的事情上。經過一段時間後，安妮自己開始發現，儘管一次又一次的晤談都是那麼的悲傷，但她的確能夠透過有意義的活動和關係讓自己投入生活，這麼一來，她所選擇的態度成為某種意義的來源和值得驕傲的事了，最終也增強了她對生命中其他意義層面的感恩。

悲傷治療的技術｜創新的悲傷輔導實務

結語思維

　　以意義中心治療取向（meaning-centered therapeutic approach）來處理悲傷失落，讓案主把他們的注意力放在產生意義的各種來源上，這對承受悲傷痛苦是有幫助的──藉由與有創意且體驗性的價值感做連結，更重要的，是透過當事人自己所選擇的態度。案主可說是他們自己生命意義的創造者，例如，他們可以改變悲傷對他們的意義，能夠反映此失落關係的力量，或產生動力以參與更大的美善事物，比如對社會議題變得積極。把這些重點強調出來，便賦予了喪慟案主一股力量，雖然他們的失落看來無法掌控，但還在掌控之中的，是他們如何去面對自己所受的苦。他們如何面對這痛苦，就成為發現意義的來源──甚至也許會是他們引以為傲的來源。

　　治療師應注意在運用此方法時，有兩個假設需融入其中：

1. *苦難無法避免，那就接受吧。* 也就是說，遭遇喪慟的人，若其原先既有的認知架構中沒有這個想法，就必須把這種世界觀跟自己既有的認知基模整合。這也意味著，人們必須具備忍受經歷痛苦事件的能力；拚死逃避痛苦感受而不想去面對的人，可能會覺得要把這個事實併入自己既有的認知架構是一種挑戰。
2. *每個人都有能力做抉擇，包括他們要採取什麼態度的選擇。* 對於一些認為人類的抉擇、行為和思想是受神的旨意而定的人，可能會覺得這個看法違反他們的信念。

　　同樣重要的是，治療師須注重案主的選擇權，而非指示他去做特定的選擇。案主能選擇自己所持態度的想法，可視為是一種認知架構重整的策略，但這並非只是直白地要求他「換個角度看事情……」，重點是無論他做了什麼樣的抉擇，都是他們自己的選擇。關鍵在於治療師不是給予指引

的「推動者」，其中原則是把責任交到案主的手中，讓他對自己個人的生命做回應，選擇如何去面對最大的挑戰，因為這是案主的責任。

| 參考文獻 |

Breitbart, W., Rosenfeld, B., Gibson, C., Pessin, H., Poppito, S., Nelson, C., et al. (2010). Meaning-centered group psychotherapy for patients with advanced cancer: A pilot randomized controlled trial. *Psychooncology, 19*(1), 21–28.
Frankl, V. E. (1959/1992). *Man's search for meaning* (revised ed.). Boston: Beacon.

以引導式日誌促進意義建構 |32

Wendy G. Lichtenthal 及 Robert A. Neimeyer

適合對象

難以建構失落意義的案主，但他們在會談過程中能夠不時地表達出對事件的合理解釋或發現其中益處。但福祉日誌（benefit journaling）對下列兩種狀況的人則是禁忌：(1)仍處於強烈的急性悲傷期者，對他們來說，要他對失落抱有正向結果的想法可能太過唐突；以及(2)根據治療師的判斷，對失落事件尚未顯示有任何正向想法的案主。

說明

把自己的經驗「編成故事」，可使我們將破碎的生命事件和自我敘說統整，培養自我認同的連貫性，並形塑個人的情緒反應和未來目標（Neimeyer, van Dyke, & Pennebaker, 2008）。畢竟，這樣的說故事（story telling）是治療會談中的一項重大任務，而且許多研究亦證實了表達性寫作對於身心健康的好處，它在傳統上涉及個人在遭遇最具創傷或最感困難的生命事件時，所表達的想法和情感（Pennebaker & Beall, 1986; Smyth,

1998）。然而有研究顯示，喪慟者撰寫有關他們的失落事件時，並不一定都能獲得同樣的效益，有些情形可能是因為寫作形式採取開放性而非指導性使然（Lichtenthal & Cruess, 2010; Stroebe, Schut, & Stroebe, 2006）。缺乏引領，悲傷者也許就不會選擇有助益的主題來撰寫，或事實上可能反而造成毫無幫助的因應行為，像是沉浸在負面想法的反芻思緒（Nolen-Hoeksema, 2001）；相反地，若提供了指引和寫作重點，悲傷者則能夠從日誌中獲益。例如新近有一項隨機對照試驗便發現，指引成員透過寫作投入意義建構歷程，結果產生較低程度的長期性悲傷、憂鬱症狀及創傷後壓力症候群，這情形受福祉日誌的影響尤其明顯。此外，在試驗的幾個月後，這正向結果仍然有所增進（Lichtenthal & Cruess, 2010）。

在治療過程中引用此一技巧時，我們通常會先鼓勵案主自由地即興發揮至少二十到三十分鐘，偶爾會指引出下列一、兩個重點。

合理解釋（sense making）是要求案主陳述自己的失落如何發生、又為何如此的議題，尤其是關於事件發生當時，逝者的健康情境以及事情發生的因果關係等；他們自己或其他人對這件事採取了什麼行動，或有什麼不可抗拒的力量使然。這通常需要把焦點放在如何將失落事件套入案主個人的核心意義價值裡，或許可提出如下的問題：

- 當時你如何理解這死亡或失落事件？
- 你現在如何解讀這個失落呢？
- 是什麼樣的哲理或信念讓你對這失落事件有所調適？反過來看，這些哲理和信念又如何受到失落事件的影響？
- 這失落是否在哪些方面影響了你的生命故事？隨著時間進展，你是如何因應的呢？
- 就長期來看，你將如何看待生命中這個失落所帶來的意義？

尋求益處（benefit finding）是指從失落事件中看到正向意義，即便是蛛絲馬跡，也能從喪慟的烏雲裡看到一線希望，這可能發生在任何方

面，像是生活目標、價值觀、人生目的，或與他人的關係等。有助於反思的提問包括如下：

- 就你的觀點，有沒有在悲傷中發現任何沒想到的好處？若有，那是什麼？
- 這件事所帶來的經驗，如何影響了你對事情輕重緩急的看法？你的自我感受如何？
- 你注意到自己有什麼樣的特質對你的復原是有幫助的？又從別人那裡發現了什麼性質的支持？
- 逝者或這失落事件在關於愛或生活上，告訴了你什麼樣的課題？
- 這艱難的轉化是否加深了你對任何事情的感恩之心？有沒有什麼人是你想向他由衷表達感謝的呢？

當我們對案主使用這項技巧時，往往會鼓勵他們在治療時段之外的時間，以這些主題撰寫日誌，然後將寫作帶來會談室進行討論，並做更進一步的反思。有時我們也會針對案主自己隨性寫下的日誌提供方向來做延伸，並對他們已經開始建構的意義做更多修飾（Neimeyer et al., 2008）。治療師可以加強不同面向的寫作內容，例如深植在案主信念系統底層的認知基模、關於失落事件的內化歷程、衝突想法及其間和解的可能性，還有其他在寫作過程中可能發生的想法變化等狀況。若案主對失落的理解沒有明顯改變，或明顯陷入想要理解失落的困境，則治療師可和他討論此失落事件對其信念所造成的可能衝突為何。因撰寫內容而經常挑起的各種情緒表達，亦被視為是悲傷調適歷程很重要的部分（Stroebe et al., 2006），治療師可運用案主所參與的這個過程，強調他們在痛苦中努力尋求意義的體驗，以及容忍困擾情緒的能力。

　　蓋兒·蘿絲的十九歲次子麥克斯死於一場車禍，數月之後她來找我（本文作者 Neimeyer）尋求諮商*。就各種敘述方式中，她發現能幫助自己探索並最終能夠轉化悲傷的方法，就屬引導式日誌，蓋兒用這方式不僅可抒發對麥克斯之死所承受的痛苦，同時也從中尋求到令人肯定的意義。以下內容便是出自她意義導向日誌中的一封信，在兒子葬禮的四個月後寄給了許多人，都是悲劇事件發生後圍繞在他們家庭周遭的支持者。

　　我親愛的朋友和家人：

　　我要親自感謝你們為紀念我們的愛子麥克斯，而寄送的漂亮弔唁卡、信函、食物、鮮花，還有給街坊管理委員會的捐款，以及許許多多珍貴的獻禮。我對各位無私付出的愛和對我們家人的支持深受感動，我誓願要向每一個人寫下心中謝意。然而，我所想要表達的遠超過一張小小謝卡能給予的空間，在此請原諒我謹以這封信來答謝。

　　上蒼的恩典環繞著我，割傷我心的那把悲傷利刃，因為你們善美的愛心和祈禱而鈍銼。事實證明了痛苦和慈悲是一體的兩面，它們雖然很不一樣，但卻不可分割，必須共存共生。

　　自從 1 月 3 日事件發生那天，我就看到自己生命所在的這個大環境裡，我可以不顧形象變成一個需要依靠的人，並看見自己是互相依存的一部分，因著恩典讓你們分擔了我的悲傷。在威

---

*蓋兒要求我用她兒子的真實名字，而非依照傳統手法使用假名來隱匿他的真實身分，她要以此方式來紀念兒子，並藉此悲劇所帶來的故事，為悲傷治療社群和我們所服務的案主，提供一些具有意義價值的東西。對於這樣的做法，我是再高興不過了，蓋兒在這創傷失落事件的整合歷程中，找到她生命的核心意義，我從中也受到了很大的鼓舞。讀者若是對於麥克斯身後有關尋求福祉的許多致意留言有興趣的人，可能會想要認識更多關於麥克斯團隊的事蹟，這是個十分成功的虛擬社群網站，透過數十個人道關懷專案，以「自發性慈善工作」為訴求目標，其中包括餵食飢餓計畫、地震災區醫藥救援行動等。欲知詳情，請造訪 Team Max 臉書社團：http://www.facebook.com/groups/42807539787/。

奇塔的醫院裡，我感受到慈悲的神聖時刻。在葬禮前的那幾天，家人和朋友讓我在愛的臂彎裡感受到恩典。1月8日那天在教堂，我們在滿滿的愛中見證到麥克斯的一生，整個社區慈悲地分擔著失去他的痛苦。麥克斯的朋友們持續在週五晚上現身，如常地聚會，帶給我堅定穩固的關懷，以及信箱裡的卡片、禮物和信件，帶著如詩的至深祝福，令我受寵若驚。

認真地走在這條屬於哀傷父母的路途上，我發現時間並不能療癒一切。療癒之路是個積極的過程，而非消極等待；我們不能等它發生，而是必須主動參與自己的療癒之路。當決定對那個擊碎我們的事實「敞開」胸懷去面對時，就是給予自己最好的禮物，因此我願花時間來悲傷、來面對我的傷心和失落，不企圖繞道而行；願意細細品味每一張弔唁卡和信件、靜坐冥想、漫步林間、照顧莫根和米奇，並好好沉思麥克斯一生的故事和事蹟。

這失落事件把我拋向高度自我覺察的狀態，我已不再是過去的我。透過新的視野，這世界變得不一樣了，但最棒的就是能夠看見自始至終都一直在那兒的真諦。我從家人和朋友身上發現新的力量，並了解到生命中真正重要的是愛與被愛。我已深切看到瞬間即逝的真面目，且鼓起勇氣去過充滿意義的生活，把麥克斯生命中的重要特質活出來。

感謝你們帶著恩典而來，因著這恩典，美好事物將從悲劇滋生；也因著這恩典，使我們團結在一起，而麥克斯的精神與我們同在，直到永遠。我的感激永無止境，謝謝你們。

結語思維

許多案主很自然地會利用日誌作為表達情緒的出口，但我們無法確定，是否所有形式的寫作都是有益的。然而，對於努力從失落中或事件後

的生活裡追尋意義的案主來說，對照性研究證實了運用引導式寫作過程的效果（Lichtenthal & Cruess, 2010）。寫作能夠促進調適行動的進行，使所愛之人的隕落與作者個人生命及其世界觀的大架構整合，使生命故事具有連貫性。其所撰寫的內容則變成日後進行反思的資源，增強寫作時所建構出的意義感，並更進一步刺激了意義建構歷程中那永不止歇的動力。一言以蔽之，反思式寫作可幫助我們理解那些無法接受的事情；儘管分離的痛苦沒有解藥，但它能幫助哀傷者看到重大意義，並重新整頓這受到失落挑戰的生命。

| 參考文獻 |

Lichtenthal, W. G., & Cruess, D. G. (2010). Effects of directed written disclosure on grief and distress symptoms among bereaved individuals. *Death Studies, 34*(6), 475–499.

Neimeyer, R. A., van Dyke, J. G., & Pennebaker, J. W. (2008). Narrative medicine: Writing through bereavement. In H. Chochinov, & W. Breitbart (Eds.), *Handbook of psychiatry in palliative medicine* (pp. 454–469). New York: Oxford University Press.

Nolen-Hoeksema, S. (2001). Ruminative coping and adjustment to bereavement. In M. S. Stroebe, R. O. Hansson, W. Stroebe, & H. Schut (Eds.), *Handbook of bereavement research* (pp. 545–562). Washington, DC: American Psychological Association.

Pennebaker, J. W., & Beall, S. K. (1986). Confronting a traumatic event: Toward an understanding of inhibition and disease. *Journal of Abnormal Psychology, 95*(3), 274–281.

Smyth, J. M. (1998). Written emotional expression: Effect sizes, outcome types, and moderating variables. *Journal of Consulting and Clinical Psychology, 66*(1), 174–184.

Stroebe, M., Schut, H., & Stroebe, W. (2006). Who benefits from disclosure? Exploration of attachment style differences in the effects of expressing emotions. *Clinical Psychology Review, 26*(1), 66–85.

對喪慟父母 運用失落特質技巧 | 33

Nick J. Gerrish

適合對象

　　失去孩子的父母，尤其是孩子死亡數月後。在失落早期運用此技巧將會較為困難，因父母親仍處在強大的傷痛情緒中不能自已，此時給予支持性和直接的幫助較為有益。

說明

　　對許多父母來說，孩子的死是生命中深層且具創傷的痛，這是一輩子難以磨滅的悲傷軌跡。已有很多文獻顯示這類失落所帶來的複雜性悲傷；然而，研究同時也發現，有些父母在奮力走過悲傷的歷程中，會發生自我認同的調適與改變，或稱之為「創傷後成長」（post-traumatic growth, PTG）。在治療工作中，雖然鼓勵他們見證悲傷事件，並（在可能處）促進創傷後成長的發生；但同時應評估其因應失落的調適狀況，然後謹慎地與喪慟中的父母進行討論。尤其要小心的是，使用像是「正向改變」、「好處」這一類的語言來對案主的悲傷反應進行發問，聽來好像在暗示孩子的

第八部 發現意義

死是「正向」的事，這對某些父母來說可能會覺得被冒犯，甚至造成對這些感受採取否認的態度（例如，這樣會引起罪惡感，於是就不願往好的地方想）。針對這些棘手情境，有一個很好用的技巧就是失落特質（Loss Characterization）的運用，可讓治療師有足夠的敏銳度在孩童之死的餘波中，探索父母的創傷後成長（Neimeyer, 2002）。此技巧與探索父母悲傷時所採用的其他建構式及敘說為基礎的工作取向一致（Gerrish, Steed, & Neimeyer, 2010）。運用失落特質技巧的其中一個好處是，它讓喪慟中的父母在他們自己的悲傷經驗裡，用自己的方式、定義和語言來對創傷後成長（以及可能會有的複雜性悲傷）進行探索。尤其是透過間接而開放的指導語，喪慟父母只是被要求去反思，孩子的死是如何地衝擊著像他們這樣的一個人。明確的做法是，給失去孩子的父母一張白紙，頁面上方有一組指導語如下（此處為調整過的版本）：

> 請在下面的空白處，用你自己的話來描述，在孩子死後你是一個什麼樣的人。另一方面，如果你願意，可以把這段對自己的描述唸出來並錄音。請注意，不要擔心拼字和文法的問題，也不要管文筆好不好。例如，你可能只想寫一些短句，或用一些重點來描述自己的感受，長短不拘──就依照你所想要寫的，可多可少。
>
> 這是個我希望你在家裡完成的練習，讓自己可以在有需要的任何時候「幫自己說話」，說出失去孩子這件事，以及這事件對你的影響。你或許可以這樣開始：「自從（孩子的名字）死後，我……」

以上的指導語設計得很簡單，期望能降低父母的防衛心，並讓他們專注在**喪慟經驗**上，最後從失落事件發展出來的結論，不會受到任何特定的暗示。失落特質技巧也可透過另一種方式完成，即要求父母描述自己，就像是由一位對他們非常熟識且十分心疼他們的朋友（或其他重要他人）那樣的手法來撰寫（亦即，用第三人稱來寫自己）。透過朋友或重要他人的角度來進行這個練習，則自我批判或其他貶抑的可能性就大大降低了（Neimeyer, 2002）。

無論如何，根據我個人對喪慟母親的研究，上面所修改過的摘要是這些媽媽們覺得較易理解，也因此較能夠遵照進行的指引。這些悲傷的母親因她們個人能力的關係，能寫的篇幅各有千秋，有些人只寫了兩段——儘管如此，許多她們所寫的內容都明確地強調了失落事件對她們的自我認同產生衝擊。更進一步地，她們的寫作顯示出母親悲傷經驗在適應上（及複雜性）的面向——也因而避免了對悲傷反應需要直接提問（且可能令人痛苦）的過程。這並不是說不需要探索母親對其失落反應的特質和意義，很重要的一點是，這一類的討論應該要以較為敏銳的態度，注意到用語、措辭，以及喪慟者（而非從治療師角度）自我認同的變化為前提來進行。

案・例

以下是一位五年前孩子死於癌症的母親所寫的失落特質內容，此處使用假名以保護個人隱私。

描寫「我」自己實在很難，但我還是可以試試看。首先，失去潔思是我生命中所發生最糟的一件事，失去一個女兒遠超過失去一位好友，這根本就是失去我自己的一部分。回應這個問題，在潔思死去後我如何描述現在的自己……傷心，但也很欣慰的是，我曾經了解並愛過她。

所有讓潔思承受那些苦難的事情，都令我深感遺憾。看著這無辜的孩子被迫接受化療，而這卻是經過她父母同意的事，那對我們來說簡直就是精神折磨，而對她則是實體上的酷刑。這是我們所做的選擇，也是這一輩子永遠必須承受的後果，沒有任何辦法可以讓我們把這可怕的事件抹去。沒錯，我為這些痛苦憂鬱地活著，遺憾我不夠強壯以貢獻更多、能深思熟慮地知道若是做了其他選擇又會如何。記得當時經常會在她耳邊輕聲告訴她，我們愛她並且就在她身邊；即使如此，我仍總是期望著，當初是否能

有多一點的話語、多一些堅持、更加堅強並果決地做些什麼，讓她可以活得久一點。然而，結果並不是這樣的，而我們也只能接受現在的結局。

當潔思往生時，失去至親的痛楚是如此深刻，以至於我對任何過往的經驗，或曾經認為生命是美好的或造物主是仁慈的的想法，都不再相信了——它們只是個想法而已，是一段我曾經信以為真的記憶，但後來我想我都無法再信奉這樣的信念了。悲傷的感覺這樣強大、這樣的令人無法承受、這樣的無所不在，「仁慈」的造物主竟然會為人類創造這種經歷深度憂傷的能力，這真的使人難以理解。走在這條悲傷之路，好想知道女兒在哪兒，她是否仍然受苦，這對我真是太殘酷了。這段時間以來，在許多出其不意的情形下，發生的一些事情讓我看到了滿足那些渴求的解藥。例如，一首歌曲裡的歌詞、人們來到我面前告訴我他們的經驗、跟我自己生命相關的重要日期和地點、他人在行為中透露出對我的慈善……所有的這些事情，在這段時間裡，使我得以療癒悲傷。

十分幸運地，我活過來了；重要的是，該感謝有這獨特的機會，我覺得很棒。也許現在的我比較重視該把握當下、更加明白生命的脆弱、更為珍惜有限的時間，我要活得好好的，並且覺察到必須活出自己的心聲。學會與「隱形」的潔思一起生活，就是我現在在做的事；我會一直愛著她、讚頌著她生前的種種，我們之間的連結永遠不會消逝。

當檢視這位母親的失落特質時，孩子死亡對她所造成的毀滅性衝擊，在她的自我認同以及假設性認知架構裡顯而易見。她無法抹滅女兒受苦的記憶，這使她沉浸在痛苦與遺憾之中，她必須接受這是生命中的一部分；同時，在失落的悲傷歷程裡，她也感受到自己已有了深度的轉化。她描述到對自己生命有更多的珍視、能夠更加把握當下、

悲傷治療的技術｜創新的悲傷輔導實務

想要更為接近自己的感受，並建立與女兒持續的、具有象徵意義的連結。

結語思維

　　探索喪慟父母的創傷後成長經驗，以及孩子死亡後可能會有的其他調適反應，對父母親的整體失落調適有很重要的治療效益。與其謹慎小心地直接問喪慟父母，看他們是否「有正向改變」，不如採取失落特質的練習，讓（各種失落事件的）遺族寫出「在這失落中他們覺得自己是個什麼樣的人」，讓他們自發的、用自己的話和事例來陳述，最後改變自我認同，這才能反映出創傷後的成長。

參考文獻

Gerrish, N. J., Steed, L., & Neimeyer, R. A. (2010). Meaning reconstruction in bereaved mothers: A pilot study using the biographical grid. *Journal of Constructivist Psychology*, *23*, 118–142.

Neimeyer, R. A. (2002). *Lessons of loss: A guide to coping*. Memphis, TN: Center for the Study of Loss and Transition.（此書中譯本為心理出版社 2007 年所出版的《走在失落的幽谷》）

34 | 隱喻式重整

Eliezer Witztum

適合對象

　　覺察到與逝者仍有持續連結的青少年或成人，以及經驗到創傷性悲傷或複雜性悲傷的人。這種隱喻技巧較不適合年紀小的孩子，或過於講究實際的案主，他們對較直接的介入技巧比較有反應。

說明

　　本文所介紹的案例是治療師對遭受喪慟之案主，使用隱喻及隱喻式重整（metaphoric reframing）的各種介入法作為治療取向。複雜性悲傷是可以有效施行悲傷介入的情形之一，悲傷和哀悼可用各種治療方法來減緩痛苦，並協助經歷複雜性悲傷及憂鬱症候群的案主。

　　此介入方式的主要目的在促進意義建構之調適歷程的發展，將其運用在與逝者保有持續連結的架構中，協助喪慟者透過象徵意義來表達思緒和感受。隱喻式重整能夠滿足生命中意義建構的多元脈絡，並重組與逝者的持續連結。

隱喻被視為是處理創傷和悲傷中，理想的意義建構象徵，在這類案例裡，直接處理問題所在可能會造成案主的焦慮，或使悲傷更加複雜，用隱喻來進行轉換，並從中理解案主的議題，能夠協助其重整自己的狀況（Witztum, van der Hart, & Friedman, 1988）。

　　哀傷者可用隱喻來陳述自身的失落經驗，在治療中就是讓案主或治療師說出這個隱喻，或他們可在治療過程中合力展開一段陳述，也可透過說故事的方法來發展。隱喻的運用可讓我們超越傳統慣用語言的限制，在非言語的層面進行溝通。隱喻適合用於悲傷治療的原因在於：(1)它們透露出悲傷者如何看待此失落事件；(2)它們提供了較不具威脅性的方式來談失落；以及(3)它們開啟了不同的方式回應失落。

│ 策略 1：轉化案主隱喻故事中的主訴 │

　　案主經常用隱喻的表達來描述他們的痛苦：「我走投無路、我跌落谷底、我崩潰了、我被困住了、狗眼看人低。」幫助案主把隱喻的說法帶回實際生活的方式，就是根據他所隱喻的話語和情境建立畫面，治療師可用他們自己的想像，但協助案主建立這個畫面的效果通常比較好。這些畫面是引導隱喻式想像的起點，主要就是對一系列情緒和感受的原始陳述作轉化。

案・例

　　露絲是一位四十三歲的女士，因許多身心不適（如：胸痛和腰痛、無緣無故感到焦慮、情緒不穩，以及社交孤立等）來尋求協助（Witztum et al., 1988），她陳述自己正在極速惡化，而先前的治療師幫不上忙，令她感到絕望。一開始第一次會談時，露絲十分崩潰地說：「我的問題就是沒有靠山。」治療師引導她更進一步探索這樣的隱喻，發現在想像中，她覺得自己的脊柱只發展到中間腰椎的地方，從那裡開始就變得很弱，而且完全沒有發育，根本無法支撐她。當問

及她是如何維持直立的姿勢，並表現出自己的強壯時，露絲回答（比喻著）說她要穿著有硬梆梆鐵條的馬甲才行，雖然這樣很痛，但不能沒有它。她欣然接受治療師提出的重點：儘管馬甲能夠提供支持，但她的身體卻因此深受限制、無法動彈，而且她的脊柱也沒有機會成長和茁壯。露絲接著聯想到兒時的重大事件，當時她的單親母親病得很嚴重，並在她十一歲那年死了，露絲和妹妹被送到孤兒院，那是個令人十分傷痛的地方，他們把這兩個孩子分開照顧，而且也沒有給予情緒支持。因此露絲在那裡必須裝作很堅強的樣子，才能承受痛苦並對妹妹給予支持。治療分別在比喻的說法和實際情境兩個層面交替進行，在隱喻的說法上，她想像著放鬆馬甲，把它脫下片刻，好好感受她的脊柱正在漸漸茁壯；然後，通常是很自然地，她又回到悲傷的真實情境，繼續處理過往的創傷。

策略 2：隱喻式重整

案主的症候群也可以用來當作不能完全表達隱喻時的「接駁車」，治療師可用隱喻式重整來把症狀層面的狀況和較為基本的議題做連結。

案・例

在此介紹一個隱喻式重整案例，運用案主的症狀或衝突來和她的不良關係做連結。莎拉是一位二十多歲的女子，苦惱於嚴重的皮膚病，還有跟她那又病又難搞的母親的關係，治療師用了一句隱喻式重整的話：「她真是妳的切膚之痛！」結果令人訝異——這正中下懷的比喻使莎拉在治療過程裡，能夠集中焦點放在與母親沉重的關係上，她因這問題已對媽媽產生了挑釁的行為，而自己的皮膚狀況也日趨惡化。此一隱喻就像治療中的一個開關，而她的皮膚病也因此產生良好的後續治療效果。

策略 3：以隱喻故事為案主搭建橋樑

　　和前面的方式比起來，這種隱喻式重整技巧是屬於較為片面的。在治療之初，治療師主要的任務是建立關係、表達對案主的理解，例如，案主形容自己好像在孤島上一般，此時治療師就是為她搭建起橋樑的人。不同畫面的隱喻故事，讓治療師能夠帶著同理的角度與案主建立關係。

案·例

　　在此案例中，由治療師對案主的想像畫面展開了一系列的隱喻式重整，而這正是這段治療過程所依據的基石（Witztum & Roman, 2000）。五十三歲已婚的茵娜是四個孩子的媽媽，在送父親至醫院做檢查時，父親卻突然死亡，而使她深陷憂鬱，她認為是自己所介紹的醫師誤診，才造成了父親的死。父親死後，她非常想念他，雖然自己年齡也不小了，但喪父之慟仍使她非常憂鬱，並感到罪過和憤怒。在父親死後的九個月中，茵娜被診斷出患了憂鬱症，並有複雜性悲傷。她從寫一封「無法寄出的」長信給父親開始，展開了她的治療歷程，但這封信她寫了很久，三個月後卻因接近父親的忌日，而使這件事陷入僵局。雖然理智上明白這是怎麼回事，但並不能改變什麼，茵娜最後產生了自殺意念。治療師依照這位案主的狀況描述了一幅畫面：他看見她一動也不動地站在一條窄橋上，這條橋的兩頭接著兩座巨大的山，一邊是明亮的，而另一邊很黑暗；兩邊的山上都有令人嚮往的事物，而她不想被推往任何一邊。茵娜對於這樣的隱喻產生激動而強烈的反應，她顫抖著說：「我也看到一模一樣的情景。」從這一刻開始，茵娜和治療師便能夠就這隱喻的用詞相互溝通，她說：「我覺得有向明亮的一邊移動了幾步，但我的臉還是面向著黑暗的那邊。」在下一次的會談時，她根據那幅貼切的畫面及其道理所在，終於完成了給父親的信，並表示想死的傾向明顯降低。治療工作持續至茵娜安全地走過這座橋來到明亮山的這邊為止（Rubin, Malkinson, & Witztum, 2012）。

結語思維

　　此治療模式是一種隱喻式重整的綜合介入，協助受苦於複雜性悲傷的案主，此方式對案主本身之意義建構及自我改變的運作很有幫助，或可協助案主專注在與逝者關係的調適上。治療工作上的隱喻可由案主或治療師來陳述，或在治療過程中由兩人共同建構，這對喪慟者的療癒歷程和治療結果都能有所貢獻。

| 參考文獻 |

Rubin, S.S., Malkinson, R., & Witztum, E. (2012). *Working with the bereaved: Multiple lenses on loss and mourning.* New York: Routledge.

Witztum, E., & Roman, I. (2000). Psychotherapeutic intervention in complicated grief: Metaphor and leave-taking ritual with the bereaved. In R. Malkinson, S. S. Rubin, & E. Witztum (Eds.), *Traumatic and nontraumatic loss and bereavement: Clinical theory and practice* (pp. 143–171). Madison, CT: Psychosocial Press.

Witztum, E., Van der Hart, O., & Friedman, B. (1988). The use of metaphors in psychotherapy. *Journal of Contemporary Psychotherapy, 16,* 270–290.

第九部
重寫生命故事

PART NINE

生命回顧 |35

Mimi Jenko

適合對象

適合運用於因自己或所愛之人即將死亡而感到悲傷的人們；不適用於不想憶及過往，或情緒太過激動無法這麼做的人。

說明

比亞茲萊（Beardsley）表示：「在生命的某個點上，會突然發現昨天變得比明天來得多。」（Beardsley & Vaillant, 2003, p. 171）這對許多在加護病房「命在旦夕」的病人來說，是必然會有的情形，在這狀況下，親人需要做醫療照護上的抉擇。即使是心理十分健康的家庭，遇到這可能到來的死亡事件及其所引起的相關失落，都肩負著極大的痛苦。

在一大堆延長生命的設備中逝去，對病人本身來說很單純；然而，照顧有著致命疾病的病人，卻給予我們超越單純生理取向、延伸臨床實務的服務機會。許多醫院明白加護病房醫護人員的時間有限，因此運用緩和醫療團隊來引導遭受悲傷衝擊的家屬，一方面對他們脆弱的情緒給予支持，

另一方面協助其澄清醫護照顧的目標。緩和醫療基本上的做法就是採用目標設定來作為行事的原則，廣義的重點則是：花時間對病人病況及其家族之治療期待做實際的評估及整合（Fins, 2006）。在這情境中，深度傾聽便能夠協助病人再度回顧自己的人生。

漸進地回顧過往經驗，從記憶中找尋生命意義和情感支持，這樣的生命回顧做法在生命全程發展心理學（lifespan developmental psychology）的領域是很正統的概念。藉由從現在所處的角度重新看待自己的過往，人們有機會再度檢視其一生，為未獲解決的議題找到答案，並修補、重建一個和諧的人生（Garland & Garland, 2001）。

在展開生命回顧的工作前，應先處理好痛苦和病症的議題，且需考量其家族在文化、宗教或靈性上的信念，因生命回顧的工作須建立在良好的治療關係上。應採用開放式提問，避免流於審問的口氣，並盡最大努力尊重敘說生命故事的人；學會何時保持緘默、如何避免打斷對方思緒，或阻礙了述說者持續回顧的意願，對這操作過程較為陌生的治療師，一開始準備一些提示是很有幫助的。平衡一下生命中正向和負向觀點的技巧，很適合用在認知完好無損的病人，或失能病患的家屬。治療師可運用下列任何提示展開，沒有所謂「正確」的生命回顧開場白。提示範例如下：

- 請告訴我，過去生命中你所克服過的困境，以及你克服這困境時所使用的技巧。
- 你覺得生命中最重要的是什麼？
- 你覺得現在最重要的是什麼？
- 你希望留給家人什麼？

雖然生命回顧工作並沒有絕對的結束點，但當家屬在情緒上感到滿意，或情緒很糟無法再繼續時，治療師就要停下來。有些病人／家屬不想再去回憶過往，就不勉強他們參加，因此要注意他們是否有明顯的言語回應（像是「我現在不想說話」、「你幹嘛問我這個？」或「這是私人議題

喔！」），或隱約的肢體反應（像是表現出沒興趣、苦惱或備受困擾的樣子）。治療師應該保障家屬，不要讓他們覺得被迫去面對他們無法忍受或不想面對的、令人覺得害怕或精神負擔很重的關係（Garland & Garland, 2001）。

在治療關係中，治療師有責任要維持個案記錄的完整性，根據倫理規範，醫療記錄上所記載的項目必須注重人性尊嚴和保密原則。儘管讓醫療團隊清楚病人的狀況很重要，然而促進生命回顧的工作往往帶來痛苦且私密性較高，甚至是敏感的議題，這就不需要廣為人知，使其遭受被「八卦」的風險。我們應該以生命回顧的工作目標為前提，維持治療師與案主間的良好關係。

案・例

醫療照護專業藉著推行末期治療的完整性，而擁有最好的機會來加強「善終」品質。身為緩和醫療服務的一員，我回應一則諮詢時發現，文中註明著：「胃造口及氣切？」這位已插管且無法回應的病人，是一位七十九歲的男士，名為羅傑，他多年來認知已逐漸退化，近來又因抽痰而引起肺炎和呼吸困難的問題，在加護病房住了兩週。治療歷程因為來到眾所皆知的三岔路口而暫停：將他安排到能長期提供呼吸器的地方以人工維生系統來生活，或是讓他自然死亡。焦慮徘徊在床畔的莎莉，是羅傑六十二歲的妻子，如今像是一位丈夫再也「無法供養」的小新娘，孤單無助。這對夫妻一直以來都膝下無子，也沒有其他家屬出現過。安排好盡可能隱密的環境後，我讓莎莉舒適地坐在床畔的椅子上，告訴她我看到這兩週來的抗戰使她疲累不堪，並以沉靜而溫和的互動，為她建立這安靜的場所。

「羅傑是妳非常珍視的人，可否請妳告訴我一些有關他的故事？」我以幾個關鍵問題引導莎莉，讓她依照年代順序述說羅傑的一生，她告訴我許多過往記憶和深刻的洞察。莎莉邊回憶著邊述說羅傑

對木工的熱情，並提到他記憶漸衰的問題，造成這個所喜愛的嗜好有了重要的安全考量。我們很敬佩羅傑謹慎細心的特質，讓他這麼多年來都能好好支撐著這個家，並談論到因為失智使他這個特質逐漸消失的過程。

談話差不多過了將近一小時後，莎莉突然沉靜下來好長一段時間，「我真的在很久以前就失去他了，對嗎？」經過另一段長長的沉默後，我溫和地回應她：「是的，女士，沒錯。」那天稍晚，莎莉做了痛苦但平靜的決定，她決定拔管，讓丈夫在五小時之內因呼吸衰竭而走向生命的終點。

結語思維

為莎莉及羅傑進行生命回顧，對「影響著他們尊嚴的心和靈的生命全景」給予喝采（Chochinov, 2002），卻不需要說任何一句跟「胃造口及氣切」有關的字眼。這具有促進作用的會談，讓莎莉接受了她丈夫已進入臨終階段的事實——這在她的潛意識裡已是實情，只差沒有說出口。藉由看到生命曾經美好過，並有機會為此失落而悲傷，莎莉終於能夠根據病人的生命價值做出醫療照護的抉擇。對於生命回顧中屬於心和靈的層面給予支持，這是有實證基礎的做法（Chochinov et al., 2011），增進以照護為目標之會談的豐富度，經常是推進緩和醫療工作的靠山，而這也是生命回顧的精髓所在。

| 參考文獻 |

Beardsley, W. R., & Vaillant, G. (2003). Adult development. In A. Tasman, J. Kay, & J. A. Lieberman (Eds.), *Psychiatry* (2nd ed.). Chichester: John Wiley & Sons, Ltd.

Chochinov, H. M. (2002). Dignity-conserving care—a new model for palliative care: helping the patient feel valued. *Journal of the American Medical Association, 287*(17): 2253–2260.

Chochinov, H. M., Kristjanson, L. J., Breitbart, W., McClement, S., Hack, T. F., Hassard, T. et al. (2011). Effect of dignity therapy on distress and end-of-life experience in terminally ill patients: A randomised controlled trial. *The Lancet Oncology, 12*(8): 753–762.

Fins, J. J. (2006). *A palliative ethic of care: Clinical wisdom at life's end.* Boston: Jones & Bartlett.

Garland, J. & Garland, C. (2001). *Life review in health and social care.* Philadelphia, PA: Taylor & Francis.

失落時間軸 | 36

Alison J. Dunton

適合對象

　　兒童、青少年、成人以及家庭都能從發展失落時間軸這樣的活動受益。此外,這對未來將提供悲傷照顧的助人者也很重要,在他們回顧自己個人悲傷史的功課中,看到過往未能解決的悲傷或「未竟事宜」,這些事可能會在他們會談工作時成為闖入的思緒,而無法專心於案主的悲傷(Jeffreys, 2011)。失落時間軸可能較不適合在死亡事件發生後立即使用,此時較需提供支持性的計畫,而非探索過往記憶。

說明

　　我們都經歷過失落,但卻很少停下來思考,自己的失落史在哪些方面形塑著我們的生命。時間軸長久以來就是用來確認或連結時間長河上的事件點,以完善整合、建立這段歷史,協助我們理解那些失落事件和發展趨勢。製作失落時間軸是個很實質的做法,可幫助案主提升洞察力,就他們所遭遇的失落事件對其個人發展的影響做整理,以獲得更清晰的理解。

失落時間軸的發展是在紙上畫出一條線，然後找出個人所經歷的所有失落事件，依照時間順序標示在這條線上。雖然許多人喜歡以傳統方式用鉛筆在紙張上繪出時間軸，但科技讓我們有了更多的選擇，像使用數位和電腦軟體走藝術路線來製作時間軸，解決空間和功能上的限制。另一個特別的方法是使用捲紙取代紙張來發展失落時間軸，讓我們為延伸的失落建檔。重要事件的日期通常是用來排序失落事件的依據，但兒童和青少年可能會捨棄日期，選擇用事件發生時他們的年齡來作為標示。

重要的是，在帶領失落時間軸的發展活動時，各種失落都要探索，包括任何重要的生活變化，只要是案主覺得這當中有失落的都值得探討，像是死亡事件、分居或離婚、失業、搬家、創傷事件，以及其他改變生命的事件。對孩子來說，搬離好友、遭受同伴排擠、參加校隊失敗或社團選拔落選、家裡有新生兒誕生、祖父母因失智而退化，以及家庭經濟發生困難等，都是很多小朋友會遇到的失落議題。有些時候，即使所經驗的只是近乎失落的威脅感也可能會有悲傷歷程，並對個人功能造成重大影響，這類威脅事件也應包含在時間軸裡。此外，失落時間軸亦可針對同一失落，描述其在不同階段所帶來的影響，像是家庭成員被診斷出疾病，然後發現日益惡化，最後走向死亡的過程。

當失落時間軸建立好後，它就是十分具有價值的工具，可用來進行許多治療性的討論、創作治療性的表達（例如藝術治療活動、寫信等），以及遊戲性的治療（像是沙遊治療、治療性桌遊等），並展開機會探索案主過去所經驗到的悲傷、復原、周遭其他人對失落的反應等歷程；失落是否曾被討論、處理且受到關注；悲傷是否能夠表達，或受到他人的壓抑；以及每次失落，是否因此產生任何二度失落。因失落時間軸而開啟的這扇門，讓我們能夠檢視依附關係的樣貌、原來就存在著問題的家庭、家族墨守的規矩、文化和社會的期待，以及宗教與靈性的信仰等，這些都是治療過程中值得探討的重要議題（Balk, 2007）。最終，關係、生活模式和記憶都一一釐清後，需要更進一步處理的失落議題也會呈現出來。

時間軸傳遞的是長時間以來的變化，意識到個人的重大失落，並處理

每一次失落對個人發展所帶來的影響，可使人們對於自己的過往更有真實感。失落時間軸也提醒了生命能夠超越現在的事實，讓人看到未來有前進和成長的機會。看到個人過去、現在和未來的重要事件，能促使當事人討論在失落事件後，其內在與認知有關的部分產生了什麼變化。「經歷了這次的失落後，我現在是個什麼樣的人？」失落時間軸是一種具有治療作用的工具，可讓心中無法衡量的洞察浮現，協助意義建構，並促進個人成長。

案‧例

　　崔西是一位十四歲女孩，繼父發現她近來跟男友分手後，竟以自傷行為來因應分手後的壓力，便安排她接受個別心理治療。從崔西和她繼父那兒獲得進一步訊息，得知崔西過去曾經歷一些重大失落事件，於是會談中安排她發展一段失落時間軸（請見圖 36.1）。崔西的時間軸呈現出她十四年人生中所承受的無數重大失落，包括遭受父親遺棄、照顧者的更換、母親過世，以及寄養家庭成員的死亡事件等。崔西的失落史，加上臨床觀察及會談時所獲得的資料，顯示她所遭遇的議題與依附關係和個人認同有關。崔西目前由繼父撫養，這是一位母親往生後僅一個月就進入她生活的男性照顧者；失去了生身父母，而由一位沒有情感連結的男性來撫養，這使她缺乏自我穩定感。失落時間軸可視為是崔西的深度受撫養經驗圖，呈現出她在其中所遭受的失落事件如何形塑了她的依附型態，以及她對於與他人關係的處理方式；最後的結果就是：崔西慣於讓自己在關係中受他人掌控，因為害怕如果為自己爭取，就會失去對方。有了這樣的洞悉，崔西目前已較有能力評估她現在的關係狀況，並讓自己空出時間來接受治療，發展正向且較有安全感的自我。

第九部｜重寫生命故事

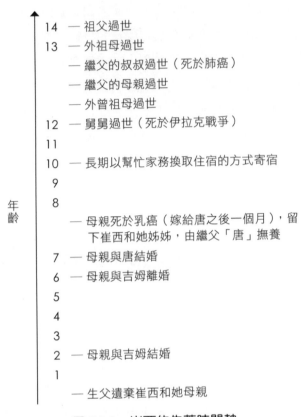

年
齡

14 — 祖父過世
13 — 外祖母過世
   — 繼父的叔叔過世（死於肺癌）
   — 繼父的母親過世
   — 外曾祖母過世
12 — 舅舅過世（死於伊拉克戰爭）
11
10 — 長期以幫忙家務換取住宿的方式寄宿
9
8
   — 母親死於乳癌（嫁給唐之後一個月），留
     下崔西和她姊姊，由繼父「唐」撫養
7 — 母親與唐結婚
6 — 母親與吉姆離婚
5
4
3
2 — 母親與吉姆結婚
1
   — 生父遺棄崔西和她母親

圖 36.1　崔西的失落時間軸

結語思維

　　與悲傷案主一起整合失落時間軸，和研究結果所獲得的證明一致，支持了取得完整個人失落史的重要性（Jeffreys, 2011），而且這也適用於任何年紀的案主。然而，發展失落時間軸時，還是應該考量案主的個人需求、優勢和劣勢，並注意可能會有的二度創傷；小朋友也許需要有人協助完成時間軸，而且還需要有家人的幫忙。若在家族治療的脈絡中發展失落時間軸，則能有豐富的討論，並促進系統性成長的機會。對於有特殊需求或還不識字的兒童，可用繪畫或照片替代文字敘述。製作時間軸還應注

意，要讓案主選擇他們所喜歡的方式和步調來進行。對於經歷過創傷性失落、複雜性悲傷，或早先就有精神方面疾病的人，這過程可能引發焦慮或憂鬱症狀。整個過程中，應持續觀察案主的情緒和焦慮程度，若有需要的話，可告知案主或帶領他使用放鬆技巧。個人差異、特殊情形以及個人優勢等因素，可讓失落時間軸的發展有無限可能。無論方法為何，回顧一個人的失落史，可提供深度、有組織而清晰的理解，看到過去的失落事件是如何地形塑著現在的自己。

參考文獻

Balk, D. (Ed.). (2007). *Handbook of thanatology.* New York: Routledge.

Jeffreys, J. S. (2011). *Helping grieving people—When tears are not enough: A handbook for care providers* (2nd ed.). New York: Routledge.

37 | 虛擬夢境故事

Robert A. Neimeyer

適合對象

　　處於失落或轉化歷程的青少年和成人，尤其是對虛擬夢境這做法反應良好的喪慟者。這個屬於探索性的技巧，對於剛遭逢創傷失落的人較不適合，這情形應先提供直接支持和因應的介入治療。

說明

　　許多人不會記得他們所作的夢，但事實上幾乎每個人都可以寫一段簡短的、如夢境般的故事，用想像的方式呈現失落的議題往往會有驚人的治療效果。依循此技巧原創人，也是我同事道格拉斯‧史密斯（Douglas Smith）的做法，我在喪慟支持團體或工作坊的場景裡，通常是請參與者拿出一張紙，不需要事先發想或做規劃，花大約 8～10 分鐘的時間直接在紙上寫下故事，內容包括指定的六個元素，他們可用任何方式自由選擇這六個元素，其中兩個是典型故事的情境（例如一座黑森林、一個突然的死亡），兩個元素是「代言人」或具有意義的角色（例如一個哭泣的女

子、一位神祕的陌生人），而最後兩個則是代表著可能性的物件或事件（像是一張撕毀的照片、一張老舊的五斗櫃）。可由某位案主或一組成員來決定這些元素，用以表達他們的失落，但必須要普遍而通用的，才能夠有多方面的解讀。例如在喪偶的支持團體裡，可能會邀請每一位成員寫一則虛擬夢境的故事，其中包括以下元素：(1)一場強烈的暴風雨；(2)一位伴侶的死亡；(3)一名孤寂的流浪漢；(4)一張空床；(5)一陣呢喃的風；(6)一輪滿月。最後完成的故事可以與治療師或其他團體成員分享，邀請寫故事的人或由其指定一位成員大聲讀出。這一類的故事，即使實際的情節跟作者原來自己的故事很不一樣，卻幾乎總能反映出重要議題，透露著他們曾經如何處理失落。由於大都是描述情感經驗的寫作，尤其是朗讀這夢境般的故事，過程中作者往往會聯想到他們自己曾經承受過的失落故事。以尊重的態度傾聽對方的故事，可使當事人感受到被認同與接納，而透過任何一組所挑選的其他元素，都能增進療癒歷程裡的深度理解，使步伐向前推進，案例說明如下。

案·例

在一個十人的悲傷工作坊，艾蜜麗根據六個提供給她的元素寫了以下的虛擬夢境故事，這六個元素為：(1)一個失落悲劇；(2)一個哭泣的孩子；(3)一間空屋；(4)一隻會說話的動物；(5)一座山；以及(6)日出。

烏鴉奮起

那間空屋廢棄已久，在夜色漸褪的最後一抹灰暗中，看來只剩空蕩蕩的骨架。這無辜的孩子，活生生地蹲在角落，充滿著恐懼，她搖晃著、哭泣著。她的守護者呢？她唯一的遮蔽物就是那堆冷冰冰又黑暗的、被人遺忘的枯木和殘石——在她周遭崩毀、腐朽。

她迷路了⋯⋯還是掉了什麼東西——在這路上，也許吧。她緊緊地抱著膝頭，試著躲避那些鬼魅般、令人喘息且難以擺脫的陰影。她會被吞噬，而後也被遺忘嗎——就像這間唯一殘存保護著她的房子？

一隻鳥，又大又黑，停佇在沒有玻璃的窗臺上，牠看著孩子，說：「飛吧。」

她把手從臉上移開，慢慢地站起來，新的一天的第一道曙光從地平線投射進來，這是她第一次從自己棲身的角落看到其他三個角落以外的地方。

金色的光線，嶄新而活躍地落在鳥兒身上，炫亮了他在金紅色光線中的羽毛——是火、是熱、是光。鳳凰又說：「飛吧。」

小女孩爬過空蕩蕩的窗臺——她空無一物的監禁地——走到空曠開放的山邊⋯⋯一處又大又新的地方——空曠，然而感覺富足。

她舉起蒼白的手臂，那已經習慣了黑暗的手臂，現在卻放射出金紅色的光輝⋯⋯並且飛舞起來⋯⋯放下了那不是家的庇護地。

艾蜜麗自己也感到驚訝，編纂出虛擬夢境的這個動作，使她熱淚盈眶地看到故事在情感面的真實性，是她在寫作完成後才能抓住的感覺，但也在令人絕望的失落之後，有機會確認到充滿希望和成長的感覺。但即便案主對於所編寫的故事有悲慘或陰暗的結論，虛擬夢境仍能有效地協助案主、治療師，若是在團體中的話還有其他成員，把焦點放在情緒議題或他所面臨的僵局上。

結語思維

除了虛擬夢境的直覺歷程（例如，我問艾蜜麗：「這小女孩是被什麼樣的經驗逼到了牆角？」或「是什麼內在特質被鳳凰點燃了，讓這女孩願意從她的困境中站起來？」），接著會有好幾個特定的程序可以作為此技巧應用的延伸。舉例來說，可以鼓勵案主寫出他們對某個元素產生聯想的「感覺用語」，然後用這些文字來組合出自己個人的目標。在艾蜜麗的案例中，她可能會投射在烏鴉／鳳凰的角色上，聯想到「希望的轉化」，然後請她建立與此感覺相關的個人目標，像是：「我要為轉化培養希望感，閱讀那些從悲慘境遇裡站起來，活得豐富而完滿的人們的勵志故事」，並將追求這目標作為她在治療過程中的家庭作業。其他處理虛擬夢境的方式包括，可能別的夢境也會用到其中的一些元素（像是鳳凰、空屋），於是可以重寫故事；或訪問其中某個角色，邀請案主代它回答（例如訪問房子：「你曾有崩毀垮掉之前的時光嗎？那時你所擁有的生活是怎麼樣的呢？」）；或利用「空椅」治療的模式，在兩個角色之間發展一段對話，或建立一系列的日誌題目作為家庭作業，請案主輪流為它們發言。

針對大量虛擬夢境的研究顯示，人們是如何地通用此技巧來描述虛擬夢境的故事，例如尼麥爾、托利斯及史密斯等人（Neimeyer, Torres, & Smith, 2011）發現超過一半以上的作者把自己視為是故事的主角；而將近 60% 的人投射自己是助人的動物（前面例子所提到的元素），扮演著善意支持的角色；只有低於 10% 的人分別把自己比喻成壞心腸之人，或不好不壞的中性角色。虛擬夢境所撰述的故事包含著很廣泛的失落事件，與死亡相關及非相關的都有（Harris, 2011），而且比較傾向於代表著有希望的結論（超過 40%）；相對地，象徵絕望者則低於 30%。近乎 60% 的故事都是向前行的，顯示著行動趨向較受歡迎的結果；不到四分之一，以及有五分之一的故事分別表達著退化或意圖不明的內容。對於虛擬夢境故事，尼麥爾及其同事（Neimeyer et al., 2011）在文中提供更為深入的討

論，其中包括許多案例，並進一步討論故事結構和內容，以及用來加強治療工作的延伸運用。在以「寫作治療」為基礎來處理失落議題的技巧資料庫中，虛擬夢境占有一席之地（Neimeyer, van Dyke, & Pennebaker, 2009），也為悲傷治療提供了新穎而有創意的治療方法。

| 參考文獻 |

Harris, D. (Ed.). (2011). *Counting our losses*. New York: Routledge.

Neimeyer, R. A., Torres, C., & Smith, D. C. (2011). The virtual dream: Rewriting stories of loss and grief. *Death Studies*, 35, 646–672.

Neimeyer, R. A., van Dyke, J. G., & Pennebaker, J. W. (2009). Narrative medicine: Writing through bereavement. In H. Chochinov, & W. Breitbart (Eds.), *Handbook of psychiatry in palliative medicine*. New York: Oxford University Press.

聽見你的心聲 | 38
建立療癒性對話

Gail Noppe-Brandon

適合對象

　　處於各年齡層感到失去自我的人，包括失去重要他人的喪慟者。然而，這個適用於團體形式的技巧，對於才剛發生重大失落的案主則不適用，可能提供一對一的敘說會談，先把事情釐清會比較理想。不過在展開主要的敘說建構工作之前，應先協助他們把重點放在自我照顧、確認支持系統的連結，以及其他需先處理的議題上。

說明

　　身為擁有劇院專業背景的治療師，我於二十年前便發展了「聽見你的心聲」（Find Your Voice, FYV）這個技巧（Noppe-Brandon, 2004），這是利用寫劇本（經常也加上表演）的方式，來協助任何年齡層的人釐清並重寫他們的生命故事。但在較為傳統的敘事療法（Narrative Therapy）中（White & Epston, 1990），是治療師和團體成員共同合作，進行有創意的意義建構工作，協助案主把他們需要更加外化與被了解的需求表達出來。

第九部│重寫生命故事

221

所依據的前提是，每個人的自我認同是建立在自己的故事中，但要能啟口述說這個故事卻幾乎總是很困難，因此「聽見你的心聲」便以一張能引起話題的畫面來開場。回應這張如同羅夏克測驗般能刺激回應的畫面，可要求團體成員就其所選擇的圖畫（我常喜歡選擇那個在關閉著的門邊有張完形療法空椅的畫面）做兩分鐘的自由寫作，寫下剛發生的事——或將要發生的事。當大家分享讀出這段兩分鐘的寫作內容後，成員便進行對話或互動演出，看什麼樣的人會進入這個畫面，又可能會造成什麼樣的衝突，於是所設計的互動演出便產生了兩種角色和一場衝突，這就是發展劇本的基礎。

　　由於我們都是透過自己的經驗才寫得出東西，也因為更進一步要求放進一場衝突——這是產生戲劇性的必要元素——因此無可避免的，成員就會寫出壓在他們心底的失落或難題。經過引導性的重新寫作——即回應深層問題——並抱著重新編輯故事的意圖，將事件寫成一個兩種角色都會認可，且在某種程度上可為衝突尋求解套的故事，於是新的故事便產生了；最後經過修飾完成的是一份大約五頁的劇本，這便是此團體活動一路行來，經過了五次修改而產生的作品。接著，邀請團體外的重要見證人來分享完成後的作品（劇情則邀請專業演員，或由團體中學過戲劇的成員飾演）。而見證人在看完劇本後，可邀請他們就故事中覺得心有戚戚的地方反映出來，作為回應並給予同理，而此介入技巧所具有的療癒力量是多方面的：

- 引發案主寫作的畫面出於潛意識，而且是非自我意識的層面。
- 角色及劇本長度的限制，可讓任務容易進行，這就能提供任務完成以及體驗結局的好處。
- 這是一門一再修改的藝術和練習，為可能會產生的改變建立經驗性的示範。
- 為角色命名以及鋪陳劇情高潮的功課，讓團體成員能安全跨越可能過度暴露在撰寫回憶事件的構思中，並以客觀角度走向外化過程。

- 這是使角色平衡的任務，並非建立好人／壞人那樣的情形，應盡量避免區隔離間，而是提升對自己和他人的諒解。
- 衝突必然能產生奮戰的力量，但不是要與誰戰鬥，或只是一味投降。
- 得到解答、快樂或其他方面等的需求，可賦予人能力；對那些永不可能真的跟已不在場的對方進行對話的人，這技巧尤其是良方。
- 能夠看見故事終於活生生呈現眼前，使改變的可能性具體化，凍結的創傷可因而化解，轉變成行動力。
- 與所邀請的見證人交換心聲，使參與成員有機會被看見、聽見並被了解，尤其對那些有著悲傷經驗卻處於避談死亡的環境裡的人，這是一種釋放與包容兼顧的做法。

案・例

　　我開始為莎霞服務是在她十三歲時，父母在她很小時就離異了，媽媽搬到離父親很遠的地方，莎霞幾乎不曾見到父親。她跟妹妹與嗜酒的母親同住，過了一陣子，媽媽結識一位男士，最後並搬進家裡，而莎霞和這個人卻發展了很強的依附關係。這樣過了數年，此人與媽媽的關係失和，他決定要到遠方去工作，不難想見，這對莎霞來說，過去創傷性的失落經驗又再度襲上心頭。然而跟著事事都往肚裡吞的酗酒媽媽，莎霞的失落從來不曾受到關注，或有機會表達，或得到療癒。雖然這孩子非常聰明，但我遇到讀中學的她時，可是大多數科目都不及格的；而且大部分的時間莎霞都是一個人，深藏著媽媽的酩酊大醉和自己的痛苦，但在外人看來，他們卻都「很好」。在一群接受治療的青少年團體中，莎霞寫了一則劇本以回應梵谷的畫作《星夜》，她的自由寫作表達出她曾對星星所許的「願望」：希望那位她生命中的男性照顧者能決定留下。這篇表現出父女情境的作品，演出了女孩獲知她的「週末爸爸」即將遠行接受一份新工作的一幕，描述著他們難得一見的最佳情景。

第九部｜重寫生命故事

223

在這劇本裡，莎霞首次表達出的不只是她的渴望，同時也有她的失落，而且跟現實生活不同，劇中女孩能夠發聲表現出她的憤怒，這正是莎霞對於遭受遺棄而一直隱忍的心情。這個做法令莎霞感到安心，因為所有其他的成員也都說了故事，透露出他們的經歷和脆弱面，但卻是用隱藏的方式。要劇情像自傳一般的精準，絕對不是重點，正如這任務取向的團體所討論的，他們需處理的只是劇中現有角色的變化，以及發展寫劇本（和演出）的技巧。

結語思維

正如我過去所帶過的數百位成員一樣，對莎霞來說，最具有修復力的一刻，並非由兩位青少年以精湛演技演出她的劇本——並溫和而生動地呈現父女情深的那一幕——而是事後跟所邀請的見證人一起討論的時刻。透過劇中扮演的「這個角色」，其所承受的莎霞的傷痛不但被看見，她也聽到了來自其他人的同理回應，那是來自同樣經歷了父母離婚或失落的夥伴的心聲。這樣的認證處理了她第一次的公開分享，並能放送出自己真正的境遇，這才是令人驚奇的療癒歷程，而且是個她從來不會覺得被迫要承認故事中的女孩就是她自己的歷程。當她自發地決定要在問與答的階段這麼做時，即使她酗酒的（外在部分）媽媽沒有理會她的邀請出席參加活動，這麼做對其內在系統的忠誠和禁忌議題，其實仍然承擔著很大的風險。這個發聲的歷程對莎霞來說非常具有療癒效果，她至今仍鮮活地憶及當時經驗……在二十多年後。將此技巧當作喪慟處理的工具時，把所發展的故事聚焦於遺族與逝者的關係衝突上，也是一樣好用，因為它可以處理關鍵角色的退場議題。有關此一技巧更多廣泛的實證資料，都詳盡彙編在下列所提供的選集手冊中（Noppe-Brandon, 2011）；另有紀錄片 *Listening with Their Eyes*（請搜尋 Amazon 亞馬遜網路書店），此片曾於美國公共電視網（PBS），每次 28 分鐘的節目中定期播放。

悲傷治療的技術｜創新的悲傷輔導實務

| 參考文獻 |

Noppe-Brandon, G. (2004). *Find your voice*. Portsmouth, NH: Heinemann Press.
Noppe-Brandon, G. (Ed.). (2011). *One vision, many voices*. Bloomington, IN: iUniverse.
White, M., & Epston, D. (1990). *Narrative means to therapeutic ends*. New York: Norton.

第九部｜重寫生命故事｜

39 | 記錄孩子的生命故事

Mieke De Preter 及 An Hooghe

適合對象

對於有新舊悲傷的孩子來說，寫作是一個有趣、富含創意且容易執行的做法，它可強調孩子與重要他人、寵物和曾經擁有事物的連結，許多小故事都很值得珍藏成為個人的生命故事。此方法的門檻很低，但卻有很好的治療效果，即使是用在「有疑難雜症的」兒童和青少年也很有幫助；不過，這技巧對孩子和治療師來說都很耗費心力，需要在能有大量時間傾聽的情形下運用。

說明

運用喪慟者自己原有的支持系統進行連結或重做連結，可啟動人類在失落中自我調適所需的復原力，因而引發用以建構新意義的資源、整合故事並獲得支持。基賽恩及胡伊（Kissane & Hooghe, 2011）在他們的文章裡形容治療師如何透過失落故事、悲傷心情以及因應方式的分享來促進家庭連結。我們在這篇文章中則描述一些有著各式情境，且主題較不沉重的

「小故事」，它們是如何幫助喪慟孩子捕捉他們的失落經驗和關係連結來建立「大故事」。

　　兒童喜歡遊戲和說故事，述說跟人、動物和他們喜歡的東西有關的故事，在那些大大小小的故事中，就能找到他們與逝者的連結。治療師可將焦點放在現在、過去或未來的經驗上；相對應的主題可以跟失落有關，也可以非關失落；人物角色可選擇孩子支持網絡裡的真實人物，也可以是不知名或具有魔法力的角色。故事內容可以是有關在告別式遇到的許多人、在臉書看到的追思粉絲頁、一則朋友傳來的訊息、用跟爸爸同樣的眼光看世界、在你床頭的他（她）的照片、同樣沒有父親的朋友、跟媽媽坐在一起默默流淚；或是有關來照顧孩子的人，他們的互動有的很沉默、有的會用安慰的話語，或有的人說話很機智。就像我們分享有關小泰山、小獅王辛巴以及《真善美》的故事那樣，分享老師對我眨眼或給我一個親親、朋友給我糖果、跟阿公去玩球或和阿嬤去買衣服、小貓蜷伏在孩子身邊、生日派對的邀請、跟弟弟吵架或偷穿姊姊最愛的衣服等的小事。這些故事都是在跟孩子玩耍和聊天當中自然產生的，它們看來微不足道，但當故事來到面前，卻顯得如此獨特又別具風格，值得保存和珍藏並製作成冊──「一則生命故事：關於這孩子活到現在的生命故事」。可邀請兒童畫出他們的故事，並用其他的寶貝收藏品來做補充：紀念逝者的東西、照片、圖畫、詩、音樂、羽毛和貼紙、指紋，或地址和電話號碼以及其他媒材，透過這場一起建造生命故事的過程，故事的豐厚度也跟著增長，呈現出這孩子是個什麼樣的人、他（她）經歷了些什麼事。他將再度感受到與逝者的連結，資源、能力和復原力跟著滋長，找到嶄新的手法為諮商室外的世界增添色彩。

案・例

　　安娜在父親自殺身亡時才六歲，對喪慟的媽媽來說，要扶養三個孩子實在很困難，於是照顧孩子的任務就交由不同的寄養家庭來分

擔。我（本文作者 Mieke De Preter）是兩年後，在安娜八歲時遇見她的，她想訴說過去和現在的事情，我們就一起製作了一本小冊子，在這裡面，她充滿挑戰的生命裡那些平常的、好的和困難的故事都找到了自己的角落。以下是從這逐步形成的故事中挑選出來的一些小片段，我就忠實地為她記錄在這兒。

我爸媽很相愛，他們結婚後想要有三個孩子：湯瑪斯、賽斯和我……我們家有很多動物：兔子、雞、鵝、火雞、鳥、魚，還有一隻貓和一隻狗；在花園裡有一個小屋子和樹屋。我們會開牽引機，或騎著腳踏車越過原野，而且我有跟伊蓮娜、露絲和貝絲一起玩。我有一張金色的床，是把拔幫我做的。

有天晚上把拔親完我，然後把我放在床上跟馬麻一起睡，他走出去，拿了一根繩子去盪鞦韆。把拔死了，馬麻、湯瑪斯、賽斯和我都非常傷心。我們很想念把拔，晚上睡覺時，我總是想起他，我有去他的墓地獻花。

大人們在開會：馬麻、阿公和阿嬤、叔叔和嬸嬸、從寄養家庭來的麗莎，還有少年法庭的法官。他們在討論小孩的事，而且有些爭執；還是在討論，家裡充滿著爭吵和憂傷。好多人都在擔心，可怕的事情發生時，總是會這樣的，複雜的事情需要時間。現在我跟瑪麗阿姨和里歐姨丈住在一起，還有提姆和伊莎貝爾，還有我們的狗波兒。我進了一間新學校，參加體育和繪畫的課，伊麗莎是我的新朋友。我以前學校的老師寄了張卡片給我，她說她很高興我曾在她的班級裡；我很想念哥哥們，每週日媽媽會做義大利麵給我們吃，賽斯現在是足球隊的明星，湯瑪斯想要當警察。

我想念我的朋友們，他們也想念我，他們有寄信給我，我們可以聊天。我想念我家以前的樣子，然後我就會難過、生病或生氣。在新家很好，我在學校會盡量乖乖的，而且我有交到一些新

朋友。我有馬麻、湯瑪斯和賽斯，還有很多關於把拔的記憶；有
一天，我要結婚並且生小孩。

　　安娜邊說、邊畫、邊玩，我寫了又寫，一方面拿給她看，一方面
衡量著措辭；就這樣一次又一次、一部分接著一部分，安娜謹慎而挑
剔地修改著內容。完成的時候她累壞了，但輕鬆而驕傲地跟她的兩個
家庭分享這本故事冊。她對自己和他人變得較能體諒，而她生病和生
氣的情形則逐漸消失了。

結語思維

　　有關孩童的悲傷失落故事經常引發周遭成人的同情和無力感，對成人
和孩子來說，生命故事能創造出一個較開闊的情境，讓困難的敘說受到較
少限制（De Preter, 2009）。此一技巧是很自然地將平常的、開心的和艱
辛的故事串連起來，它保存了好人好事，也細數著喪慟孩子的孤單，還有
因痛失親人所帶來的關係上無可避免的分裂（Breen & O'Connor,
2011）。對於非比尋常的失落事件，或追尋意義有困難的情形，這技巧也
十分好用，它能使孩子和他們的支持網絡看到，其實大大小小的事情都很
重要，都對他們的世界有著影響。兒童喜歡這技巧的樂趣性，並會珍藏所
完成的小冊子，而這本故事手冊也能夠抓住並見證他們所經歷的失落。

| 參考文獻 |

Breen, L., & O'Connor, M. (2011). Family and social networks after bereavement: Experiences of
support, change and isolation. *Journal of Family Therapy*, 33(1), 98–120.
De Preter, M. (2009). Levensverhalen schrijven met kinderen en jongeren. [Writing Life Stories with
children and youngsters]. *Systeemtheoretisch Bulletin*, 27(3), 245–271.
Kissane, D., & Hooghe, A. (2011). Family therapy for the bereaved. In R. A. Neimeyer, D. L. Harris,
H. Winokuer, & G. Thornton (Eds.), *Grief and bereavement in contemporary society: Bridging
research and practice*. New York: Routledge.

40 | 故事山

Patsy Way

適合對象

　　四到十一歲的喪慟兒童，他們在學校已開始發展規劃和撰寫故事的策略。對於年紀太小、比較不願意書寫的孩子不適合，但成人可以幫他們把故事寫下來。

說明

　　在喪慟的餘波中述說家庭故事的效用很好（Way, 2009），但成人有時會覺得很難跟孩子進行這種交談，而使故事完整地包含人、事、物和所經歷的種種。其實讓孩子來說故事，可以協助他為自己一路行來的改變做出結論，有助於理解自己的過去、現在和未來。為促進這項工作的進行，我會打聽學校小朋友所使用的寫作架構，當然，這會因人而異，但孩子們倒是很樂意說給我聽。相較於成人，由於此工作架構對孩子來說是十分熟悉的，這就能使他們覺得自己很在行，往往可以很有自信地帶頭進行。我有時甚至會用大片白板（描述如下），使環境看來更像是在學校的感覺，

然後讓孩子扮演「老師」，事後再把白板上的內容拍照留給家人做紀念；有時我們也變通一下，就用一大張白紙來進行。

在建立故事的基本規則時，讓孩子擁有最後決定權，但也要釐清成人的角色。我會在討論時先起個頭，說明故事的性質、探索一下看看誰要來擔任說故事的人或作者，並討論故事的形式會是什麼樣，範圍可能包括從懷古吟詩的口述到醫療社工的報告形式，主要是加強潛在聽眾的興趣。因此，可進行述說和寫作風格，以及故事「真正」價值和特質所在的討論，也可能討論到作者和編輯者的權利，以決定誰才可以聽或看這個故事。

在這共同討論的交談中，不同的家庭成員可能會提出不同看法或另類意見，但孩子才是具有最後決定權的人。我們會完成一個編故事的計畫，若將來有需要的話，就可把故事繼續寫下去，因為這個說故事的工作是在特定的地方和時間進行的，未來有可能會改變，而編輯者將來若想要推出「新版本」，可能會想在故事中添加一些部分，或把其中的某一部分刪掉。由於述說故事需要陳述前因後果，要把一堆紛雜的記憶、想法和似懂非懂的事情整理出順序和雛形來，這種過程顯然可以協助孩子和家人，從所發生的事件裡建構出其中意義。雖然故事的述說需要有連貫性，但有時可能會暫時因時間和狀況的變化而有所改變。

案・例

我發現自己在與喬討論風格的問題，他是個非常聰明的五歲孩子。我們並沒有用什麼明確的形式，但我向他解釋，把家裡發生的事情用故事說出來的方法有很多種。醫師和護士會把事情記在我們所謂的病歷中，說明他們的媽媽得癌症時的情形，所記載的內容就是醫院如何努力地要讓她好起來，但是很不幸的，最後還是失敗了的故事。社工寫在個案記錄裡的故事，則是有關孩子們在媽媽生病時還有往生後跟著不同人居住的種種。學校老師寫給我有關喬和他姊姊艾比嘉的故事，是放在一種名叫「轉介單」的文件裡，裡面說明著校方注意到

了什麼事，以及為何他們認為讓我認識喬和艾比嘉，還有現在跟他們住在一起的祖父母，是個好主意。這些都是各種不同形式的故事。

正如他們在學校說故事、做規劃和寫故事那樣，我們也可以說說他們自己所發生的故事，且他們可決定哪些重要的需要加進來，或不需要的應去除，就像一本書的編輯者那樣。我們因他們祖父母也在而獲得很多幫助，他們可能記得一些有用的訊息，但喬和艾比嘉則保有編輯權。

七歲的艾比嘉向我們宣布說她在學校有用到「故事山」並在白板上畫出來，「故事山」的寫作架構是一個鈴噹型的曲線，左下角是「起頭」，「問題」放在「山頂」上，而「解決方案」或「結局」則放在右下角。然後她開始思考故事要從哪裡起頭，喬說「問題」的地方需要把其他人放進來，因為他們的母親生病後，就沒有再跟學校和其他家人朋友保持聯絡了。他們描述了那段非常不穩定的時光，不知道媽媽會發生什麼事，或他們自己會怎麼樣，或誰會來照顧他們。自從媽媽往生後，他們就經常搬家和換學校，直到現在跟祖父母住在一起才安定下來。這當中還提到了關於死亡、喪禮和火化的事，所以要決定這故事裡最重要的是什麼，而且要把它放在故事的哪裡。

他們又回到「起頭」的問題，祖父母於是描述了一段記憶，述說他們的媽媽生他們時的喜悅，這成為劇情發展早期的一小段軼事。有些記憶是以前就說了很多次的，而有些則是我們共同建造的「全新記憶」（Way, 2010），有些則引發了其他往事，於是一股新的能量充斥在會談室裡。

家庭會談在談完死亡事件之後，進入了下一階段，來到故事結局的議題上。這使他們覺得十分難解，結果艾比嘉說「現在」才是結局，因為我們不知道接下來會發生什麼事。然後他們對於未來的事，以及既然還沒發生，那這算不算是「真實」故事的一部分而有了爭議，最後一致的決議是，我們可以想像未來，而且這對於讓夢想「成真」可能會有幫助。祖父母曾聽過媽媽提到孩子們將來的志向，因此

把希望注入了他們的未來以示支持，在這情形下媽媽其實也等於參與了會談。艾比嘉想要當老師，而且要生小孩，而喬則想要當個足球員；想像中的未來還包括他們會在新學校過得很有趣，而且跟祖父母會有長期安定的生活。

結語思維

在不同環境裡，並非所有孩子對在校的學習經驗都能那麼敏銳，但我發現大部分都很樂意把在學校這個熟悉環境裡學到的技巧帶進會談室，此時他們就變成了「專家」的角色。這可使他們的經驗變得寬廣而厚實、增進所學知識的價值，並使之在家庭生活中擴展，能夠學以致用絕對是教育很重要的一部分。

想協調孩子和成人間的權力關係，在家庭會談時就需要持續予以關注，我發現這麼做才有助於讓孩子有機會發聲。

| 參考文獻 |

Way, P (2009). Bereavement, children and families. In Y. Gunaratnam, & D. Oliviere (Eds.) *Narrative and stories in healthcare*. Oxford: Oxford University Press.
Way, P. (2010). Co-creating memory: Supporting very young children. In B. Monroe, & F. Kraus (Eds.) *Brief interventions with bereaved children*. Oxford: Oxford University Press.

第十部
鞏固記憶

PART TEN

開啟家庭相簿 ∣41

Louis A. Gamino

適合對象

在悲傷治療中，家庭照片的運用是個廣泛可被接受的技巧，這技巧適合用在喪慟中的成人、青少年和孩童。照片是使記憶更加具體化的有力工具，並能建立內化的逝者印象，以促進悲傷調適和健康的持續關係。對有創傷或遭遇令人恐懼的死亡事件的人，使用此技巧則需特別小心，過程中對於有逝者的畫面，在心理上可能會融入跟創傷有關的事物，較無法預料使用此技巧的結果。

說明

治療師與案主在悲傷諮商中首次相遇時，自然都會陳述所發生的「悲傷故事」，包括幾個必定會有的主題：逝者發生了什麼事；喪禮或追思會（若有的話）安排的結果和經過；有沒有「好好說再見」；案主與逝者的關係性質；是否存在複雜性危險因子；遺產議題；以及目前在悲傷軌跡上的生活功能等。同時，若是還需進行其他形式的心理治療，對於悲傷者個

人「生命故事」做個廣泛的評估也很重要，能夠抓住較為完整的資訊，看到悲傷的當事人在他生命中的此時此刻，是如何地受到這個失落事件對他的影響。

開啟家庭相簿這技巧實在是極其簡單，基本上它可在最初的整個悲傷治療會談中進行，並在後續的會談持續使用。傾聽了案主的悲傷失落和他的生命故事後，治療師就漸漸熟悉逝者及案主在人際網絡中的其他重要他人；接著治療師可建議案主，回家完成一份簡短的「家庭作業」以促進諮商過程的運作。儘管此建議有時可能使人聯想到學校給的作業而引起不悅，但治療師緊接著會解釋，此家庭作業常常是心理治療的一部分，但比起學校的可簡單多了——下次會談時帶些家庭照片來，讓治療師見見逝者，還有案主生活中其他的重要人物。一般來說，治療師會要求一套照片樣本，包括：多一些逝者最近的生活照；一些早年的照片，像是能看到所有家人齊聚一堂的畢業照或婚紗照；若有可能的話，再帶一些兒時與原生家庭合照的照片。

開啟家庭相簿背後的動機是，借用結構家庭治療模式裡的首要技術「加入」（joining）的概念（Goldenberg & Goldenberg, 2008）。加入的理念是治療師需努力獲得當事人家庭一定程度的信任，於是他們能夠充分接受治療師，而願意對他說出他們家族史裡最私密的面向，包括任何「家庭祕密」；藉由發展與案主家庭的關係，治療師會實際「加入」成為此家庭裡的榮譽份子或準家人，以達成盡力治療的目標。培養這連結的其中一個決定性因素，就是治療師與家庭成員建立關係時的真誠態度，而他們也同樣能夠感受到治療師由衷且誠摯的同理和關懷，那真誠態度能協助治療師在這家庭結構中，從一個「外人」的立場變成他們的「自己人」。

當案主回來進行後續會談時，以輕鬆、不急切的步調觀看和討論這些照片，讓治療師實際「看到」案主與逝者之間的關係，其所給予的讚賞和洞見並非僅止於言詞的表達，往往能在過程中對案主做到更深的同理。在小地方用言語來回應（例如「她的臉看起來好慈祥」或「你站在他旁邊看來真是容光煥發」），以反映出悲傷的案主與逝者間的關係特質；有時看

到逝者還很健朗的照片，跟生病後或生命最後階段所拍攝的照片有著強烈對比，治療師此時對於疾病和死亡所帶來的折磨便更能表達全面的理解（例如「這讓我看到她削瘦了好多，而目睹這一切，對你們來說是多麼的難過」）。有些時候，關係裡負面的人格特質或困難重重的面向，也可從家庭照片裡看出些端倪（像是「看來跟她相處可能很不容易」或「我注意到你的身體其實有些想偏離他的感覺」）。此時治療師所提出的見解，範圍可從只是觀察性的描述到透澈解讀個中滋味，做到「精準同理」並深入地與案主所呈現的悲傷經驗做連結（Roos, 2002）。

案・例

　　琳是一位因喪子而處於喪慟中的母親，她已成年的兒子連姆，自己用槍射擊頭部而身亡；可悲的是，連姆在車內舉槍自盡是因為可能涉及非法用藥，在被追捕時企圖逃避法律的制裁而發生的，他的妻子當時也在車內，是他死前最後一刻在他身邊的人。

　　連姆患有骨癌──骨肉瘤，但他對琳隱瞞了這件事；同時他因需要止痛而染上鴉片癮，媳婦卻利用他的處方用藥特權來滿足自己濫用藥物的需求，為了掩飾自己的用藥成癮，媳婦千方百計地想要保守這個祕密，於是刻意疏遠琳及其他家人。當連姆死亡並安葬後，媳婦仍堅持拒絕參與討論有關他丈夫自殺前後發生的事情，或她自己在這當中的角色，最後終究還是失聯了。琳非常痛恨媳婦當時沒有插手並阻止連姆的自殺行為；但她更在意的是，兒子生命最後時刻的重要訊息都不讓她知道，這是最殘酷的一件事。

　　與琳的初談充滿著強烈的情緒，她傾訴了連姆的故事，並喟嘆失去寶貝兒子的悲傷。我邀請她進行開啟家庭相簿的作業，於下次會談時帶些照片來，她欣然同意。琳所帶來的照片顯示著這個曾經充滿運動細胞的俊俏年輕人，一身勁裝正在表演牛仔術，而後期階段的連姆，削瘦裡透顯著一貫的笑容，正因無情的病痛而遭受摧殘。一直迴

盪在琳心中的議題：兒子的病情是何時被診斷出來的？病情的進展又如何？其實看著這些照片，觀察到他日益憔悴的變化就能夠推測出答案來了。

在這照片陣列中有一張家庭合照：琳和她的先生、他們的女兒跟女婿、外孫，再來是連姆和囉唆的媳婦。治療師說這媳婦站在照片正中間，行為舉止看來就像是很想掌控全局的感覺，此一觀察敲響了琳的共鳴，對媳婦的厭惡使她對連姆之死也非常生氣。在下一次的治療會談中，她帶著用影像處理過的同一張家庭照片來，但媳婦被移除了，連姆則重新調整了位置，放在中間成為目光焦點！這張重新修改過的畫面，使琳在心理上表達了誰才是她的家人的事實，而且也顯示出她對每個所愛之人的親密程度。在這案例中，開啟家庭相簿的過程，使琳對兒子的記憶有了較佳的轉變，並能夠從照片獲得安慰。

結語思維

雖然開啟家庭相簿這技巧在悲傷治療中，對案主而言並非一門複雜的的作業，但治療師在看照片過程中的處理，顯然需要在臨床上具有某種程度的敏銳度和細膩心思，才能觀察到或大膽說出深度同理的解讀，使案主的困苦受到理解，並能夠進一步建立好治療師和案主的關係。跟其他所有新學的技巧一樣，治療師必須先發展出使用此方法的能力，才能在每天的悲傷諮商工作中，帶著倫理意識地有效運用在臨床服務上。

參考文獻

Gamino, L.A., & Ritter, R. H., Jr. (2009). *Ethical practice in grief counseling*. New York: Springer.
Goldenberg, H., & Goldenberg, I. (2008). *Family therapy: An overview* (7th ed.). Belmont, CA: Brooks/Cole.
Roos, S. (2002). *Chronic sorrow: A living loss*. New York: Brunner-Routledge.

悲傷治療的技術｜創新的悲傷輔導實務

串起記憶的列車 |42

Harold Ivan Smith

適合對象

　　此技巧適合因重要他人死亡而處於喪慟中的青少年和成人。對於死亡事件剛發生的人，需優先考量調整情緒的議題，不適合選擇回憶形式的治療技巧；或遭逢創傷性失落的人需先處理其他議題，之後才能考量是否執行以依附關係為焦點的回憶性技巧。

說明

　　在喜歡閱讀回憶錄的族群中，越來越多人較有興趣的是，捕捉那些透過選擇性記憶而呈現的所愛之人的生命片段，而非聚焦整個生命故事的傳記或自傳；回憶錄是一種讓人可以刻意記住事情的媒介。

　　湯瑪斯（Thomas, 2008）在書中寫道：「撰寫回憶錄是一種讓你捉摸到你以前是誰，又如何變成現在的你的一種方式。」（p. 2）哀傷者常會說：「我應該為我所經歷的一切寫本書。」遺憾的是，這說法在許多人來說，都只是空留一場夢，因為要把自己的一生整理起來變成白紙黑字，真

是談何容易。但撰寫回憶錄，只是把焦點放在某個特定的季節或一位逝者生前的生命經驗，以回應一個問題：這位所愛的逝者是如何成為那樣一個人？

「串起列車」提供了一個方式，讓我們在三頁的書寫作業裡把焦點放在個人生命或關係的議題上，這特定的死亡事件就是回憶錄的火車頭，而個人書寫的內容則是組成回憶列車的「車廂」。

我開發了這個技巧，用在堪薩斯城聖路克醫院的悲傷團聚裡，以回應電影《西雅圖夜未眠》的場景，當瑪莎醫師問湯姆・漢克斯所飾演的角色：「你太太與眾不同的地方是什麼？」漢克斯回答：「你的節目有多長？」撰寫一篇回憶錄，讓我們有機會辨認，是什麼元素使此人為我們所愛、所仰慕，或這般的特殊。

進行這第五次活動的家庭作業（總共六次團體活動），是請參與成員寫一份三頁的回憶錄，打字採用兩倍行高的空間，請大家不要直接用喪禮上的逝者生平來修改。

基本的架構指南是：強調所愛之人之所以與眾不同、頗受歡迎，或精力充沛的原因是什麼，以下是帶團者提供成員參考以展開寫作的一些「助跑」提問：

- 你所愛的人喜歡什麼口味的冰淇淋？
- 你所愛的人會模仿哪位公眾人物？
- 你所愛的人會說些什麼話，說了幾千次，都把你搞瘋了？
- 你曾給這位所愛之人最棒的生日驚喜是什麼？
- 你所愛的人喜歡哪些假期？
- 所愛之人送給你最具有智慧的話是什麼？
- 你所愛的人笑起來是什麼聲音？

在第五次活動的開始，帶團人先把簡單的指引做個說明，才比較容易向成員大聲宣讀：(1)分享是看個人意願──沒有人會被迫分享；(2)回饋

必須要是正向的，而且要能給予支持；(3)其他成員可表達肯定，或詢問更多訊息。活動結束時，帶團人要求成員們想像一列載貨的火車：「想像火車頭，那正是你所愛的人，你今晚創造的就是一節車廂，我希望你們還會持續寫出更多『車廂』加入你的記憶列車。」

結束的時候，帶團者會詢問成員：

● 你的記憶片段是何時寫的？
● 你有把這作業跟家人、職員或同事分享嗎？你可能會與誰分享自己寫的東西？

這樣的結尾可讓案主相互提醒，考量可以更廣泛地分享自己所愛的人的生命故事，在可掌控的範圍內，讓團體外的一些人也能夠看到。

案・例

　　富蘭克喪偶，因結褵三十年的妻子瑪西雅之死而悲傷，他十分忠誠地參加了這個團體，專注聽講，但很少說話。他自願朗讀自己所寫的記憶片段，顯然他所寫的已經超過了三頁，在那一連串的小故事中，其中一段引起了大家的共鳴：富蘭克描述到一段他因無意間聽見妻子試圖教一隻貓學會握手和坐好時對她所說的話：「親愛的，」他大笑著說：「貓咪有牠們自己的意志，妳教牠的是狗的把戲，牠永遠學不會這個啦！」然而，她不停地嘗試，有一天她要富蘭克到洗衣間。

　　「記得你說貓咪有牠們自己的意志嗎？」她問富蘭克。「嘿！你看。」他的太太說：「坐下。」然後那隻貓就坐著了。她說「握手。」那隻貓便舉起牠的爪子。富蘭克咧嘴地笑著說：「每當有客人來時，她就是要炫耀一下她的貓可以做『永遠學不會』的把戲，然後用這個來嘲笑我。」當有人問他，他太太有什麼特別之處時，富蘭克就會回

答說：「她總是愛做別人說不能做的事，每當我看到那隻貓時，就會想到她。」身為帶團人，我讓他讀完整份回憶錄，顯然地，他在捕捉太太的生命故事時，想到了很多，也抓住了很多片段。

結語思維

　　雖然哀悼者為所愛之人所做的回憶錄可能永遠不會出版，但它可絕對是一份能跟家人、朋友共同分享的資料。藉著閱讀走過這些車廂，對於也是同樣認識並欣賞著逝者的人，也會引起他們的興趣貢獻出他們的記憶片段，或開始串起他們自己的記憶列車。

　　我對悲傷團聚的成員說，人是不會就這樣「走了」，除非兩件事：我們不再提起他的名字，以及我們停止談論有關他的故事。有記憶片段的存在，就可能會有人說：「嘿，我跟你說，她在世的時候……」

| 參考文獻 |

Thomas, A. (2008). *Thinking about memoir*. New York: AARP/Sterling.

兒童的回憶作品｜43

Linda Goldman

適合對象

幾乎所有喪慟中的兒童都能在這個活動中獲益，但當孩子目睹創傷性死亡事件，或有的孩子遭遇曾虐待或惡意對待他們的重要他人的死亡時，在本章所描述的做法之前，需先提供較特殊的照顧。

說明

對孩子來說，製作回憶作品是個很適切的悲傷治療介入活動，它可讓孩子分享故事、回憶特殊時刻、進行儀式，以及把追思活動做成計畫案和書籍等，這些對於特定人物的追思都很有幫助。失去親人的孩子透過符合其發展階段所產生的記憶、感受和行為等持續的認知建構過程，建立出對逝者的印象。這內在的發展加強了與逝者的持續連結，並使這段隨著孩子長大成人後悲傷會慢慢減退的關係受到支持。席爾維曼、尼克曼及華爾頓（Silverman, Nickman, & Worden, 1992）等人發現，孩子「維持與逝者的連結並想像逝者的存在是正常的，同時這個存在並非靜止不動而已」（p.

495）；此持續的關係在製作回憶作品的過程中可獲得證實。

製作回憶作品是治療過程中十分重要的一環，對於安全地處理悲傷和創傷提供了很有幫助的工具。喪慟的孩子時常會問：「我會不會把我的 ＿＿＿＿ 給忘了？」製作回憶作品則協助他們記得此人。「回憶書」保存了照片以及和所愛之人有關的文字寫作；「記憶盒」（本書下一章將會討論）裝著特殊人物所遺留的珍藏；而「回憶相簿」裡貼著最喜愛的照片。孩子的照顧者可問他們以下的問題，作為討論回憶作品的創作和進行處遇的基礎：「當你的 ＿＿＿＿ 死時，你在哪裡？你第一個想到的是什麼？你的 ＿＿＿＿ 是怎麼過世的，你知道些什麼？哪些事情使你難過、開心、生氣和覺得挫折？現在還跟著你的感覺是什麼？你會覺得自己好像做錯了什麼嗎？有什麼事是你現在還想知道的？令你最感害怕的是什麼？令你覺得平靜的是什麼？你可以如何做，讓自己好過些？」（Goldman, 2005, p. 125）

回憶書是很實用的工具，可讓孩子表達他們的感受和想法，有些也許是他們當年在死亡事件發生時還沒有能力溝通的。孩子可在回憶書裡用星星、貼紙、照片和其他裝飾物來表達，增強他們紀念逝者所用的文字和圖畫。以下是一些回憶書內頁可述說的議題：「我從我家人學到最重要的事就是……；在我家人過世之前，生活是什麼樣的？現在又是如何？我覺得最有趣的記憶是……；我覺得最特別的記憶是……；如果我可以跟我所愛的家人再說一件事的話，我會告訴他……；如果我可以對他說一件我覺得很抱歉的事，那就是……」（Goldman, 2000, p. 85）。九歲的泰勒，嘗試理解一起恐怖攻擊事件，於是製作了一本回憶書，書中畫了 2001 年 9 月 11 日發生的那起事件。他畫出當時他所在的地方，以及在那裡所發生的事情，那是他在紐約的學校，位置就在世貿大樓遺址附近，然後他在畫中只寫了一行字「為生命而奔逃」。泰勒在回憶書裡能夠釋放他的感受，說出故事經過並表達了他的擔憂和關心。

十三歲的瑪麗莎，爸爸死於癌症，她分享的是有關爸爸最有趣的一件事，內容如下：

悲傷治療的技術｜創新的悲傷輔導實務

他被診斷患了肺癌後，就去理了個大光頭回家。在他生病時，他總是保持著很正向的態度，那就是我爸爸的個性——很有幽默感。為什麼好人一定要死呢？（Goldman, 2000, p. 90）

回憶相簿在建立對話以及分享感受時是十分好用的工具，九歲的亨利製作了一本回憶相簿，名為「我的生活」，是有關他死於癌症的爸爸的記憶，他從父親過世前後那段時間的生活中挑選了喜歡的照片，然後為每一張照片寫下一句話。

喪慟的孩子也能透過建造記憶桌的活動來認知死亡的事實。讓小朋友們帶著會令他們想起逝者的寶物或照片來參加活動，把東西放在桌上，有些人可能會想要分享他的回憶，而有些可能選擇只是展示他的紀念品。建造記憶桌可用在支持團體、課堂上或家裡，孩子可自己決定是只要展示他的寶物或圖片，沉默地跟大家分享，還是加入團體，跟大家一起圍成一圈來說說這照片或寶物對他們的意義。

透過藝術創作表達回憶，對悲傷的孩子來說是一件非常無價的工具，回憶壁畫和回憶拼貼都是可讓孩子們用創意的方式，對所愛的逝者表達感受和想法的回憶計畫。十歲的喬許用雜誌上的圖片做了一幅拼貼，這使他憶起他意外滅頂的大哥納森，他把納森喜歡的食物、衣服、音樂和運動卡之類的圖片都放了進來。九歲的查克為紀念朋友安卓而做的回憶小冊繪製封面時，表現出安卓「在天堂投籃」的畫面。自從安卓死後，查克學會了打籃球，他認為安卓在天上會做跟他一樣的事，查克透過自己的繪畫，於是能夠持續積極地記住他的朋友。

製作回憶作品的資源本身也是具有意義的，能夠促進討論和記憶的表達，能使家庭就這個共同的失落議題啟動對談契機；一些與喪慟中的孩子完成回憶作品的資源可在「兒童悲傷與失落議題」（Children's Grief and Loss Issues）網站找到（http://www.childrensgrief.net）。

　　照顧喪慟兒童的成人需要「把焦點放在做法上，如何轉換與逝者的連結，並把關係放在新的視角來看待，而非隔離他們與逝者的關係」（Silverman et al., 1992, p. 503）。許多年輕孩子把他們所愛的人放在一個叫作「天堂」的地方，米雪兒七歲的時候，母親在一場車禍中喪生。有一次她在治療會談中問道：「妳覺得天堂是什麼？」我反映了她的疑惑，問她：「妳覺得它是什麼？」結果她畫了一張她認為的天堂畫面。藉由回應她自己的提問，米雪兒得以想起對媽媽的記憶、讚美她、回想她的生前，並象徵性地把愛送給她的母親。

　　天堂是什麼？對我來說，這就是「天堂」。那是個美麗的地方，每個人都在等著認識新的人，於是他們會成為朋友；他們也在等待自己的家人，他們在那邊很開心，他們會遇到所有他們想要見到的人（像是貓王）。那裡有很多城堡，只有很偉大的人才可以住在那邊，像我媽媽。那裡有所有你想吃的東西，還有很多事情可以做，他們有跳舞的地方（如：迪斯可）。我媽媽喜歡跳舞，我想她現在正在天堂跳舞。動物一定很受歡迎（我媽媽好愛動物），要問問她崔克西好不好，那是她的狗，也死了；我要跟她說，我愛她。（Goldman, 2000, p. 79-80）

結語思維

　　讓年輕孩子有機會在安全的避風港裡釋放他們的情感，是為失親孩子服務的工作上最基本的原則。研究顯示喪慟中的孩子比一般無喪慟的孩子較易憂鬱、退縮且焦慮、低自尊，以及對未來較會感到沒希望（Lutzke, Ayers, Sandler, & Barr, 1997）。因此對喪慟孩子給予支持很重要，這對減少其未能解決或未經探索悲傷事宜而產生的負面影響是有幫助的。海涅及

其同僚（Haine et al., 2008, p. 114）表示對孩子的喪慟介入，其主要目標就是：

> 使悲傷歷程正常化，並提供其訊息以減低孩子對於未來的焦慮，包括……談論死去的父母是可以被接受的。對孩子來說，他們覺得看見了死去的父母或夢見亡者，這都不是什麼不尋常的事；同時，孩子也永遠不會忘懷他們已逝去的雙親。

根據席爾維曼等人的研究（Silverman et al., 1992）指出：「追思、紀念並認識逝者，是一個積極的過程，可以是孩子終生持續進行的工作……這並非是活在過去，而是認知到過去是如何地照會著現在。」（p. 502）

讓孩子參加追思活動可幫助他們讓所愛之人永遠活在心中。悲傷孩童的數量在他們的年齡層一直成長，而悲傷議題發生在孩子身上的事例，其年齡越來越低。成人需要做好準備，才能回應孩子的問題，並為他們建立安全的港灣以利對回憶有所表達。**創作回憶作品**是一個很重要的悲傷介入計畫，能協助孩子記住他們逝去的親人，鼓勵他們透過討論並檢視自己的想法和感受，而能安全地表達出他們的回憶，如此才有助於探索內心的敏感地帶，並從中建立起信任關係。

｜參考文獻｜

Goldman, L. E. (2000). *Life and loss: A guide to help grieving children* (2nd ed.). New York: Taylor & Francis.

Goldman, L. E. (2005). *Raising our children to be resilient.* New York: Taylor & Francis.

Haine, R., Ayers, T., Sandler, I., & Wolchik, S. (2008). Evidence-based practices for parentally bereaved children and their families. *Professional Psychology: Research and Practice, 39*(2), 113–121.

Lutzke, J. R., Ayers, T. S., Sandler, N. S., & Barr, A. (1997). Risk and interventions for the parentally bereaved child. In N. Sandler, & S. Wolchik (Eds.), *Handbook of children's coping* (pp. 215–242). New York: Plenum.

Silverman, P., Nickman, S., & Worden, J. W. (1992). Detachment revisited: The child's reconstruction of a dead parent. *American Journal of Orthopsychiatry, 62,* 494–503.

44 | 記憶盒

Jordan S. Potash 及 Stephanie Handel

適合對象

製作記憶盒的活動適合所有年齡層，只要是願意參與回憶活動的人都可以。對於有創傷後症狀，或歷經暴力或意外失落事件後有深度罪惡感的喪慟者，就比較不適合，此時需使用其他治療性的方式先行處理。

說明

請準備以下材料：盒子（工藝雪茄盒、舊物利用盒，或各式不同尺寸的摺紙盒）；薄棉紙（各式顏色）；光面膠（如：Mod Podge 牌的拼貼專用膠，或用白膠調水稀釋）；白膠或熱熔槍；圖畫紙（各式顏色）；剪刀；刷子；各種大自然物品、織布、手工藝材料和貼紙；雜誌拼貼圖片；鼓勵人心的詞彙或話語。

記憶盒的製作可在單一活動中或連續幾個階段完成，可以是個人也可是團體活動，不過我們發現，一般來說一小時是不夠的。

步驟 1：說明記憶盒的用處。與案主討論，把能夠聯想起逝者的紀念品收藏在記憶盒裡有些什麼好處。記憶盒並非用來取代逝者，而是讓案主有私自的空間，可安心地保存那些幫助他憶起逝者的東西，即便抓住的可能是痛苦的回憶，但它所容納的卻是案主覺得珍貴的東西，因而能與所愛的人有所連結。由於盒子是個被動的空間，案主可決定何時要打開並探索其中內容，因此給人一種掌控感；它們同時也是個有機空間，因為內容物可以添加、移除或取代。案主有決定其尺寸、顏色和其他特色的自由，而這些對當事人來說都是具有個人意義的。

步驟 2：選擇盒子。當案主對自己的悲傷有所理解，在選擇他們的盒子時，應同時考量情感上和實際性的需求，以挑選適切的形狀和大小；他們需在心中想好，將如何使用此記憶盒，又會將其存放在何處。對某些居住環境以及是否方便隱藏或保持隱私的狀況來說，小盒子可能較為理想。儘管許多因素都很重要，但盒子的大小並不代表對逝者情感的程度。若治療師或帶團者無法買到白色的工藝盒，可帶領案主摺出簡單的帶蓋手工盒；若是使用舊物利用盒，案主可能需先塗上白色壓克力顏料或打底劑，把盒子上的戳章印記蓋掉。

步驟 3：選擇顏色。案主可根據下列指示，先選擇二到三色：

- 喜愛的顏色：逝者喜歡的、案主喜歡的，或兩個人都喜歡的。
- 記憶中：逝者身上具有意義的特質或具體的特徵，以及具有重要性的顏色，像是所愛之人的頭髮、眼睛、家裡裝潢的色調或他所喜歡的花朵、運動隊伍、食物或衣服的顏色等。
- 情緒方面：選擇可表達感受的顏色，包括已經公開表達過的，以及私自放在心中的顏色。
- 對某些案主來說，提供視覺上的指引也很有幫助，可協助他們針對上述幾個層面或其他方面，發現到具有個人意義的色彩。

步驟 4：薄棉紙的運用。案主可用剪的或撕的，把棉紙依照設計目的或隨興地貼在盒子上；而光面膠水一方面是黏合劑，一方面也可當作上光用。案主在把盒子裡裡外外完全貼好的同時，需注意到他們希望最後看

到的盒子，其外觀和裡面將會是什麼樣子。

步驟 5：裝飾記憶盒。案主可能想更進一步用圖片、文字和其他物件裝飾他們的記憶盒，以象徵逝者以及他們與逝者的關係，或是對逝者的情感。在挑選裝飾物件的同時，與案主一起探索關係上的許多面向，並討論代表物件的象徵意義，都是很有幫助的；關係可能是複雜的、多面向的，而記憶盒子可以為他把這些表達出來。

步驟 6：選擇或創作放在記憶盒中的物件。盒子完成後，案主可挑選或自己製作想要放在盒子裡的東西，在此提供的建議包括照片、紀念品以及弔唁卡等。若案主沒有很實質的物件或逝者遺留的紀念品，則繪畫和所寫的便條也可放進盒中，如圖 44.1(b)。便條的內容可能是其他認識逝者的人所寫下的記憶分享，也可以是寫給逝者的信，描述失去他之後的生活。

案・例

在艾芮營（Camp Erin）的勿忘我營區裡，這是一個位於華盛頓特區，專為經歷死亡事件的兒童和青少年所設置的週末營地，我們帶著六到十二歲的藝術治療兒童團體，完成了記憶盒的創作（圖 44.1(a)和(b)）。我們用了一些阿蒂克拉（Adinkrah）圖形，這是迦納阿散蒂民族的符號語言，傳統上這些符號是用來印在衣服上以表示逝者的特質。我們邀請參與營地活動的人，選擇他們認為能夠代表他們紀念所愛之人的方式的圖形，並請每個孩子在特殊紙張上寫下一段回憶，將其放進盒子裡作為一個開始，讓他們回家後可在裡面繼續加入其他寶貝。活動時間是分成幾個小組進行討論，孩子們在小組裡分享了他們的作品，並說明所選顏色、圖片和文字的象徵意義。

圖 44.1

圖(a)和(b)是記憶盒外部和
內部的樣貌，盒子裡有某個
孩子所收藏的信件和圖畫。

結語思維

　　記憶盒是一種可廣泛運用以促進悲傷治療工作的技巧，這甚至在《芝麻街》也有演出過，劇中艾蒙的表妹潔西為自己製作了一個記憶盒以紀念她過世的父親（Delfico, 2010）。考夫曼（Kaufman, 1996）在兒子死後，從自己創作的藝術盒系列裡，觀察到「就是在這個創作範圍或有限的空間裡，才有可能穿透，建立沒有限制的空間」的過程（p. 246）。這些盒子讓她在創作具有意義的紀念物品時，幫助她承受了困苦和矛盾的感覺。她也注意到，這些盒子是如何讓她在其中賦予新的意義，把它們從平凡無奇轉變成獨樹一格的東西；而同時，她又發現自己與盒子的互動，正是一種自我觀察情緒狀態的方法。另一個例子是 1990 年代於烏干達進行的「記憶盒計畫」（Memory Box Project），此計畫為成千上萬感染 HIV/AIDS 的孩子與成人提供了一個機會，藉由回憶來探索並處理他們的悲傷；此做法已跟非洲家庭及社區之集體療癒與支持計畫整合（IRIN, 2003）。對於案主可能會有的情緒反應，有效經營藝術創作過程是很重要的；而藍可（Hrenko, 2005）在兒童營帶領感染 HIV/AIDS 的孩子有效運用記憶盒的做法，做了很好的示範，她很小心地觀察到藝術治療和休閒性手工藝活動之間的界線。治療師和帶團者需要特別注意，以了解案主在回憶工作中對盒子的聯想，尤其他們有人會想到棺材或骨灰罈。雖然記憶盒的活動不見得適合每一位案主，但在文化環境裡，對討論痛苦情緒或創傷經驗有所限制的地方，則特別有幫助（Chu, 2010）。近年來，還有人建議治療師和帶團者發展他們自己的記憶盒工作，以觀察和評估創作過程中可能會有的情緒反應以及困擾。

| 參考文獻 |

Chu, V. (2010). Within the box: Cross-cultural art therapy with survivors of the Rwanda genocide. *Art Therapy, 27*(1), 4–10.

Delfico, C. (Producer) (2010). When families grieve [Television broadcast]. New York: Sesame Workshop.

Hrenko, K. D. (2005). Remembering Camp Dreamcatcher: Art therapy with children whose lives have been touched by HIV/AIDS. *Art Therapy, 22*(1), 39–43.

IRIN (2003). AFRICA: Memory boxes to help say goodbye. *IRIN: Humanitarian News and Analysis.* Available at: http://www.irinnews.org/report.aspx?reportid=46926#.TjivR1jWN6U.email.

Kaufman, A. B. (1996). Art in boxes: An exploration of meanings. *Arts in Psychotherapy, 23*(3), 237–247.

45 大自然回憶

Carrie Thiel 及 Christine Barrett

適合對象

　　此技巧適用於喪親兒童的團體，至於太小的孩子，或因認知功能使其無法做抽象性溝通的人，可能較無效益。

說明

　　當孩子因死亡事件而失去了親近的人，將他們納入年齡相近、有著類似失落經驗的兒童悲傷支持團體是很有幫助的（Grollman, 1995, p. 17）。落葉松悲傷資源中心（Tamarack Grief Resource Center）專精於提供以戶外主題為基礎的悲傷支持，有時讓團體直接在戶外聚會可能不方便，但有鑑於運用大自然物件作為媒介可獲得療癒的效益，大自然回憶（Natural Reminders）活動運用有機物質在室內建置出場景，是一個很好的悲傷團體活動示範。

　　此機構以學校為基礎的悲傷支持團體之目標包括：讓成員讚揚並紀念逝去的所愛之人；提供安全的環境讓成員能夠表達與失落有關的情緒、在

悲傷的旅程中探索能支持自己與他人的方式、陪伴喪慟者及家庭在失落後重建自我認同，以及用大自然的場景和材料來比擬所經歷的失落與生活。

符合上面所述目標，而且也是我們曾經成功運作過的悲傷團體活動，即是「**大自然回憶**」：

*步驟 1：***蒐集材料**。此活動先由帶領人從大自然蒐集各式各樣的物品或具有象徵意義的東西：樹葉、松果、石頭、貝殼、樹枝、花、羽毛、沙子等等。我也會用大自然景致的照片、拋光手工藝彩石、絲花、蠟燭（不用點燃，但可象徵火）。我們建議採用跟大自然有關的物件，乃因這些具有潛在療癒力量的有機物質令人想起生命的循環、可與所愛之人一起共度特殊時光、能跟比自己更大的事物做連結，並能感受到自然場景所帶來的寧靜感（Miles, 1993; Santostefano, 2004）。

*步驟 2：***活動準備**。當把這些物件蒐集好後，在團體裡可有幾種方式來使用這些材料。有些帶領人會把它們放在一個籃子裡，然後在團體裡傳遞給每個人；有些則喜歡把這些東西放在一塊漂亮的布或墊子上，讓每個人很容易一眼就看到每件物品，若選擇這麼做的話，最好準備一張小桌子，並在團員到達之前先把它們放置好。

*步驟 3：***活動開始**。在團體活動即將開始時，邀請孩子們在桌邊圍成一圈，只是先觀看所有物件，不要碰觸，接著我們會說一段話，大致如下：

> 我們今天要進行的活動是根據一個想法，就是我們周遭的事物會使我們想起逝去的人，還有我們與他共度的時光，以及我們對他的感覺。這些事物帶給我們的記憶和情緒有可能是開心的、不開心的、快樂的、傷心的，或是很多種情緒的綜合。我們可能會想起跟逝者曾經有過的特殊時光，或一些他所擁有的特質，或我們對他的感覺。有時若能把這些感覺和記憶跟能夠理解的人分享，是很有幫助的；也或許你可能會覺得比較想把這些感覺放在心裡，無論你要怎麼做都可以的。

在大自然裡，尤其會讓我們想起自己對於逝者的感受，並能使我們覺得活著真好，因為它使我們想起自己正是生命這幅大畫面的一部分，是季節的一部分、是我們周遭所有事物的一部分。有時即便只是在美麗的荒郊野外，也讓人感到身心舒暢。

在這張桌子上，有我從大自然中蒐集回來的一些物件，還有照片和象徵著大自然的物品，請花幾分鐘看看這些東西，看是否有哪些東西使你心中憶起了逝去的人，或喚起你對他的情感或想法，或也許使你感到和在大自然場景有同樣感覺的東西。先不用說什麼，就只是看著、想著並回憶，安靜兩分鐘後，我們就要開始轉圈圈，每個人可以有機會拿起你看中的任何一件物品，告訴我們你想說的、有關這件東西讓你想到的話，或如果你不想說，也可以把拿到的東西舉起來給我們看就好。跟大家分享後，請把東西再放回去，也許之後還有其他人會用到。

步驟 4：活動中。 經過一、兩分鐘的沉默，我們請其中一位開始，然後就繞一圈順次發言，直到每個人都獲得分享的機會。當每個人說話時，我們以同理的態度回應，肯定他（她）所分享的事情，若有人決定不說話，我們也要認可他（她）所做的決定。

步驟 5：活動尾聲。 最後活動結束時，我們會這樣結尾：

今天很謝謝你跟我們分享了你的想法、記憶和感覺，讓我們更加認識你和那位很特別的逝者，我們也覺得對你的心情有更多了解。有時當某人死了，愛他的人會想要保留一些特殊的東西，好讓自己可以想起他，所以無論何時，只要他們看到那件東西，就會想起他們是多麼愛逝者，又是多麼高興曾經與逝者相識。或有些時候，人們會到大自然走走，讓自己思念逝去的人，散散心並為自己仍然活著而感到開心。也許下回你就能花些時間在大自然裡，看看四周有沒有什麼特別的事物可以讓人憶起過往，並記得享受圍繞在你周遭的美好生命。或

也許，你可以找一個安靜的地方，坐下並思念故人一小段時間，然後再感受這些感覺。

約翰是一位十一歲的男孩，在四歲時失去了母親，他是兒童悲傷團體的一員，此團體曾辦過大自然回憶的活動。當輪到他從散放在桌上的那些物件中揀選一樣東西時，他選的是松果和蠟燭，並說他對媽媽沒有直接的記憶，但有一些露營的照片，那對他來說意義非凡，只要是去露營，他就會想到媽媽。透過這次的活動，他能夠清楚說出與媽媽之間的連結，並分享他們的過往，以及他現在的生活經驗。

瑪麗，另一個在同一團體中的十一歲學生，她媽媽於前一年往生，她經常淚眼汪汪，而且在之前的分享活動中總是選擇不說話。那天舉辦大自然回憶的活動時，她挑選了一朵花，高舉著告訴我們她媽媽喜歡園藝。雖然我們很驚訝她開口說話了，但沒人表現出大驚小怪的樣子，而且從那時開始，她在活動中大部分的時間都有說話。這場溫和、不令人害怕、具有象徵意味的活動，解鎖了她內心的某些東西，使她向前邁進，開始分享自己的悲傷經驗。

結語思維

成人照顧者藉著向孩子示範回憶和讚美所愛逝者的方式，並藉由鼓勵他們從大自然場景中尋求慰藉的空間，在此以鼓舞人心的做法，向孩子們表現了如何與所愛的人保持連結。他們也向悲傷的孩子提供健康的因應策略，來處理所感受到的強大情緒。此團體活動可依照成員的各種年齡層輕易做調整，而且在開啟意義對話的工作上，這是個簡單又不具威脅性的做法。

| 參考文獻 |

Grollman, E. A. (1995). *Bereaved children and teens: A support guide for parents and professionals.* Boston: Beacon Press.

Miles, J. (1993). Wilderness as healing place. In M.A. Gass (Ed.), *Adventure therapy* (pp. 43–56). Dubuque, IA: Kendall/Hunt.

Santostefano, S. (2004). *Child therapy in the great outdoors: A relational view.* Hillsdale, NJ: Analytic Press.

第十一部
更新連結

PART ELEVEN

介紹逝者 |46

Lorraine Hedtke

適合對象

生活在悲傷中的人，無論是逝者過世後不久或死亡事件已發生很多年，都可以使用。此技巧對成人和兒童都適合，但需慎重考量生者與逝者之間的關係是否有違背常理的事情發生，像是虐待事件。

說明

近年來，許多喪慟處遇多把重點放在喪慟者內在的情感狀態（Klass, Silverman, & Nickman, 1996），悲傷心理治療的主要模式都是把喪慟者的經驗看作是，一段有路標指示的風景引領著他到達一個可令人接受的目的地的旅程。意向明確的諮商會談，常常把逝者摒除在會談內容之外，像是優先考量感受、使用空椅對談法，或量化失落經驗的等級。實際的死亡事件為悲傷心理學建立了使逝者故事和相關傳奇失去發聲機會的許可證，將工作焦點直接指向喪慟者個人狀態的復原（Hedtke & Winslade, 2004），而不理會一去不返的長期關係。

263

對現代悲傷心理學的質疑，可在專家學者過去二十年來的撰述中看到各種令人關切的論點（Klass et al., 1996; Neimeyer, 2001），有關理論性的挑戰建議喪慟者在其不斷前進的歷程中，應將逝者與生者間的關係納入考量。如今已有一些小小的空間被撬開，讓新思維的對話浮現出來，然而這些開啟的空間在治療價值上仍需做更進一步的探討。我們有需要持續提出這重要的議題：如果悲傷諮商的目標不是「圓滿達成」或「接受」，那麼在這新的助人議題中，治療目標該是什麼？我的建議正是那些浮現論點的其中一個例子，就是介紹逝者，它無論在實質上或理論上都跟鼓勵人們「放下」、「向前走」並做個「了結」的做法形成對比。

如果假設我們的故事活得比我們的生命長，而且我們也不是自己故事的唯一擁有者或說故事的人，那麼當我們無法再活著向人們說自己的故事時，別人仍能夠述說我們的故事。例如當我們述說往生父母親或祖父母的故事時，傾聽者可能會邀請我們向他介紹這位長者。身為一位諮商師，我會鼓勵人們藉由告訴我他與逝者之間的故事，來向我介紹逝者，我會詢問此人生前與他所持的關係具有什麼樣的特殊意義，而我假設這層意義（也因此才會有那層關係）在死亡事件發生後仍會持續演變。介紹逝者可讓喪慟者和我雙方都意識到，逝者在生者的生命裡持續存在的特質是什麼，當喪慟者介紹逝者時，我就是立即的聽眾，可以確認出當時重要的是什麼、將會變得很重要的又是什麼；我變成這重要故事的聽者，且是喪慟者冒險進入一個更大群體來介紹逝者的跳板。

回想這些故事的價值，不只存在於從回憶甜蜜的往事到逐漸接受事實的過程中，介紹逝者的做法，也可讓關係連結成為喪慟者撫平失落傷痛的資源。邀請喪慟者介紹他們所愛的人，並肩負起扮演逝者的腹語者角色，藉由將逝者傳承下來的故事與自己持續的生命做整合，來改善悲傷之慟。介紹逝者這個做法能夠鞏固並刺激關係諮商取向的靈感，能在非常實際的形式裡回答一個問題：「如果不能放下，那又怎麼辦？」要開啟這樣一個介紹逝者的會談，以下所列的提問是我可能會用來詢問案主的：

- 可以跟我介紹你所愛的人嗎？

- 他（她）是你的什麼人？與他（她）相識對你的意義是什麼？

- 有沒有什麼時間、地點或事情會令你想到他（她）的重要性？

- 心中有沒有想到什麼關於他（她）人生的特別故事，是他（她）會想要知道的？

- 關於生命，也可能是在你現在該如何處理所面對的挑戰上，他（她）教會你什麼樣的事情？

- 對於你所扮演的角色，且你可能找到自己的方式來處理現在所面對的挑戰，他（她）可能會說些什麼感謝的話？

- 如果你想要在未來的幾年發展跟他（她）更親近的關係，你可能會如何做？

- 讓有關他（她）的故事和回憶更加貼近你，可能會有什麼不同？

案・例

　　從這裡的一個簡短例子，我們可見證到介紹逝者的重要。當我第一次和多明尼克會談時，他便向我介紹已結婚五十年、但於兩年前往生的鍾愛的妻子瑞貝卡。在我們的談話中，他說到瑞貝卡對音樂和社會正義的熱愛，這如何鼓舞著她的學生、他們的九個孫子，以及這些年來他如何珍惜著他們的關係。還有她對自然和音樂的熱情對她在這段與病魔格鬥的日子中所產生的幫助，但最後還是不敵病魔而走向死亡。

　　我們的會談從一個簡單的問題開始：「可否請你告訴我你太太的名字，還有一些有關她的事蹟？」多明尼克毫無困難地分享了令人動容的回憶，即使講述會令他大笑的故事也不覺得為難，多年的婚姻就是他們豐厚關係的基礎，而他十分渴望把往生的太太介紹給我認識。當他述說時，就好像太太也進入了會談室，並坐在我們旁邊聽著別人說她的故事。他說，在瑞貝卡死後，有人給他很好的建議引導著他。

「我接到一位朋友打來的電話，他已經 101 歲了，而且是一位長期的和平激進份子，我們都認識他。他告訴我他太太走時，他們已經結褵六十二年了，他感到日子變得十分艱難，他說自己如何快速學到從對太太的回憶來取得力量，他每天早上都跟她說話，牆上還掛著她的照片。」

多明尼克從這通電話得到靈感，也保持著在腦子裡跟太太說話，遇到重大事件時還會徵詢她的意見。我問他有什麼她會認為很重要、需徵詢意見的事，也希望能夠在我們現在的會談中持續讓她的聲音有發言機會。

「我覺得所有的事情都很重要，但最重要的是有關孩子跟孫子的事，但也是和我們有關的。當我撿起她的骨灰時，我不知道該怎麼辦，但當我帶著她的骨灰回到家後，就把它放在她以前坐著看書的邊上，那個壁爐的基座上，我感覺到就是她在現場要我這麼做的。將她的骨灰放在這裡，使我感到很安心，而且那是一個『對盒』，所以另一邊就是以後要放我的，我喜歡這個點子。」

若不是詢問有關他太太的事和他們那麼多一起共度的快樂時光，我相信這諮商會談應該會變得很空洞。如果我只把焦點放在他該如何調適一個人過日子的議題上，我就沒有機會認識瑞貝卡，而且也不會知道她是如何地縈繞在多明尼克持續的生活中，每天帶給他什麼樣的意義；或更糟的話，若我不過問他們的關係，她的聲音就被地下化，造成像許多喪慟者一樣，常常懷疑自己的精神有問題，而想要另外尋求其他管道來持續失去的關係。

結語思維

　　無論是在支持團體或個人會談,我和喪慟者的談話一定都以適切的方式介紹逝者作為開場,少了這項總是令我覺得沒禮貌。對喪慟者來說,逝者的特質持續存在他們的意識裡,但我們卻漠視這一點,這就遺漏了很重要的關係實體。介紹逝者的做法,把以往著重於持續連結論述所撬開的門開得更大了,它開啟了廣闊的關係空間,可以用來建構故事、歌曲、食譜、儀式、靜坐,以及無限可能的方式去創造未來的關係。

| 參考文獻 |

Hedtke, L., & Winslade, J. (2004). *Remembering lives: Conversations with the dying and the bereaved.* Amityville, NY: Baywood.

Klass, D., Silverman, P., & Nickman, S. (Eds.). (1996). *Continuing bonds: New understandings of grief.* Philadelphia: Taylor & Francis.

Neimeyer, R. A. (2001). *Meaning reconstruction and the experience of loss.* Washington, DC: American Psychological Association.

47 透過導引畫面
開啟視覺化連結

Courtney Armstrong

適合對象

　　走在失去近親的歷程，想要培養健康的持續連結，或想要平撫與逝者未竟之情感議題的成人、青少年或孩童。此技巧對於有視覺困擾的案主，或在靈性或宗教信仰上禁止運用舒適的想像方法與所愛逝者交談的人則是禁忌，而對於在與所愛逝者之關係中，顯示出不健康情緒依賴的人，也要謹慎使用本技巧。

說明

　　透過導引想像練習，喪慟的案主感受到逝者慈愛的身影正與他有了連結，看到更清晰、受理解和充滿慈愛的畫面，能夠給予案主所需的情緒支持。

　　我發現此一練習對案主有難以置信的療癒力，效果改變的深度可能超過其他任何我所用過的技巧（Armstrong, 2011）。「療癒」的起始點顯然是當案主深切**體驗到**與所愛逝者的連結，並真實感受到他們所愛的人過得

很好，且逝者希望案主也很好的那一刻開始。拒絕使用空椅法或其他重新連結形式之練習的案主，通常還頗能接受這個想像練習，同時一旦案主體驗到這具有療癒性的連結做法，他們就較為能夠解決創傷性的記憶、罪咎感和怨懟的心情，因為他們感受到逝者如今能夠從一個開導的地位給予他慈悲的支持。

| 開啟視覺化連結畫面之引導語 |

在你覺得舒適的地方坐著或躺下，然後從慢慢做幾個深呼吸開始，跟隨著自己的呼吸步調慢慢放鬆。當你準備好後，想像自己在一個很美的地方，這可能是你以前去過的地方，也可能是你和所愛之人曾經共度的特殊地點。用你心裡的眼探索這地方，把那兒所有的自然美景都看個夠……無論那是水岸，或叢林，或大山，或花園……這就是你的私藏地點，你可以依照自己喜歡的樣子設計或調整它。繼續環顧這特殊地點的四周，把所有有趣的場景都盡收眼底……聽聽看是否有什麼令人舒暢的聲音……吸入芬芳的香氣……沉浸在這美好的氣氛中……溫暖的陽光灑在你的肌膚，或涼爽的微風輕輕地拂過你臉頰……讓所有這些感受把你舉起，支撐著你。

當你越來越安憩在這畫面中，就會注意到有一道光，閃耀地散放著能量，充斥在周遭並且穿透所有東西，當吸氣的同時，想像你能在這充滿療癒的光輝中呼吸，光線是多麼的輕柔，或明亮且充滿能量。你內在的心智將會為你調整它的色彩和強度……無論它是純白，或暖暖的金黃，或多色的彩虹。

想像這道光一一通過你身體的每一部位……對你的胸部和心臟周遭特別照顧……在此，光線輕輕地放鬆每一塊緊縮的區域……抬起重壓的地方……並且溫柔地填補空洞之處……它持續地……化解悲傷那堅硬的保護外殼……並修補撕毀、破碎之

處……慢慢地，你就發現了安全、甜蜜、慈悲的愛正照耀著整個你。

同時你感受到在這光之中，正是你所愛之人在散放光芒……來自一個療癒後全新的地方……即使你無法清楚看見他，但還是能感受到他想要安撫你的心意，並讓你知道他現在很好。也許你還能想像他輕輕地拉著你的手……或撫摸你的臉龐……或給你一個溫暖的擁抱，你所愛的人會讓你知道，所有的痛苦和憂傷他都明白……所有的困惑和憤怒……所有的渴望……所有的淚水……每一件事情都能夠被理解、被接納。

而且他讓你知道，他就在這裡，走在你身邊，支持著你，安慰著你，帶領你走過……所以當他傳送這股充滿療癒和愛的能量時，你只要敞開自己，讓它通過你的心……你的靈……你的身體。當你跟他連結時，他會讓你知道他很好，而且他希望你也好。

若是你有話想說，或想要問你所愛的人，現在就可以跟他說，他可能會很快地，或慢慢地回覆你……他可能會以文字、畫面、歌曲或感覺的形式傳送給你……只要敞開自己，靜心傾聽……他的訊息就會到達。

只要你喜歡，你可以繼續坐在這兒，跟這些感覺在一起……享受與他在一起的覺察……了解你隨時想到他時，他都會在你左右，他沒有離開……你沒有失去他……他永遠都和你還有你的心在一起。

案·例

凱西是一位二十二歲的女子，她因男友強納森在一年多前用藥過量死亡，而飽受入侵畫面、惡夢和強烈罪惡感的折磨來尋求治療。雖然凱西深愛著強納森，但她在他去世前幾週才跟他分手，正是因為他

濫用藥物的情形日益嚴重，而且行為脫軌，尤其讓凱西受困擾的一幕，就是他們分手那天，強納森淚流滿面拖著腳步走出她家車道時，那臉上充滿痛苦的表情，這就是她最後一次看到的他。

　　凱西跟我在頭兩次會談中回顧了她和強納森的關係、探索了她在靈性信仰上對死亡的看法，並討論了她對未來的目標。第三次會談時，我向凱西說明引導式畫面能夠幫她處理她與強納森的未竟事宜，並找出與他保持較為健康的連結型態，她表示自己很樂意敞開心靈試試看，但也還是抱持著一些懷疑。

　　從之前所談過的劇情，我引導凱西走過這個歷程，進入想像的畫面大約十分鐘後，她開始輕輕地哭了起來，但同時也露出了笑容，說她真的感受到強納森對她的愛，希望她不要為了「他的錯誤」而感到罪過。我鼓勵她繼續無聲地跟強納森說話，說多久都沒關係，只要她覺得結束時，給我一個暗號即可。差不多過了不到十分鐘，她張開眼說：「哇！真是太神奇了！這是我第一次能夠放心的說，我真的覺得他現在很好，而且他希望我好好過自己的日子。」在此之後，我們只再會談了兩次而已，因為凱西的情緒穩定了下來，而且她的悲傷也釋懷了，她計畫下學期開學時再回到學校，並又開始與他人約會。

結語思維

　　導引畫面被應用在改變心情並推動療癒工作，已有數十年之久。想像畫面顯然能夠促進情緒的改變，因為它能為我們儲藏情感記憶和依附對象的情緒腦（emotional brain）代言，說出感覺上的語言。由於遇到未解決的情感記憶，或過度渴求與所愛逝者或依附對象做連結時，悲傷往往是複雜的，因此導引畫面的做法顯然就十分適合用作悲傷治療的介入工具。同樣地，有研究在經驗觀察上也顯示出，使用這項技巧處理複雜性悲傷的價值，並讓喪慟者能夠自由追求自主性及相關性的目標，如同席爾及其同僚

（Shear, Corscak, & Simon, 2006）所言：「與逝者做想像對話是我們治療中很有效的一環……這項操作的淨利就是，案主深深感受到逝者的認可並與其有所連結。」最好的狀況是，這類活動可解開悲傷者對逝者不健康的情結，並鼓勵他們重新回到與逝者的關係中，去感受逝者所扮演的一種新的支持角色。若是悲傷者對逝者有過度依賴的情形，則需小心運用此技巧，以免更加強了其對逝者的情感依賴；在此情況下，治療師可以鼓勵案主想像，逝者會支持他用自己的力量學習獨立，並好好照顧自己。

| 參考文獻 |

Armstrong, C. (2011). *Transforming traumatic grief: Six steps to move from grief to peace after the sudden or violent death of a loved one.* Chattanooga, TN: Artemecia Press.
Shear, K., Corscak, B., & Simon, N. (2006). Treatment of complicated grief following violent death. In E. K. Rynearson (Ed.). *Violent death* (pp. 157–174). New York: Taylor & Francis.

與逝者通信 | 48

Robert A. Neimeyer

適合對象

　　具有分離焦慮及其他與所愛逝者關係上有著情緒議題的成人及年齡較大的孩子。對於死亡事件發生的狀況，心中充滿痛苦畫面、憤怒，或仍有創傷後反應的案主，進行此寫信給逝者的作業可能還不是時候，在提出以與逝者通信為工作重點的依附議題處遇之前，可能需要先採取以創傷為焦點的介入。

說明

　　給逝者的信或「未寄出的信件」（Neimeyer, 2002），是遺族使用敘說形式來與逝者做連結的直接做法，是一種「再向你問候」的努力（White, 1989），而非最後的道別。在某些宗教環境裡，這類的書信可能會標示為「寄到天堂的信」，最具療效的信其實就是那種悲傷者想要**再開啟**與逝者接觸之門時，打從內心深處說出來什麼才是重要的事情，而非尋求關係的「結束」。有些人發現，想到別人給了他什麼具有持久價值的東西，無論

第十一部｜更新連結

273

是刻意的或無意間的，都覺得很有幫助。此外，寫信提供了一個機會，把至今未說過的話說出來、從未問過的問題提出來。當案主渴望與逝者有所接觸的時機到來，他（她）就可能會寫信給逝者，告訴對方在這悲傷時刻的感受、需求和希望，但往往比這裡所建議的還需多做一些。不過，下列治療性的提問也對啟動這一類的書寫工作有所助益，尤其是對於那些卡在悲傷中的人：

- 我一直想告訴你的是……
- 我對你的記憶，最感珍貴的是……
- 你從未了解的是……
- 我希望你對我的了解是……
- 我現在了解了……
- 我想要問的一個問題是……
- 我想藉由……使你成為我生命中的一部分……

　　持續的連結本就是很私人且個別的，如同各種想像的對話，能夠引發對方的回應，因此許多悲傷者會運用寫信來展開「與」逝者的信件往來，讓對話像他們的生命一般繼續發展。有人運用這類的書寫展開治療性日誌，就是把這方式分成各種不同方向的應用；還有人利用現代網路媒體，用所愛之人的名字設立電子郵件帳戶，讓信件可以有寄處；或在臉書或其他社群網站，持續分享貼文或所愛逝者的相關訊息。雖然喪慟者毫無疑問地可以持續這樣的對話，但我發現他們通常在幾個月之後，有時是在案主完成了「未竟事宜」的重要交談，對逝者反映出憤怒與罪咎之後，就漸漸停止了。雖然在重大紀念日或持續治療（生活）中遇到的其他重要事件上，經常能證明寫作所帶來的助益，但這類寫作交談的做法經過一段時間就會逐漸冷卻，轉而成為與逝者更加內化的對談。此一常見的發展趨勢，正好與依附行為在感到較為安全的時候，就會轉變成更為心理與靈性上的形式（Field, Gal-Oz, & Bonanno, 2003）之說法所呈現的證據一致。

　　當富萊德在結婚五十五年後失去他的「甜心」雪莉時，可以想見他的悲傷有多深。但在妻子死後幾個月，他也感到奇妙地從照顧者的負擔中解脫出來，而這本就是他在妻子長年久病之中心甘情願、理所當然的付出。富萊德於是尋求治療，想要釐清這混淆的感覺，他接受了治療師的要求，把他的疑惑寫給雪莉徵詢她的看法，然而此想法一開始確實令他感到驚奇，第一封「交談」信的部分內容如下：

雪莉，我的愛：

　　嗯，今天是去看心理醫生的日子……尼麥爾醫生的候診室跟他的診療室一樣令人感到平靜，他是一位十分能令人放鬆且沒有壓迫感的人，而且就像其他好醫生一樣，尼麥爾是那種不會讓你覺得被推著走的醫生。他完全不使用傳統臨床模式那些接案單之類的東西，只是單純的說：「我們在這一小時裡可以如何為你服務？」

　　我立刻跳入正題，告訴他妳五個月前去世的事，和我從那之後的情形：我覺得生活上有困難，且在長期而密集的照顧之後覺得放鬆，（而因此）感到罪咎……醫生問了我幾個問題後，引導我了解到，（像我這樣的情形，）在所愛之人從極端痛苦與受難中解脫後，這樣的復原狀況並不少見，（這）給了我新的自由感。尼麥爾說我寫日記的做法正是目前大部分悲傷治療會做的事，也是使我現在能夠相當健康的原因，他看了一些我寫的東西，顯然對內容十分感動，而且尼麥爾也真的這麼告訴我。他說我用了很動人且溫和的方式處理妳和妳過世的這件事，他建議我應伸展自己，把腦海中顯現出的妳的想法和表達加入我現在所說、所寫的東西裡。所以，我會試試看，但自己有真正被了解和認可，那真是非常舒坦的一件事。他說下一個任務需要我想想看的就是，根據妳的死，重新描述我們的關係；不是要做最後道

別，而是找到方法在不同的層次上持續這段關係，聽見妳跟我說話的聲音，感受到妳和我有連結的存在；不是那種鬼魅魍魎的意思，只是單純地我還是可以感受到妳的聲音和身影。所以我會試試看，請耐心聽我說，我的愛。

富萊德

然後他又繼續寫了另一封信，這回是以「雪莉的」話語來寫：

阿德，該是你聽我說的時候了！我們認識多久了，相愛多久了，而我會不跟你說話？真是沒腦子！這回，尼麥爾醫生說的真是很對，你就坐著好好聽好了，你每天早上做的那個冥想，如果你好好專注的話，可能會很有幫助喔。

首先，讓我們來處理一下凡塵俗事——你如何利用時間跟精力。現在，只要你不做傻事，我都好說，不要讓我擔心，但這並不表示你可以魯莽行事，如果你發生了什麼意外，我們還有孩子，他們會因此而心碎；但去吧，如果那是上帝的旨意要你去做，就到城中心嘗試一下新的牧師職務，若沒人起立為你鼓掌也不要太失望！你有很多可以給予和奉獻，你有一顆充滿愛和善意的心，不要浪費在芝麻小事上……重振你早年在神學院時為「所愛的社區」打造的夢想，我支持你，無論選擇哪條路，請記得帶著小朋友跟你一起。

好吧，明天我們再談談其他事情，但今晚就這樣吧，我們明天再聊。

一直愛著你的雪莉

結語思維

敘事療法的技巧，像是與逝者通信的做法，在各種悲傷治療取向當中

都有人運用，即便是那些悲傷困擾之理念與處遇方式完全不同的取向也都會使用（如 Boelen, de Keijser, van den Hout, & van den Bout, 2007; Neimeyer, Burke, Mackay, & Stringer, 2010）。

　　事實上，在複雜性悲傷的經驗性支持治療中，它扮演著要角（Wagner, Knaevelsrud, & Maercker, 2006），修改此技巧以符合案主在與所愛之人共享關係性時刻中的深層需求，可藉以釐清、讚美或重新商談他們與逝者間的持續連結。

| 參考文獻 |

Boelen, P. A., de Keijser, J., van den Hout, M., & van den Bout, J. (2007). Treatment of complicated grief: A comparison between cognitive-behavioral therapy and supportive counseling. *Journal of Clinical and Consulting Psychology, 75*, 277–284.
Field, N. P., Gal-Oz, E., & Bonanno, G. A. (2003). Continuing bonds and adjustment at 5 years after the death of a spouse. *Journal of Consulting and Clinical Psychology, 71*, 110–117.
Neimeyer, R. A. (2002). *Lessons of loss: A guide to coping.* Memphis, TN: Center for the Study of Loss and Transition.
Neimeyer, R. A., Burke, L., Mackay, M., & Stringer, J. (2010). Grief therapy and the reconstruction of meaning: From principles to practice. *Journal of Contemporary Psychotherapy, 40*, 73–84.
Wagner, B., Knaevelsrud, C., & Maercker, A. (2006). Internet-based cognitive-behavioral therapy for complicated grief: A randomized controlled trial. *Death Studies, 30*, 429–453.
White, M. (1989). Saying hullo again. In M. White, *Selected papers*. Adelaide: Dulwich Center.

49 | 與逝者的 引導性想像對談

John R. Jordan

適合對象

想要與逝者重新做連結，與所愛之人「完成遺願」，並修補和逝者間之精神連結的人；對於有自殺意念、受到創傷，或有反社會行為或精神疾患的案主，使用此技巧則應十分謹慎。同樣地，新近遭遇喪慟，或可能無法承受使用此技巧所引發之強烈情緒的案主，則需要等待他們較能掌控自己的感受，且治療關係已發展到在強大影響下具有「掌控環境」的能力時再進行。

說明

推出與逝者的引導性想像對談是個很有力的技巧，但除非與案主有持續而安全的同盟治療關係，否則此技巧不可隨意使用。同時也唯有在說明可能的風險和益處，獲得案主對此技巧的知情同意，且治療師和案主對於治療目標達成共識後才能使用。這些內容可能包括向逝者道別（若死亡事件因發生地點或形式使得案主無法與之道別時）；在不好的、有傷害的或

困惑的關係裡安頓「未竟事宜」；更新與逝者的情感連結，並發展有逝者的畫面，使在生理和心理上能獲得療癒並感到心安（可協助解除創傷和想要「救援逝者」的悲傷反應）；在死亡事件後的生活因應中獲得來自逝者有助力的祈願；為療癒歷程難以界定的情緒，及生活遭逢變故後的建設尋求答案；以及治療師和案主共同設立的其他目標。對大多數的案主來說，這是一項屬於中期或後期的治療技巧，對於已能夠在認知和情感層面上將失落整合，並有能力「啜飲」或調整自己的悲傷的案主，是很理想的運用策略。具有這種能自發地選擇要趨向或離開自己的悲傷的能力，通常表示哀悼者能夠透過此技巧忍受與逝者「見面」時的強烈情緒，並在他們喪慟的復原歷程中獲得使用此技巧的效益。

| 帶領引導性想像對談之步驟 |

1. **放鬆**：需安排較多的時間來進行此技巧，不要讓案主或治療師覺得很趕——一般來說至少需要九十分鐘。運作程序先從協助案主在準備對話時，較不易在生理或心理上受到刺激的方式切入。我通常會從一個簡短的練習開始，就是邀請案主注意並感受他們的橫膈呼吸（即用腹部呼吸，而非使用胸腔）。閉上眼睛，選擇一個舒適的坐姿，只需請案主做個放鬆的深呼吸，然後花幾分鐘把注意力放在他們的呼吸上，讓思緒自然流入心中，再毫不費力的讓它離開。這簡單的過程幾乎能使任何人放鬆，同時也能讓人打開心房接受任何可能到來的體驗。

2. **進入**：跟著這裡的步驟進行，持續閉著眼，邀請案主想像走進一個房間，這裡備有兩張面對面放置的舒適的安樂椅，可以讓人坐下談話。當案主進入房間，他（她）就看到逝者已經坐在裡面其中一張椅子上，微笑著、等著向他（她）打招呼。本技巧很重要的一部分就是請案主想像，逝者的身體此時已從病中或受傷的情形下完全療癒，且在心理上是平靜的。更重要的是，逝者在此出現的目的是要聽到哀悼者想要說的任何話語，這跟過去他們關係中發生過什麼事一點關係都沒有，而且跟死

亡事件發生時他們處於什麼樣的關係狀況也無關。**關鍵就是，邀請哀悼者想像逝者在任何層次都已獲得了療癒，現在已經準備好想要做個具有同理心的傾聽者，傾聽哀悼者所在意的任何議題，和這議題所帶來的感受。**

3. *對話*：設定好這樣的心理劇場後，現在邀請哀悼者「向 _____ 說說你想要對他說的任何話」。即使對許多人來說，透過發聲啟動對話可以加深這場對話的強度──但案主選擇要靜靜地放在心裡說，或大聲說出，都是可以的。為使他們容易展開對話，治療師可提供案主一些提示，例如：「你想要讓 _____ 知道，他的死（或關係）對你的意義為何嗎？」這樣的提示也可把重點放在案主與治療師事先討論過的議題上，像是「你想要對 _____ 說，你對這段關係感到抱歉的是什麼？」或「你希望在她過世之前就能對她說的話是什麼？」當案主開口說話時，治療師此時要做的通常就是保持沉默，讓案主依照自己的需求來發展對話形式。說完他想要對逝者說的話後，可請案主想像逝者會說些什麼來回應他；這往往是這段體驗的關鍵時刻，因為案主會「聽見」逝者的觀點是什麼。這使哀悼者開始看到自己，還有與逝者的關係，並對死亡事件的看法有了新的觀點，這是個可能使案主覺得困擾或卡住的部分有所改變的關鍵，而且這可以在沉默中或大聲說出的方式裡完成。

4. *結束*：結束引導性想像對談時，需請案主想像他在這節會談中將與逝者道別，且需說明這並非是「最後的告別」，案主未來若是還有需要（重建持續連結的部分工作時），仍可用此技巧再回來與逝者做更進一步的對談。道別之後，接著就可引領案主花一、兩分鐘感受自己的呼吸，然後請他張開眼睛。

5. *最後總結*：若案主是在沉默中完成此技巧，可邀請（但並非要求）他（她）分享一些對話中所發生的事，作為這次活動的總結；詢問這次與逝者的對話對案主所具有的意義，是很值得的做法，尤其是他們在「聽見」逝者回應後的反應。

最後完成此技巧後，很重要的是要注意案主此時的身、心狀態，若擔心案主離開會談室後將如何處理自己的反應的話，便需先做好自我平撫的規劃，從家人朋友處獲得支持，或必要時聯絡治療師。也可以鼓勵案主持續反思，並把所體驗到的寫在日誌中，也許下次會談時可帶來討論。

案・例

　　南西二十九歲，在她丈夫布萊德死於神經退化性疾病十八個月後，由治療師轉介來接受悲傷諮商。在布萊德最後生命的一年半期間，由於身體上的痛楚與日俱增，而行動力卻一日不如一日，使得他變得心情憂鬱、充滿敵意，而且有明顯的自殺傾向。不過從當時狀況來看，他的死是否為自身造成的，倒是沒有明顯證據。雖然南西對布萊德付出了全心全意的照顧，並在醫療照顧系統的運用上更是一位勇猛的悍將，但她還是對於在丈夫死前一個月決定跟他分開而有明顯的罪惡感，覺得她拋棄了他，留他一人獨自死去。她對布萊德也有強烈的思念，想知道他是否仍舊苦於病痛，是否還能夠跟他在一起。在治療過程中還有一個複雜因素，就是南西又和另一位男士約會，對於這情形是否表示她背叛了丈夫，內心感到十分衝突。

　　在與南西一系列十二次的會談中，有兩次使用了引導性想像對談來討論上述有關她悲傷議題中的一些困擾。她在會談中能想像到遇見布萊德的畫面，當時他的身體都沒有病痛了，而且頭腦清楚、心情平靜、對她充滿愛意。其中有一次，他身邊圍繞著小動物，是他們夫妻倆之前經常餵養、共同付出了許多愛心照顧過的動物；關鍵的是，她聽到他很清楚地對她說：「我現在很好了，我要妳記得我，但不需要再保護我了。」她同時也聽見布萊德說他們將會再聚，只要她還在這世上，那些動物就是他們兩人之間的信差。

　　南西經驗到的這段對話是一種自由釋放，並告訴我接下來幾週，她的罪惡感解除了許多，她很確信丈夫的靈魂仍以某種形式持續存在

著，並形容有幾次跟那些動物在一起，能夠很強烈地感受到與丈夫的連結。她表示對於布萊德在生命末期，身心受到摧殘的痛苦記憶以及入侵畫面都減少了，最後還說她覺得已獲得了丈夫的同意，可以繼續自己的生活，包括展開新的關係。在這兩次引導式想像對談之後，治療又持續了幾次，工作內容都是強化那兩次活動給南西帶來的意義，並處理其他悲傷、家庭以及生活上的議題。然而，在治療師和案主看來，這兩次的會談顯然是她在經歷艱苦的失落後，整個療癒歷程中的轉捩點。

結語思維

　　使用這類讓哀悼者在心理上與逝者相遇、重修並再處理關係的技巧，顯然可提供面對突然、非預期死亡，以及與逝者關係有困擾的喪慟者很重要的允諾（Brown, 1990; Jordan & McIntosh, 2011; Smith, 1996），並在以具有實證基礎的複雜性悲傷治療工作中扮演主要的一環（Shear et al., 2005）。它們提供了與逝者持續關係的希望，在所愛之人往生後仍栩栩如生地持續發展和成長，而成為從失落傷痛走向療癒的泉源。在對的時機巧妙運用引導式想像對談在有需要的案主身上，將會是個十分有力的媒介，用以促進失落的整合，並協助喪慟案主在心理上的成長。

| 參考文獻 |

Brown, J. C. (1990). Loss and grief: An overview and guided imagery intervention model. *Journal of Mental Health Counseling, 12*(4), 434–445.

Jordan, J., & McIntosh, J. L. (Eds.). (2011). *Grief after suicide: Understanding the consequences and caring for the survivors*. New York: Routledge.

Shear, K., Frank, E., Houch, P. R., & Reynolds, C. F. (2005). Treatment of complicated grief: A randomized controlled trial. *Journal of the American Medical Association, 293*, 2601–2608.

Smith, B. J. (1996). Uncovering and healing hidden wounds: Using guided imagery and music to resolve complicated and disenfranchised grief. *Journal of the Association for Music & Imagery, 5*, 1–23.

椅子操作法 | 50

Robert A. Neimeyer

適合對象

　　對逝者仍肩負著「未竟事宜」的成人及青少年，無論是因為強烈的分離焦慮、氣憤、罪惡或其他議題，或只是想要與逝者重整持續的連結，使之更顯順暢並受到感應者皆可。對於一些陷在強烈創傷壓力中、懷著不信任的心情而無法涉入想像對談，或因宗教信仰而不能接受象徵性地與逝者談話的案主，利用椅子操作法來促進對談則是禁忌。

說明

　　和與逝者通信的技巧一樣，椅子操作法及其他形式的想像對談技巧，都是以重新啟動案主與逝者之間的關係為目標，不是確認最後的愛並增強依附安全感，就是討論關係中的特定難題（像是表達失望、建立界線、予以諒解等）。重要的是，我幾乎不會把與逝者想像對話的目標設定成「道別」，而是秉持著一個想法，從逝者身上「尋求結局」或「抽出情緒能量」以便將精力投注於其他地方。若看待與逝者生前的關係是壓迫性的或有傷

283

害的，則此操作技巧可能並不適合，而死亡為其所帶來的「脫離」或分開，反而產生較好的結局。更普遍地說，目標就是重新商榷與逝者的關係，以做為案主和治療師互動工作中的活性資源，通常也是讓案主在治療工作外，能用以確認和澄清其內在對話的做法。

我所執行的椅子操作，一方面受到情緒焦點治療（emotion-focused therapy）的豐富傳統影響（Greenberg, 2010），另一方面則是受對話自我理論（dialogical self theory）的影響（Rowan, 2010），透過擺位和編舞的運用，增強口語上或想像中的交流，以促進象徵性地與逝者相遇或對話，在此較為基本的想像過程中，那些理論的影響有效地提供了更多助益。我所說的「**擺位**」（positioning）就是指將逝者（或其他相關人物，或自己的不同面向）投射到不同的椅子上，而「**編舞**」（choreography）則是說在相遇過程中其翩翩舞步的順序，通常是指在相遇的主動舞臺上和後續發展中，案主在椅子間的移動（有時也包括治療師的移動）。在此提供悲傷治療工作中我覺得好用的個人操作程序摘要，讀者若需參考更豐富的相關技巧，請見本章最後的參考資料。

1. **設定舞台**：利用椅子工作是個非常有彈性的技巧，只要很少的引導提示就可進行——在限制較多的接案工作中，簡單用兩張面對面放著的椅子便可執行，讓案主坐在其中一張椅子上，把逝者象徵性地安排在另一張椅子。在小型辦公室，只要有兩張椅子即可，治療師可把自己的椅子讓出來給案主使用，選擇與兩張椅子保持適當角度的方位蹲或跪在邊上，這樣比較不會影響或打擾到對話的進行。變通的方式是加入第三張椅子，「遞給」案主正對面的逝者，而保持治療師原來的座椅不動。不過我個人比較喜歡的劇場是用四張椅子排在四方形的四個角落，如圖50.1 及平面圖 50.2 所示，其中也註明了會談中如何編舞的建議，以下段落會加以描述；如此可讓擺位的工作有最大彈性，且為治療工作做好預設的安排，在椅子操作中轉換順暢而不需調整家具。

2. *展開椅子操作技巧*：害怕正面與逝者相遇的案主，當經過事先跟治療師的討論或做完家庭作業之後，覺得有需要見上一面說出心聲而做好準備時，椅子操作可以事先計畫好再來進行。不過我發現，一般大多數來說，案主對這技巧的心理準備，都會在不經意的討論中發生，像是「我只是想跟他說……」、「如果她在這裡，她就會明白。」或其他情形顯示了案主有需要跟逝者說話，或想要直接聽到他（她）會說些什麼。在這情形下，若我們一開始並坐的相關位置就像圖 50.2* 所示的那樣時，無需費力鋪陳，我會用手指向案主對面的空椅，這時只需說：「有關這件事，你現在會向 _____ 如何說，如果她正好就坐在這裡跟我們在一起，而且能夠聽見你說的話？」若案主一開始坐在我的對面，我通常會指著右邊的空椅，簡單邀請說：「你可以來這邊坐嗎……？」然後如上面所用的話語，鼓勵他跟坐在對面空椅的逝者相遇。我會盡量減少指示，並用最簡潔的方法確認案主參與這場想像對話的準備度（例如「我想確定你現在是否願意跟他那樣說？」），用手慢慢揮動地指向空椅。根據我的經驗，精心計畫的鋪陳以及對操作過程的刻意描述，雖可提升案主對運作的理解，但後續的互動就會死氣沉沉，其中的自發精神也將被洗滌殆盡。

3. *說真心話和直接用語的提示*：當案主開始述說時，我把眼光望向空椅，稍微把重心放在那個方向，以加強會面情境的真實感，並由於我用眼光把案主帶向「逝者」，便能減少案主看著我說話的情形。不過，當他們的對話開始建立後，我又會不時地回到案主身上，觀察他（她）的非語

---

* 在我的四椅結構中，當我選好椅子坐下，或把筆記板放在椅子上「註明」那是我的位子時，發現有 60% 的時候，案主會從第一次會談開始就選擇跟我位子成垂直角度的椅子坐，通常是在我的右邊。這個位置跟一般「客廳」的談話位置差不多，若有需要視線接觸的話，可以很自然地做 45 度角的接觸而不覺得勉強；或若案主有防衛心時，只需讓視線自然地向前看，不用刻意移開。然而有 30% 的機會，案主會選擇直接跟我相對的位子，也許是一種訊息表示他已做好萬全準備，能夠以平常心直接面對高度視線接觸的會談。我通常都是讓案主自己斟酌，看一開始所選擇的位置是想要加強他的舒適感，還是他已準備好與我建立關係，事後再依工作需要來調整位子。在此並非是為治療中的人際距離學因素而做詳細討論，不過為本章的椅子操作提出討論，卻是十分必要的。

圖 50.1　設置四個位子的椅子操作法之代表性場所

言手勢和表情，並用點頭或臉部表情來確認和強調他（她）的陳述。對於不完整的陳述，牽涉到治療任務時，我會鼓勵案主使用第一人稱「我」的語言來說：「我需要你知道的是……」或「跟他說說你目前的情形，以及你現在需要他為你做什麼，也許可以從『爸爸，事實上我……』開始。」若案主又溜回第三人稱的說法（例如「我想我會跟他說……」），我就只要小聲示範地說：「我想要跟你說的是……」，然後把眼光望向空椅。我會重述或強調有關感覺的陳述，還有其他可加強關係連結的用語：「跟她多說說你所感到的『黑洞』」或「關於你現在仍然很需要她，可以再多說些嗎？」

4. **舞步交流**：當交流產生共鳴，案主若說出一些較為辛酸的話語需要他人有所回應時——很像在家族治療中可能會有的情形，我會看著他（她）的眼，指向對面的椅子，並說類似這樣的話：「我想你現在是否可以坐

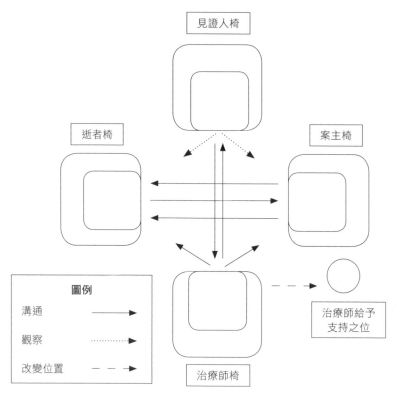

圖50.2　椅子操作法之基本架構，包括案主與逝者之間想像對談的擺位和編舞

到這裡來……」若案主可以，就繼續：「……現在，就用你自己的聲音
對 _____ 講，當（你女兒／你母親等）說：『我不會原諒自己，沒
有好好保護你……你一直都在支持著我……而我卻在你最需要我的時候
讓你失望』（簡單重組案主說過的話）時，你會回應她什麼呢？關於這
點，你想對她說什麼？」接著我會把眼光拉回案主原來的位子並等待回
應，一再形塑說真話、立即性以及深入核心的氛圍。再一次，通常是幾
分鐘之後，我仍會注意聽是否還有辛酸的表達，觀察是否有強烈情緒產
生，並暫停等待醞釀的過程，然後就像我在其他夫妻或家庭治療的會談
一般，把案主帶回他（她）自己的位置並請他回應。我持續這樣在這互
動的交響曲中穿梭，直到雙方交流自然告一段落，或案主遇到無法克服
的僵局，或看著我顯示出他有需要立即處理的議題，通常這位置交流的

時間大約是五到十五分鐘。

5. **轉換到議題處理**：在我經常進行的想像對談工作中，要減少流於評論的說法（例如：「我不知他是否願意聽，因為……」）時，可以有技巧地換一種說法來打斷這類陳述（例如：「我不知你是否真的想聽這些，但……」），以保持整個過程都具有強烈的表達特質，在這當中幾乎所有改變都會發生。不過一旦有了新發現，且對話的情節告一段落後，評論往往就變成收割意義成果的重要工作。對於這部分的運作，我通常會請案主換坐到第三張「見證人」椅（請見圖 50.2），然後說類似這樣的話：「我能想像，你的一部分在這裡會聽到對話中沒有說出的東西……關於他們兩人之間的關係，有什麼引起了你的注意嗎？或你觀察到什麼覺得是很重要的東西？」雖然在標準的情緒焦點治療中，案主只是被帶回他們原來的位置以達治療目的，但其實他們回到自己所熟悉的位置，也就不經意地會注意到「逝者」所坐的椅子，於是減少了對自己的觀察，並較可能會過於專注在對對方的觀察（例如：「他好像沒有真的在聽我說」）。相對地，若提供見證人之椅來「轉換位置」時，案主就更有可能抓住關係的特色（例如：「我無法相信，那聽來就像是我還是小女孩時的感覺」），或分享對自己的觀察（例如：「看來我真的有一段時間無法面對她！」）。我有時會根據案主所做的解讀，主動提出觀察角度並邀請案主表達想法（例如：「你有沒有注意到，當他說 _____ 時的口氣？你覺得那是什麼意思？」），最後我們再回到原來的位置把這會談做個結束，或繼續其他的議題。

變通做法

根據圖 50.2 所繪的結構可精心設計出很多做法，在此我只簡短說明一些，另將此操作推展延伸成紙本或錄影形式發表，其所能提供的豐富描述，以一個短短的章節來說真是一言難盡（Neimeyer, 2004; Neimeyer,

Burke, Mackay, & Stringer, 2010）。

1. **說出非語言的意義**：在想像對話的過程中，治療師應注意明顯的手勢、表情或身體姿勢，並請案主把這些放進對話中說出來，但不要更進一步給予批評或解釋（例如：「你的手正在做什麼？可否請你更明確地再做一次？你這樣是想要做什麼呢？」「只是想碰碰他吧，我想。」「你可以直接對他說『我真的很想碰觸你，跟你說話』嗎？」），對話於是可以從這個新的溝通模式進行下去。

2. **移入同盟關係**：如圖 50.2 的描述，當感覺交流有困難時，治療師可以對案主傳遞許多支持的訊息，他可移動位置到他（她）的邊上跪著或蹲著，看著逝者並持續進行之前的對話（例如：「你可以跟他再說一次嗎？甚至語氣更強烈一點……『爸爸，你當時就是沒有在場支持我。』」）；對於曾受逝者身體或性虐待的案主，仍舊給予更強的支持，如同這「未竟事宜」就在充滿著情緒的真實情境裡一般，治療師可以直接站在坐著的案主旁邊挺他，並提示案主採取更強硬的態勢（例如：「試著告訴他：『你再也傷不了我了。』」）我發現案主與治療師之間座椅排列的角度越小，他（她）收到支持的感受就越強烈。但我倒是很少會與逝者排列成這種角度，因為這樣很容易就會讓案主感受到「二對一」的聯手對抗，於是他就成了被排擠的第三者。

3. **訪問逝者**：邀請案主與逝者進行角色扮演，治療師可以訪問逝者有關案主的優點、需求和特質，或在關係中特別令人擔心的事，當第一次認識案主後，該如何適切地介紹他（她）（例如：「莎拉，我過去幾個星期已在此跟妳女兒芮貝卡聊過，她有些擔心如果她搬到另一個城市，而不是這個曾經一直跟妳一起共度的地方，似乎就是拋棄了妳。妳對此有什麼想法呢？」或「戴維斯先生，你覺得使你兒子成為一個男人的特質是什麼，且是你覺得他最令你感到驕傲的？你現在又會更進一步給他什麼樣的忠告呢？」）這往往可以讓案主聽到他心中的另一個聲音，是治療師會問但案主可能不曾想到的，卻是具有療效的問題。

4. *與自己的其他部分對話*：除了與逝者進行想像對談，案主也可以跟自己的其他面向（例如，這個嚇壞了的內在小女孩）、心靈導師（例如上帝或追求靈性的自我），甚或是自己的症狀（即和擬人化的自己的「悲傷」或「苦難」對話，貼近案主自己的語言，對這困擾在他生命中所扮演的角色和目的有更多的了解）做有效溝通。

5. *加倍案主的力量*：以「支持」的角度接近案主，站在他邊上，治療師在想像對談過程中可溫和地徵求案主同意，將手搭在他肩上並簡單地說明，治療師在這段對話中會為案主「站臺」，這可讓治療師將案主未能全然發聲的隱約的情緒或需求明確表達出來（例如：「當我把手放在你肩上，讓我說幾句話，看這是不是就是你真正感覺到的情緒，如果是的話，那麼當我把手拿開時，你再繼續接下去，就像是你已經說了那些話。」）如果治療師抓住了案主在情感上的意義，這在促成深遠且清晰的互動效果上，將會是個強而有力的做法（例如：「事實上，媽，我還是在試著贏得妳的愛。」）就幾乎整個治療過程來說，這段陳述語的力量和它的長度呈負相關。

6. *利用空椅法*：若是不採用讓案主換坐椅子以代表不同的發言角色的方式，治療師可引導只是從案主的位置發聲，跟另一人進行獨白式的對話（例如：「關於那件事，你需要告訴她什麼？你現在可以對她說嗎？」）不把案主請到另一人的座椅去坐，可以很有效地讓對方靜默，這在有壓迫性或虐待情事的案件中是十分適用的，可讓案主說真話，但無需展開反駁或擔心會被懲罰。

以下案例簡要描述了這技巧的一些過程。

案·例

瑪利亞，四十五歲，為她長年以來低度的憂鬱狀況而尋求治療，這已經根深蒂固成為她成人生涯的一種特質。儘管在自己的營養師生涯中表現相當成功，但她卻感到不滿意、孤寂，並脆弱地感覺自己被

社交活動「排擠」在外，使得她退縮在自己充滿書籍和獨自漫步的世界裡。儘管早在二十歲那年就和東尼結婚，但她表示跟先生有些小小的衝突，他們形同「室友」的關係只能稍稍減緩她在孤寂世界的消沉而已，但是她也說不出想要有什麼樣的改變。

當探索了她長期以來多愁善感的緣由（這在其他幾次無效的藥物治療及婚姻諮商中均已獲得證實），我們發現這要從她早年二十多歲時所遭遇的一次困境說起，當時她經歷到流產，而這是個意外懷孕，之後不久又決定終止她的第二次懷孕，因為瑪利亞說她和東尼「還沒準備好要當父母」。當問及她是否知道小孩的性別，我看見她眼中閃爍著淚光說，她是個「小女生」。見她十分明顯地對這孩子投入了感情，我輕聲問她是否有為寶寶取名字，「奧莉薇亞，」她低聲說，這是二十多年來第一次叫出女兒的名字。於是立刻就清楚看到，她所經歷的憂鬱大部分有了被理解的機會，是這攸關生死的決定讓她沒有了孩子，悲傷之中摻雜著一些遺憾和罪咎，對於這個她和東尼選擇不要讓她來到世間、進入他們家庭的孩子，她有很多話要說。我疑惑地問她，這是不是就是癥結所在，只見她緩慢而哀傷地點著頭，於是這就開啟了想像對談的可能性，是一場從來沒有發生過的對話。

我站起來，拿了條蓋在腿上的毯巾橫跨放在其中一張椅子的扶手，然後把它捲起來好像一個小小的襁褓包，非常小心謹慎地放在瑪利亞對面空椅的椅墊上，代表著奧莉薇亞。「妳現在可能會對她說什麼？」我問：「如果她現在能夠聽見並了解當時她還無法理解的事？」靜默一會兒，瑪利亞低頭說她覺得自己就像那個孩子，無助、毫無準備，然後又沉默了幾秒，她舉起右手摸著喉嚨說：「我對這件事覺得非常的……受限……我那時對於扮演父母的角色太過理想化，所以很怕要擔負的責任……讓東尼做決定，我覺得比較輕鬆，那我只要跟著他的決定就好。可是這件事，我就是一輩子擺脫不了。」我向她提示較深入的說法：「我就一輩子擺脫不了這個決定，但我寧願是妳。」瑪利亞這時大哭了起來，調整了一下內容，然後向奧莉薇亞

說：「我得要跟著這個決定一輩子……我寧願是跟妳一輩子。」

我持續地請她跟女兒說她想要給她什麼，「一對充滿愛的父母」是她的回答：「不會害怕妳的到來。當時我擔心我不是妳需要的那種……但我是愛妳的。」「我現在仍愛妳，」我提出了現在式的說法。瑪利亞重複著這句話，令人動容，接著她遲疑了一下並接著說：「我所想的是，這樣就夠了……但我也有自己的需求。」我鼓勵她把這部分說出來，聽見她對女兒說自己需要的是「在婚姻關係裡得到支持，以及足夠的承諾」，但是東尼，她說：「卻總是腳踏兩條船……而我也是一樣。」她打破想像對話的架構與我對望，一邊傷心地點著頭一邊說：「若是有個人對我們需求太大，或時刻需要照顧，我們任何一方都是沒辦法應付的。」「像是奧莉薇亞。」我提出。瑪利亞點點頭補充著說：「或者彼此都是。」

讓瑪利亞移到見證人椅討論這次的體驗，她說二十二歲時所做的決定跟兒時所經驗的「對所有事情都不負責的爸爸」有關，遺憾地留下一個實在很不適合承擔這任務的單親媽媽把她帶大；瑪利亞隨即又回想起當她第一次流產時，東尼因公出差，在這重要時刻缺席，事後卻是一種「『她的』失落與他無關，就好像這事不存在」的態度。瑪利亞二十二歲時，她說：「對這事帶著許多憤怒，所以就有了距離，而這卻是他樂見的。」「所以，即使妳跟他保持距離，」我說：「妳還是給了他他想要的。」瑪利亞皺起眉頭補充著說：「也是我想要的。」我們接著討論她避免再度被拋棄的自我保護立場，這一輩子的功課，付出了極度空虛的代價。後來又在四十五歲的瑪利亞和二十二歲的瑪利亞之間，做了一次椅子操作，引導她做深度的自我疼惜，並同時面對這些失落所帶來的悲傷，且為人際關係中的親密度「找到出口」，尤其是她的婚姻。

結語思維

　　這場由逝者、治療師及案主本身所參與，栩栩如生的體驗式介入工作帶出了立即性和脆弱面，椅子操作法需要經驗豐富、具有洞察力的治療師，而且指引想像對話也需要一些敏銳度以朝向令人滿意的結局發展。由於這工作往往挑起強烈情緒，應在已建立牢固的治療聯盟關係，且案主明確顯示在情緒變化及使用其他訊息進行意義建構的過程中，具有調適能力時才使用。想像對話在確認有效的複雜性悲傷治療中扮演著重要角色，這在隨機採樣的控制試驗（Shear, Frank, Houch, & Reynolds, 2005）中經過測試，也廣泛符合在悲傷治療工作中大量使用的對話自我理論（Neimeyer, 2011）。當治療師這一方有了足夠訓練和協調能力，而案主方面有著勇氣和開放心靈，椅子操作法就可讓案主跟自己，或甚至從寂靜墓地昇華的逝者進行具有療癒性的對談。

參考文獻

Greenberg, L. S. (2010). *Emotion focused psychotherapy*. Washington, DC: American Psychological Association.

Neimeyer, R. A. (2004). Constructivist psychotherapy. On *Series 1: Systems of psychotherapy* [VHS video/DVD]. Washington, DC: American Psychological Association.

Neimeyer, R. A. (2011). Reconstructing the self in the wake of loss: A dialogical contribution. In H. Hermans, & T. Gieser (Eds.), *Handbook on the dialogical self*. Cambridge: Cambridge University Press.

Neimeyer, R. A., Burke, L., Mackay, M., & Stringer, J. (2010). Grief therapy and the reconstruction of meaning: From principles to practice. *Journal of Contemporary Psychotherapy, 40*, 73–84.

Rowan, J. (2010). *Personification*. New York: Routledge.

Shear, K., Frank, E., Houch, P. R., & Reynolds, C. F. (2005). Treatment of complicated grief: A randomized controlled trial. *Journal of the American Medical Association, 293*, 2601–2608.

51 | 生命標記

Robert A. Neimeyer

適合對象

認知到能與逝者保有持續連結的青少年及成人，通常能從生命標記的工作中獲益。但還在剛失去親人的餘波中載浮載沉的人，運用此法就嫌太早。

說明

從某種角度來說，我們都是一點一滴反映著許多人特性和價值觀的「性格混合體」，我們無意識地把這些特性和價值觀吸收，內化到自我認同的系統。這是一種超越基因的「傳承」，因為我們並非只是受父母強而有力或潛移默化地形塑，同時也受師長、朋友、兄弟姊妹，甚或我們所愛且逝去的孩子的影響。這些生命標記並非都是正向的，有時我們覺察到那些自我批判、不信任、害怕，以及情感的疏離，源自於曾具有影響力的關係中，而今卻成為我們內在的一部分。對於喪慟者的處遇，無論是在個人或團體情境，我常常運用威喬（Vickio, 1999）的**生命標記**（life imprint

概念，將其修改發展成治療性任務，可以當作家庭作業，或在團體治療中的練習活動，或工作坊的一部分。這是鼓勵案主反思他們所愛的逝者，並在下列任何一適用的層次上自行追溯其生命標記，針對每一條寫一個詞、一個句子，或（家庭作業的時間較充裕時，可寫）一個段落。然後由案主決定，若在團體工作中，就請他們跟其中一或二位夥伴討論在小組所做的觀察，或若是個別諮商的話，就和我討論。反思的基本架構如下：

我想要追溯標記的人是：＿＿＿＿＿＿
此人對我有下列的影響：
我的習性與姿態：
我說話與溝通的方式：
我的工作和休閒活動：
我對自己和他人的感覺：
我的基本性格：
我的價值觀和信仰：
這些標記中我最肯定且想繼續發展的是：＿＿＿＿＿＿
這些標記中我最想拋棄或改變的是：＿＿＿＿＿＿

我囊括了後面兩個問題，因為生命標記有時是很模稜兩可的，以至於即使是所愛之人（例如奉獻一生的母親）可能留下了一些特色典範（例如犧牲自我的作為），卻讓案主寧願放手讓它留存在媽媽的生命裡就好。若是在極度衝突的關係裡，像是面對十分挑剔又拒人於千里之外的父親，案主可能發現他所留下的「負面標記」已經強烈形塑了他（她）的生命，學會「不要變成那樣」；但如同負片一般，這標記對案主日後所建立的自我，並不曾少有影響，而且還是形成反向個性的重要因素。

通常案主發現這十分具有肯定性的練習，能夠強化他們與所愛逝者保有持續的連結，而另一方面其所傳達的意義，使案主深刻感受到逝者仍活在自己的生命裡。同時，此練習繼之而來的分享時段，尤其是在團體活動

中，因案主能對易受感動的大家述說所愛之人的生命故事以及他對別人的影響，常常帶來肯定感和樂趣。不過，即使發現標記含有負面形象，卻通常也造就了如何做才能拋棄它的討論重點，往往能以療癒性的儀式來呈現。若案主失去的人大部分都很負面或難以判斷好壞，像是虐待或疏忽他的雙親，則需要做特別照顧，這類案例就要多花點時間處理生命標記所帶來的衝突。

案・例

在一場聯合的團體治療中，克莉絲汀娜和她成年的女兒紐芮雅進行了生命標記的練習，她們各自花了幾分鐘寫下喬斯所帶來的影響，喬斯是這家裡最近剛過世的丈夫，也是父親；她們分別以自己的角色表達了看法。在由同一位治療師所帶領的後續分享時段中，紐芮雅專心看著克莉絲汀娜動容地描述，她現在是如何帶著她伴侶一向所擁有的自信特質在自己身上，在她進修更高學位但對自己的能力很沒安全感時，丈夫曾給予支持以及對她全力相挺的愛——即便是在他們早先的孩子胎死腹中後，他也徐徐為她注入希望，使她終能接受「再試試看」的決心。克莉絲汀娜所言受到紐芮雅的肯定，紐芮雅是他們建立這個家庭之第二次嘗試的成功果實，她陳述了對父親的記憶，從小就喜歡逗她，而對於父親的死，她驕傲的表示自己已經成年，她現在有著熱愛生活的信念，並能追尋自己的夢想。經過一番以淚洗面的過程，這兩位女性彼此互相對望並相擁，似乎感受到喬斯也在場，伸出了雙臂圍繞著她們兩人。

結語思維

　　寫下並公開與逝者連結的做法與在悲傷治療中進行敘說工作的實證研究結果一致（Neimeyer, 1998; Neimeyer et al., 2009）。生命標記研究的基本變數包括，請案主在進行這項反思寫作習題時，用一兩個字或詞彙寫下他（她）的心情，然後在與大家分享後，也同樣寫下心情。大部分都顯示出從悲傷情緒到欣喜心情的轉變，當然也還有很多其他不同心情的變化，或許這意味著，更進一步地進行寫日誌的作業或引導式的公開討論是否會對一些人更有治療效果。同樣地我還發現，對於就要失去日漸衰弱之所愛的案主，生命標記能提供強而有力的藥方，將經常全心灌注於疾病處理的注意力，轉換到對生命傳承走一趟感恩之旅，這是瀕死病人即將留下的東西。最後，還有一些案主更是開發了新穎的方式，把這練習當作一個「訪談」架構以訪問認識逝者的其他人，來為所愛逝者留下的標記建檔，這是一個很棒的做法，發揚且認可了逝者對這世間的影響。讚揚所愛逝者的生命和他所遺下的影響，在絕大部分的案例中，顯然都能夠舒緩悲傷，並協助案主專注在生活目標和活動上，這才是對其生命與遠走之人持續保持連結的方法。

參考文獻

Neimeyer, R. A. (1998). *Lessons of loss: A guide to coping.* Memphis: Mercury. Translations: *Aprender de la perdida.* Barcelona: Paidos [2002, 2007, Spanish]; *To those who have lost something important.* Tokyo: Shunjusha [2006, Japanese]; *To love and to lose: Coping with loss.* Athens: Kritiki [2006, Greek].

Neimeyer, R. A., van Dyke, J. G., & Pennebaker, J. W. (2009). Narrative medicine: Writing through bereavement. In H. Chochinov, & W. Breitbart (Eds.), *Handbook of psychiatry in palliative medicine.* New York: Oxford University Press.

Vickio, C. (1999). Together in spirit: Keeping our relationships alive when loved ones die. *Death Studies, 23,* 161–175.

第十一部｜更新連結

297

52 | 穿透憂傷看到傳承

Thomas Attig

適合對象

　　任何有著憂傷的喪慟成人或孩子，無論死亡事件是最近或多年前發生都適用；但案主經驗到嚴重的困擾，像是死亡事件的創傷情境，或對關係有負面經驗（包括虐待事件，但不是只有此項而已），則應在使用本技巧之前先說清楚。

說明

　　懷念逝者的行為在喪慟者重新理解悲傷世界的歷程中，扮演著重要的角色，這就像那世界提醒著他們，逝去的所愛之人無論到了哪，都又回到了身邊。很多時候，往往只是靜靜地躺著，記憶的洪流就淹沒了他們的意識；又有些時候，他們刻意用心回憶特殊事件，跟別人一起想念，或回顧他們所憶起事件的個中意涵。透過回憶，他們會發現失落所帶來的意義、所愛之人的一生、他們與逝者的關係，以及籠罩在失落和與逝者分離的陰影之下的自己、家庭和社區生活。

喪慟者唯有在記憶中才能珍視所愛之人和他們留下的種種，無法回憶將加重分離之情，使他們只能在思念的痛苦中抓住逝者。避談死亡的世界，或有些情形甚至絕口不提，這樣其實更加痛苦，意味著他們所愛的逝者沒有機會受到關注，或很快就被遺忘，讓這世界顯得冷漠無情，而他們也被隔離在悲傷裡，更加深了分離感；在沉默之中，就連豐富的記憶也被剝奪了，他們可能因此而感到罪過。

　回憶把過去的種種帶到現在的意識裡，有意識的記憶和分享能豐富眼前的生活。在回憶裡，喪慟者可以跟生命中最美好的部分做連結，重新獲得並珍視逝者所遺留的東西，感受他們對所愛之人付出愛和獲得回報的那份溫馨，並在讚美、感恩和歡樂之中再度遇見所愛的逝者。

　當所愛之人逝去後，喪慟的人們進入一個需要重新學習的世界，奮力掙扎著想要再像「回到家」一般的自在（心靈面的運作），同時也得重整他們的日常生活，並展開生命故事的新頁（精神面的運作）。他們在周遭的環境裡與逝者的心靈和精神相遇，在事物中、在地點、食物和音樂中，還有在逝者遺留下的社會情境裡；也在自己的內在與逝者相遇，在他們與逝者呈現自己是誰的共通點上，或曾經深受影響的部分——幹勁、性格、慾望、興趣、價值觀、行為、習性、靈魂、精神，以及能與所愛之人更相像的渴望。

　諷刺的是，喪慟者偏偏在他們的環境所在或自己內在，可能是他們最易感受到與逝者有連結的地方，卻常常最容易錯失所愛的逝者。這些地方在他們的經驗世界中將提醒他們，不只是分離，同時也是逝者有關生命、特質、和其如何令生者感動和形塑他、他們的家庭和社區的故事。若喪慟者在這些地方逃避了分離之痛，他們就錯失了與逝者的深度連結，以及他們對逝者一直深愛的部分；若他們願意穿透或看到過去那個痛，才能與逝者重新連結並在此分離中看到愛。由於他們願意穿透分離所帶來、籠罩著正向記憶之陰影的憂傷，他們就能看到並從所哀悼的事物中獲得傳承：他們自己的記憶、物質的繼承，以及實際上、心靈上和精神上的生活課題，還有生活上的影響等。

我在此所建議的技巧是，邀請喪慟者對他們穿透憂傷看到傳承的經驗進行回顧，這是一個我在工作坊所做的團體活動。於導引式想像和回顧之後，找一位夥伴一起討論，然後回到大團體，這活動增加了大家對回憶逝者經驗中之各種面向的認識，顯示如何穿透那令人痛苦的離別回憶是有可能的；並證明能夠從中獲得珍貴的傳承。此練習若要調整成諮商情境中的運用也很容易，在想像和回顧的體驗之後，跟諮商師討論即可。

1. **準備**：先提醒成員，過程中若他們覺得必要時，可把注意力從我的話語轉開先做好自我照顧，接著再告訴他們，將會請他們回憶會引起他們痛苦地想到某位所愛逝者的環境、這環境有些什麼特質，並請他們找一位夥伴，稍後可互相分享。然後便請他們選一個舒適的姿勢，把眼睛閉起來並專注在自己的呼吸上，以便集中注意力和放鬆。

2. **專注於某一人**：從回憶一位十分親近的逝者開始進行回顧，請大家把此人的畫面帶進腦海，並盡可能把他（她）想像成活生生的就在眼前。我力勸他們把和逝者之間不愉快的記憶先放在一邊（提醒大家，畢竟我們都是不完美的，都會有不完美的關係）。此外，鼓勵他們回想一些有關所愛逝者最好的一面，什麼是最珍貴且無法取代的，他們最感謝或最想念的是什麼。

3. **回憶憂傷**：當他們所愛的逝者全然進駐心中後，便請他們回想，從逝者的喪禮或追思會回到家中，在這個剛失去他（她）的地方，回想他們自己在這每日生活的熟悉環境裡，將要面對與所愛之人在實體上的分離。請他們想想那些他們還要繼續活下去，而所愛之人已經拋下的事物、地點、人們以及生活：個人的財物（像是每天都會用到的東西或衣物）；他（她）彈奏的、工作用的、創作的或給予的東西；家裡或外面常佇留的地方；家人和朋友；他（她）常參加的活動或體驗；他們自己的責任、希望和夢想。請大家想想前面所提的這些事情，當第一次碰到時，那是如何提醒了他們逝者的不復存在；然後請大家回憶這種憂傷，並回想這又是如何地在這情境中讓他們卡住了。

4. **專注於某一個令人憶起分離痛苦的事物**：接著我請大家專注在某一個特定的事物、地點、人物，或特別覺得面對起來具有挑戰性的生活面向或特質，因為這件事提醒他們有關所愛逝者離去的感受是這麼的強烈。請大家回憶第一次遇到這件事時，他們對分離事件所帶來的憂傷感，其強度和沉痛感有多強烈。

5. **穿透憂傷看見傳承**：做到這裡，我請大家盡己所能穿透憂傷的痛苦，然後專注在其他事物、地點、人物，或他們想到的生活面向或特質所帶出的記憶上。「你所愛的人如何或為何對這件事這麼關心？」「你所愛的人是如何把他的心靈、精神、影響或甚至改變加諸在這件事情上？」「這件事如何使你想起所愛之人的生命故事中你最珍視的部分？」「它如何使你想起一些你們曾經在一起的生活中最珍貴或最開心的時光？」「那件事本身是如何或是否令你想起，所愛逝者實際上、心靈上或精神上留下來的傳承，或是天性？」「這件事有沒有令你想起自己的，以及從與所愛逝者共享的生命中演變而來的生命課題或改變？」

　　若案主這麼做而受到感動時，我便請他們暫停一下，默默地感謝他們所愛的人給予了這個禮物，讓他們能夠有所回憶。我告訴他們，在幾分鐘內就會請他們張開眼，並與夥伴分享這次體驗的想法和感受。當我請他們張開眼時，會感謝他在這活動中所做的努力，並且請大家轉向自己的夥伴來討論這次的經驗，同時輪流回應以下提問：「你心中想討論的是什麼事物、地點、人物，或生活面向或特質？」「除了憶起分離的場景，還有什麼其他回憶？」「對你來說，回顧那些記憶，在這當中看到生命中的歡樂、課題和傳承，並重新跟所愛的逝者有了連結，這是什麼感覺？」

案・例

　　記得在工作坊完成這個練習時，一位名叫瑪麗的中年婦女發問，她問是否可以說說關於她項鍊上的小盒墜飾的故事。我跟她說可以，

於是瑪麗告訴我們她和她母親曾經有一段波濤洶湧的關係，總是覺得媽媽愛她不如愛她的兄弟那麼多。

瑪麗的媽媽經過一段長期抗癌的過程，於此工作坊約一年前過世。當瑪麗仍在母親床畔照顧時，她媽媽了解到原來她們之間的關係有時是多麼的緊繃，但她仍堅持表示，她的每一個孩子在她心中都有一個特殊地位。瑪麗覺得這真是難以置信，但沒有像以前那樣習慣性地頂撞她；不過當母親要求她回想她們一起生活的時光時，瑪麗就默認了。她們花了許多時間回憶瑪麗成長過程中的重要時刻，從青春期到她有了自己的家，回憶中充滿了笑與淚。經過一段「美好的對談」，她媽媽把戴了許多年的紀念盒墜飾從脖子上拿下來塞在瑪麗手中，瑪麗因母親的這個動作深受感動。

母親過世後，此紀念盒對瑪麗來說十分困擾，那只會使她想起媽媽不在了的事實，她偶爾會戴上它，但通常都只有在勉強哭完後才會戴上。大約幾個月前，瑪麗忽然想起，不知她媽媽有沒有在紀念盒裡放什麼東西，於是她把盒子打開，發現裡面有一張她自己小時候的照片，還有一搓她當時的金色捲髮。原來這些年來瑪麗一直懷疑媽媽對她的愛，而媽媽卻把對她兒時的回憶深藏在這個這麼靠近心房的紀念盒裡。瑪麗說，她現在幾乎每天都會戴上這個紀念盒墜，不為跟母親的分離而悲傷，是感恩即使她把關係搞得這麼難相處，媽媽還把她放得這麼貼近。

結語思維

當工作坊成員進入討論階段時，他們常常是從回顧分離之痛的傷心甚至淚水中，轉而想到他們仍然保有珍貴的記憶，以及其他逝者所遺留的東西，因而露出笑意，甚至歡笑起來。雖然較少有人說出像瑪麗的故事那樣令人驚奇的經歷，但幾乎所有人都覺得和珍貴的過往做連結十分有益。

悲傷治療的技術｜創新的悲傷輔導實務

我長久以來都覺得，從存在的愛走向分離的愛，對喪慟者來說沒有比這更難的了，但卻很值得（Attig, 2000）。協助悲傷者穿透分離之憂傷，如本章技巧所示範，絕對是協助他們走過這個正向轉化的關鍵。

| 參考文獻 |

Attig, T. (2000). *The heart of grief: death and the search for lasting love.* New York: Oxford University Press.

53│「抓住片刻」的記錄

Todd Hochberg

適合對象

　　此技巧適用於處於轉化階段的人，尤其是正在與病魔搏鬥、瀕臨死亡或喪慟中的人；但若此人因強烈悔恨而產生困擾、有個人或家庭衝突，或複雜性悲傷的話，使用此工具來建立傳承，就無法滿足專業諮商的需求。

說明

　　「*傳承*」（legacy）一詞通常是指一個人留給家庭、社區、專業或社群的，往往是所謂的成就、價值觀或成果；而傳承工作業者，一般來說是指引領案主做生命回顧的專業人士。我認為傳承工作是當面臨生命轉換時刻，除了口述歷史外，在個人、情感以及精神層面上對當事人之境地的一種探索——即時常透過隱喻的形式敘說我們是誰、我們價值觀所在的故事。我大部分的工作都是為瀕臨生命末期的人服務，由於相信當一個人的世界受到重病、即將到來的死亡或失落阻斷時，進行意義建構有其重要性，因此述說個人故事便具有很好的療癒效益；基於此，傳承其實跟猶太

傳統的倫理遺囑（ethical will）很類似，能夠和所愛之人及他人分享情感上的價值觀和天性（Baines, 2002）。

此活動也可以考慮以儀式性的做法進行，可重新架構或轉化某種經驗或看法，並開啟對困難境遇或情感展開整合的機會（Harvey, 1996; Sontag, 2003）。

我採用記錄建檔的形式來進行工作；如同說故事者的做法，照片在情感的敘說和表達上是強而有力的輔助工具。對於某種特定經驗或轉化情境，畫面最後終將成為與此相關的情感和記憶的試金石，隨著時間善加運用，其對人們的情緒療癒是有助益的（請見圖 53.1）。

附加運用錄影工具，能提供人們開口說話和被聽見的機會，且極有可能在他們覺得如此具有支持和創意的環境裡，更能與家人和朋友分享他們想說的話。此錄影工作可用幾個開放性的問題展開，然後引領其進行深入的討論。我的方法是當下隨性記錄想法和感受，但也有些案主覺得他們需要些時間準備，在這情形下我就會在我們見面展開工作之前事先提供要問的題目，這些問題是根據當事人而修改的，但也具有足夠的寬廣度可讓他自行解讀，並走向其想要產出的回應。

例如：

- 可否請你告訴我一些有關你自己的事？
- 在你生命中，你所熱愛的是什麼？
- 如今，現在你覺得最重要的是什麼？
- 描述一下你的家庭，你和家人的關係以及重要他人。
- 自從你生病後，生活是如何地改變了？那麼現在的生活情形是？
- 在這段生病的期間，是什麼讓你最感受到支持鼓勵？

回答這些問題可引領出更進一步的談話，也可能完全偏離原先計畫好的問題，產生的故事往往會描述並透露出案主目前對自己的感知，以及所面對的挑戰。

圖 53.1　鮑伯

（來源：照片版權所有 Todd Hochberg）

　　此活動大約二到三小時的長度，可分布在一或兩次的會談時段進行，把所完成的相簿和編輯好的影片 DVD 帶至我和案主可以觀看並討論的地方，這些會談往往也具有治療性。案主看著、聽著他們自己透露出個人深度的真實性和感情，這是一種見證，能激發新的自我探索，並能在永久留存的創作中感到自豪與樂趣。觀賞這些作品的家屬和其他人，在他們共同度過的生命中都看到了案主這一部分的新面貌，往往因此而開啟他們之間的交談，加深彼此的關係，以及在這對大家十分重要的時刻看到新的意義。能夠與那些參與這過程的人並肩而坐，真是一項殊榮。

　　鮑伯是一位四十六歲已有肺轉移的癌症病人，正在接受化療；兩年半前剛罹患癌症時，他就覺得可能活不過一年，現在透過向腫瘤科醫師的諮詢，果真剩下不到一年了。他決定進行這項活動，在整個生命歷程當中，他想擁抱所做過的事情和所遇見的人們。鮑伯溫馨地描述他對結褵十七年妻子阿傳娜的愛，以及兩個收養的孩子，分別為十二和十一歲。我們在他家的餐桌開始說起故事和趣事，孩子們對於攝影機十分興奮，很快地就取代了我這個訪問者的角色，羞怯而毫不退縮地問著媽媽和鮑伯從來沒問過的問題，都是關於他們的過去和他們相互之間的關係。我們討論了鮑伯長久的病程，以及病情對這家人所帶來的影響。當姊姊美莉莎提及相關問題時，弟弟寶比承認，他的確在鮑伯手術後將近兩星期中很怕遇見他，他脖子上深刻的刀痕改變了他的容顏。寶比一再地轉向鮑伯，用溫柔而衷心、充滿歉意的語調

圖 53.2 「我都不知道每天醒來會怎樣，現在我會珍惜每一天。」

（來源：照片版權所有 Todd Hochberg）

圖 53.3「當出來散步時，我喜歡跟我的狗一起消磨時間。布朗尼是黃金
　　　　獵犬，莫瑞是短毛牧羊犬，兩隻都埋葬在這裡。」

（來源：照片版權所有 Todd Hochberg）

說：「並不是我討厭你，我只是害怕。」在另一次私下的會談中，鮑
伯跟我說：「記得我長大成人後，祖父傳授給我一堆修理東西、做東
西的技巧，然後我爸又教了一些……我仍舊保有我的第一部車〔1969
年的走鵑（Roadrunner）〕」，並一直夢想著希望寶比跟我有一天能夠
一起來整修它……知道這個夢想可能無法實現真的令我很傷心。我還
有好多屬於我們父子檔的計畫要做……如今，我真是不敢說了。」他
充滿著淚水繼續說，他也擔心不能參加女兒的婚禮，陪她走過紅毯，
那還要等好些年。

　　後來跟他們家人一起觀看照片和影片時，在 45 分鐘的過程裡，
他們以微笑、歡笑和淚水做了回應。當 DVD 結束時，整個客廳好安
靜，寶比打破沉默笑著說：「我還不知道，我有一輛名車耶！」我接

著看到美莉莎靜靜地、嚴肅地從搖椅中站起來走向鮑伯所坐的沙發，擠在他邊上，把頭倚在他肩上，並拉起他的手臂摟著自己。

　　鮑伯還與我一起討論了有關孩子和他瀕死議題的種種，這是他尚未直接與家人分享的部分，但他向我確認他是想要這麼做的，這念頭可使我們的工作較易進行（稍後他向我解釋，在當下，身為一個父親，他無法直接向他們談論自己的死亡）。孩子們從沒像此刻這麼地接近父親，坦誠地溝通、一起探索尚未標註過的關係疆土，他們一致認同，自從兩年前鮑伯初次診斷出罹癌後，已經很久沒有像現在做這活動這樣開心過了。鮑伯往生後，家人用這些照片和影片深情地紀念他們曾經一起共度的珍貴時光，也是鮑伯最甜蜜的所有；而且他們也在探病時和喪禮上展示出照片，並播放了 DVD。四年後的今天，阿傳娜仍和家人分享這些畫面，看著、聽著他的聲音，為他們帶來極大的撫慰。

　　鮑伯影帶的片段，可在網址 www.momentsheld.org 觀賞。

結語思維

　　作為傳統治療形式中的輔助活動，傳承工作對於瀕死或喪慟的案主都十分有效。當進行家庭治療歷程或活動時，可以蒐集到很多珍貴的東西；這種休閒「專案」往往會是家庭所尋求的，又同時可用以見證並增進他們愛的連結。對於獨自內省的傳承活動（例如寫日誌）感到卻步的人，這引導式的過程可就非常適合；如同鮑伯所言：「我們都被邀請過寫日記……結果頁面都是空白的……我們無法自己完成這種事，」而且「我比較喜歡這樣……打從我心裡說出來……我們不可能有這時間，跟孩子還有其他所有事情。我們享受了許多好時光……這實在非常值得……（當）我死去後；他們會擁有一些東西，而不是一無所有……我覺得我沒有什麼東西留給他們。」

| 參考文獻 |

Baines, B. K. (2002). *Ethical wills*. Cambridge, MA: Da Capo Press.
Harvey, J. H. (1996). *Embracing their memory*. Needham Heights, MA: Allyn & Bacon.
Sontag, S. (2003). *Regarding the pain of others*. New York: Picador.

悲傷治療的技術｜創新的悲傷輔導實務

第十二部
修改目標

PART TWELVE

在悲傷歷程中 | 54
設定自我照顧目標

Laura E. Holcomb

適合對象

　　大多數喪慟中的成人可從一些目標設定和安排活動時程等做法獲益，尤其是喪偶或經歷複雜性悲傷的人。這些技巧對於孩子較不易執行，而且對於已有適切自我照顧的人也不恰當。

說明

　　當失去所愛之人後，強烈的悲傷可能造成即便是基本的自我照顧都變得困難重重，像日常衛生、進食、喝足夠的水、睡眠充足等。自我照顧的行為在健康管理的議題上十分重要，例如對於二型糖尿病的血糖控制，或提醒高血壓患者吃藥；而逃避社交活動也是一例。

　　喪偶者及具有複雜性悲傷的兩種悲傷族群，會在自我照顧上發生特殊困境。喪偶者可能在承接逝者生前所肩負的工作上出現困難（Caserta & Lund, 2007），像是做家事、房屋維修、準備三餐或付帳款等，他們也可能會逃避之前跟配偶一起共享的社交活動。具有複雜性悲傷的人在與他人

聯絡、用餐、外出、工作（包括家事或志工活動）以及運動方面，相對於健康的非悲傷者，參與的頻率會比較少（Monk et al., 2006）。

　　治療師可協助悲傷者減少令人難以承受、如滾雪球般的自我照顧難題，引導案主設定適切的自我照顧目標、監控進展並給予支持以維持所設定的標的，使其較能掌控對自己的照顧。以下一系列的治療步驟，對於因悲傷而處於自我照顧困境的人會有一些幫助：

1. *辨識自我照顧議題*：在一開始的會談中，先詢問重要的自我照顧行為，像是飲食、個人衛生、睡眠狀況、社交、慢性病之管理，以及住所管理等；若需更進一步的訊息，可邀請悲傷者填寫生活日誌，以便記錄問題行為的頻率。儘管有些人在喪慟的早期，因經驗到強烈悲傷而可能覺得填寫日誌很令人氣餒，但對大多數人來說，保持寫日誌的習慣本身就是個很有用的介入方式，由於增加了對行為的專注，以及預期要向治療師回報，因而能促進行為的改善。

2. *決定自我照顧議題之緩急順序*：協助當事人決定，哪個議題是最緊急，需要先處理的，從任何一個可能在短期內會造成重大傷害的問題開始。

3. *一次專注在一個議題上*：若有數個議題同時需要悲傷者關心，有些人可能會難以保持專注；還是溫和地帶領他們先處理眼前的議題才是。

4. *選擇適切的目標來處理此議題*：所設立的目標應該要讓悲傷者能以小步前進為宜，要讓他們能夠想像得到，致力於某個行為就能成功達成的目標。若有太多選擇，可以問問他們哪個目標是目前看來最容易做到的。

5. *仔細訂定目標的措辭*：目標的措辭從「我要……」開頭，讓悲傷者不得不控制他（她）自己的行為。目標的陳述需要很明確，有什麼特定的行為是他們必須努力的、做多久、什麼時候或多常發生一次；也必須清楚界定當目標達成時，我們如何知道。好目標的例子是：「我每天至少要打電話給一個人，」以及「我每隔一天，要在下午三點時出去走一圈」；不好目標的例子像：「我要試著多睡些，」及「我要多多外出。」〔這些指引大約是根據 SMART 的目標設立法則：明確（Specific）、可測

量（Measurable）、可達成（Achievable）、適切（Relevant）、適時（Timely）（Sage et al., 2008）。〕同時也考量使用「實作意圖」（Implementation Intention）的目標格式，「如果遇到情形 X，那我就會去做 Y，」此時某個目標就受到某種條件的控制（Gollwitzer & Oettingen, 2007）。舉個例子：「如果有人打電話來，邀我出去吃午餐，我就要接受，即使我覺得自己不適合陪他去。」

6. **考量可能的障礙**：討論為達成目標，應如何防止或處理可能會發生的障礙，這可增加成功的機會。

7. **監控進展**：為進展給予讚揚！必要時，也可修改目標或進行疑難排解。

案・例

　　吉姆是一位六十九歲的男士，經由主要照顧機構轉介來進行悲傷治療；與他結褵四十四年的妻子佩特，因阿茲海默症於兩個月前往生。吉姆在他太太往生前的兩年間胖了 23 公斤，因為佩特無法再下廚，他們都是叫外送；加上需要照顧佩特的責任加重，他也不再跟朋友出去打高爾夫。吉姆近來被診斷出罹患了二型糖尿病。

　　自從佩特死後，吉姆對自己強烈的悲傷感到訝異，他覺得佩特只是悄悄溜走一會兒，但她確實在形體上不再存在，且他也失去了照顧者的角色，這使他覺得非常失落。吉姆大部分時間都在看電視，只吃外送的和高脂肪、高熱量的包裝食品，經常以打盹兒來逃避痛苦和孤寂，很少出家門，也沒有檢驗自己的血糖，更忘記吃降血糖的藥，他最後一次測量的醣化血色素（HbA1c）值是 8.3，他了解這太高了。

　　吉姆能夠辨識自我照顧需處理的問題所在——肥胖、不良飲食習慣、缺乏運動、缺乏社交、睡眠過多，以及未遵循服藥。但他覺得壓力非常大，不知道該從何處切入來處理這麼多的問題。治療師對他的建議是，沒有服用糖尿病的藥顯然是短期看來最危險的問題，而且他也同意這是個好的起點。

他對於第一個目標深感同意:「等這個會談結束後回到家,我要把藥從浴室藥櫥裡拿出來移放到廚房桌上的籃子裡。」這樣他就比較可能會看到,並記得吃藥。他想到對於完成這個目標可能會有的障礙,就是他會忘記把藥拿出來,因此治療師用 N 次貼寫了一張提醒字條貼在他的皮夾上。

　　接著下一次的會談,吉姆表示他有把藥移到廚房的桌上,並且早上在桌邊喝咖啡時第一件事就是記得吃藥。但過了幾天,他就忘記在傍晚服藥,因為他通常都坐在沙發看電視,看不到廚房放藥的籃子。他與治療師於是達成共識添加了一個目標:「今天回家,我要拿一個鬧鐘跟藥籃的藥放在一起」(同樣寫在 N 次貼上),而且「每天早上當我吃藥時,我會把鬧鐘設定在下午四點,以便提醒我傍晚記得吃藥」。

　　在持續的治療中,吉姆和治療師都會在每次會談時,花一些時間把重點放在設定目標的工作上,一部分的會談時間則著重在吉姆對失落和改變的感受,協助他從之前的照顧經驗和太太的過世中找到意義。他能夠遵守目標定期打電話約朋友打高爾夫、記錄自己的血糖值、要求他的主要照顧機構把他轉介給營養師、上烹飪班並開始為自己打理較健康的飲食,同時也減少他花在睡覺和打盹兒的時間。吉姆開始瘦了下來,而且血糖值也改進了。經過每一成功完成的目標,他覺得壓力沒那麼大了,並更能因應持續的悲傷歷程。

結語思維

　　在悲傷中把焦點放在目標設定和行為改變,跟史篤蓓及舒特因應喪慟的雙軌擺盪模式相符合(如 Caserta & Lund, 2007 之文中所引述),此模式是說悲傷工作所牽涉的不只是失落方向的運作,也是重建方向的運作,而喪慟者就在這兩種運作之間擺盪。重建方向的運作例如設定目標,能夠

從失落經驗的強烈情緒中獲得休息，也跟增進自我照顧及日常生活技能相關，同時增進自我效能和個人成長（Caserta & Lund, 2007）。問題解決以及設定目標對憂鬱心情也有幫助。

┃參考文獻┃

Caserta, M. S., & Lund, D. A. (2007). Toward the development of an inventory of daily widowed life (IDWL): Guided by the dual process model of coping with bereavement. *Death Studies*, *31*(6), 505–535.

Gollwitzer, P. M., & Oettingen, G. (2007). The role of goal setting and goal striving in medical adherence. In D. C. Park, & L. L. Liu (Eds.), *Medical adherence and aging* (pp. 23–47). Washington, DC: American Psychological Association.

Monk, T. H., Houck, P. R., & Shear, M. K. (2006). The daily life of complicated grief patients: What gets missed, what gets added? *Death Studies*, *30*(1), 77–85.

Sage, N., Sowden, M., Chorlton, E., & Edeleanu, A. (2008). *CBT for chronic illness and palliative care*. Chichester: Wiley.

第十二部 修改目標

55 | 界定與展望自我

Vicki Panagotacos

適合對象

本技巧適合對象為喪偶超過十八個月以上，在重建生活上仍有困難的成人。由於此技巧會用到催眠圖像和幻想，不建議將其運用在有精神疾患病史的人，除非執業者對此族群有臨床經驗，具有一定程度的能力。

說明

隨著時間的推移，喪偶者的焦點從主要失落轉變為大量的繼發性失落——他們往往對配偶曾擔任的許多實際角色認為是理所當然，如今卻需奮力填補這些角色，加上生活失去意義感，常常使得喪慟者跌落憂鬱情境。何里斯（Hollis, 1996）說一旦理解到我們可以不快樂地活著，但是不能沒有意義，我們就必須開始重新想像自己，而這個重新想像的歷程，許多人都是需要幫助的。案主在理智上知道他們需要做什麼，但*他們無法想像自己在做這件事*——而這並非因為缺乏想像力；每一位喪慟中的案主都是一位幻想家，問題是他們沒有視覺產生，而且錯放自己的發展能力。本技

巧的目標就是提供案主一個工具，可用以發掘他們不同的、受自我掌握的導引想像所支持的自我。

　　會談為一至二小時，但第一次為兩小時，讓案主完成一時間軸，註明年齡並簡短描述生命中最好或最差的經驗，這可讓治療師在接下來的每次會談中，形塑對導引想像所做的選擇。

會談 1～3： 會談制定成能幫助案主藉由回答以下四個問題，而透露及發展出一個不同的自我：(1)你想要把什麼納入你的生活中？(2)你不想把什麼納入你的生活中？(3)你生活中有什麼是你想要排除的？(4)你生活中有什麼是你想要保存的？我用一大本簡報用紙，把每一問題寫在一頁的頂端，案主通常先從較為全面的答案開始回覆問題 1 和 2（例如，「我想要感覺好一點」或「我不想要有這樣的感覺」）；因此我就用問題 3 展開——有什麼是他們想要排除的。當第三次會談結束時，案主就深度涉入了所有問題，並主動地修改了對這些問題的答案。這最初階段的每一次會談結束時，都會有幾分鐘的放鬆，並用現在式的話語導引想像，把焦點放在案主對早期童年經驗的連結，以作為發掘驅力。

會談 4～8： 當第四次會談時，案主會收到一張最終清單，是他們說過想要納入生活中的事，這也包含從問題 2、3 及 4 轉換過來的答案（例如，「我不想搬」轉換成「我想要留在原來居住的地方」）。每週的家庭作業是把目標分解成較小的步驟，用三十分鐘導引想像的故事、隱喻，以及直接／間接的啟發來陳述案主想要的和關心的事，以進行最終清單上的項目以及家庭作業；這麼做案主就能在真正實行前，先踏入並排演他們想要的結果。

> **案・例**
>
> 　　會談 1：艾達（四十四歲）已喪偶十九個月，她獨自扶養兩個九歲和十一歲的孩子；雖然婚前她在事業上的表現很活躍，但已有十二

年不曾工作，自從死亡事件後她變得很孤立，且生活圈限制在照顧孩子的範圍。她經歷了恐懼症的發作，並失去裝扮打理自己的慾望。一位她先前參加悲傷團體時所認識的朋友建議她來找我，在接案初談時，她說大多數都是由丈夫做決定，他把家庭照顧得很好。艾達的時間軸顯示沒有什麼未解決的失落史或孩提時代的創傷，當我向她說明所要進行的過程時，這位案主驚呼道：「我不知道我要什麼！這就是我來這裡的原因！」我向她確認這情形是很尋常的，並繼續提出問題，來到她現在有什麼是她想要排除的問題上。她說她想要排除對未來的恐懼，尤其是她對於不知道自己是否有足夠的錢感到恐慌，並且對於如果她需要工作卻無法找到工作而感到焦慮。接下來在會談中的其他時間，我們繼續討論她想要排除的事，剩下最後幾分鐘時，我問她是否願意把眼睛閉上放鬆一下，然後進行導引想像，艾達同意了。以下是一些我所用到的畫面：

> 我想妳是否願意回到從前……當妳兩、三歲時……當妳一心想要發掘妳所不知道的事情時……在妳開始走路前……像在學習爬行和蹣跚學步那樣……常常……跌倒在地板。有一天妳瞥見一座樓梯……妳向上看並想著那上面是什麼呢？妳是這麼的想要探索那不熟悉的地方，於是妳轉個身就上了樓梯……然後用屁股坐著……退下來……然後一旦妳好好的觀察它……妳對它的迷惑變成了該如何下樓的考量……然後妳了解到妳可以彎著身、手腳並用的……一次下一階……從妳的腿之間看路……於是就會知道是否已經走完了最後一階……然後妳知道該是站起來的時候，並在你往後的人生繼續向前行。

會談 2 和 3：艾達較為放鬆，並能夠積極參與問題的回應；第三次會談時，她化了妝來，而且會自行要我更換措辭，在她的清單上移除和添加項目。下面是其中一個在會談結束時用到的畫面：

清楚聽到妳說正在調適生活中所發生的事……妳跟自己一直擁有的力量有所連結……記起妳可能已經忘了的資源……就像妳學會了三輪腳踏車，現在要在兩輪的上面學習平衡一樣。有時妳選擇站著騎……有時坐著……有時完全不用手……直到妳決定……把手放在把手上自己操縱，走向妳想要去的方向。

會談 4：艾達分享說她從來沒有放下過她的問題，而且甚至還夢見它們；我把最後打好字的清單交給她，是她曾提過想要納入生活中的事，並看著她鬱悶地閱讀這份清單。她說她想到自己建立了這份清單就覺得是自找麻煩，我問她是否可以考慮選擇某件事於下週進行，好讓她前行一步更加接近清單上的其中一項。她曾經想要再和一些女性朋友聯絡，並同意邀幾位朋友在一間餐廳吃晚餐。

會談 5：艾達表示她跟朋友的晚餐聚會很開心，並決定了本週的家庭作業是邀請一位朋友和她的孩子去看「胡桃鉗」的表演。

會談 6：艾達其中一件想做的事是找一位理財專員談談，但她說她覺得自己不夠聰明，也不敢去預約時間。我在一張空白紙的上端寫了兩個詞──「可能」和「不可能」，然後請她告訴我，如果找人協助她，則什麼是可能的，又什麼是不可能的。這立刻變得很清楚，如果不找一位專家來談談，她便無法獲得她想要的結果。我其實十分懷疑她會不會預約理財時間──但仍讓她覺得取消預約也是可通融的，於是她同意了。以下是用在這次會談的部分導引想像。

妳已經走上了蜿蜒的道路，但這是一條向前的路，有時妳的一部分會覺得受阻。感到受阻使我想起印度大象受訓的方式，人們把一頭野生的大象帶來，用鐵鍊將牠綁在鋼柱上一個星期……之後他們把鐵鍊拿走換成繩子。又過了兩週，他們把繩子拿走，把象腿綁在柱子上……用一條長長的乾草……然後大象再也不會離開。這很有趣吧？這頭大象一開始的時候是身體受到限制，但

最後牠所受到的限制卻只是牠以為不能移動的錯覺；我們人類也會被錯覺所騙，對吧？近來妳發現妳比自己想像的堅強……而且可能要不了多久，妳就會發現明天的自己將比今天妳以為的更聰明。

會談 7：艾達說她已跟專員預約好了，而且同意我們一週前所討論的那些沒錯，「他要為我工作，所以他才是該要聰明的人。」至於家庭作業，她決定要辦一場中式晚餐外送的派對。

會談 8：艾達說她不再覺得被凍住了，並相信她能夠把自己放在新目標上，我們用年齡的進展作為導引想像來結束會談——向前移動至兩年後，回頭看艾達完成的事情，這堅定了她的改變，並給予她希望。

結語思維

喪慟案主需要有簡單的方式來組織他們的思緒，以便在失去伴侶後能有效地重建他們的生活。提供四個簡單問題的形式，案主就有可掌控的機會重新得回他們所控制的地盤，最後得以界定他們想要納入生活中的東西。藉由加入導引想像，認知歷程便受到無意識的支持——這是創造力和動機之所在。韓德斯曼（Handelsman, 1984）提出，對悲傷者運用催眠技巧的主要利益，並非只是在催眠狀態中所發生的事情，也是整個歷程所給予的：掌控感。藉由編織開放式的故事及隱喻以給予直接或間接的啟發，案主便能夠接觸到自己既有的力量和資源，經驗到行為所帶出的結果，並且改變他們的感知。

| 參考文獻 |

Handelsman, M. (1984). Self-hypnosis as a facilitator of self-efficacy. *Psychotherapy*, *21*, 550–553.
Hollis, J. (1996). *Swampland of the soul*. Toronto: Inner City Books.

悲傷治療的技術｜創新的悲傷輔導實務

第十三部
動用資源

PART THIRTEEN

詩和書目療法 | 56

Ted Bowman

適合對象

　　幾乎任何年齡、任何情形的哀悼者，只要能顧及語言、識字、發展、文化及能力上的考量，並能對失落中的領悟和個人、家庭或團體所產生的悲傷做好照顧者即可。不過，對於還在與基本的自我照顧奮戰的哀悼者，應該先考慮其穩定議題的介入。

說明

　　詩療法（poetry therapy）和書目療法（bibliotherapy）是對文學資源、寫作和說故事等活動做創意的運用，以達治療目的，就像它的兄弟姊妹——戲劇、藝術、音樂和舞蹈等療法，是用以補充其他治療及照護歷程的正統工具（Bowman, 2011）。但諷刺的是，由於所有文化中的人類長久以來都是透過歌、口語以及後來的印刷文字來說故事，這個技巧就被忽略或誤解了；也就是說，普遍的運用使得治療師不將詩和文學等工具視為特殊技巧來應用。與其他創作藝術類似，詩療法是在傳統（非正式）方式中

的專業（正式）應用，用以理解和回應生活事件。

精神科醫師彼得·洛馬斯（Peter Lomas）表示：「技巧的限制在於無論何時都不比治療師面對赤裸裸的悲傷時來得明顯……去捕捉住那個無法用言語形容的痛苦經驗。」（Lomas, 1999）因此，悲傷者能從增強他們所說的話和故事的歷程中受益。

在這脈絡下，此處有三個方式可將書目療法整合進悲傷工作中：

1. *詢問案主他們是否曾寫過關於自己的經驗*。問問他們現在是否有寫日記，問他們是否發現或有人介紹，對他們的失落和所造成的悲傷有幫助的任何閱讀資料、詩、傳記等。以這些問題對他們的資源能力表示關心，同時也指出了在重述生命故事中進行探索的主題和議題。當案主發現對阻斷生命的變化及其所帶來的悲傷有了「文字的真實寫照」時，他們就獲得了力量。

2. *準備一則故事或詩，並用它作為提示*。提示在治療工作中即是運用文學的來源，以故事喚出故事，聽到或閱讀另一個故事，往往能邀請案主說出他們自己的故事，而且有很多文選適合這樣的提示功能（例如 Bowman & Johnson, 2010）。然而要注意的是，對於提示的選擇，應該經常把案主和他（她）的經驗放在心上，不要隨意塞給別人你自己喜歡的詩。書目療法的效果，仰賴帶領人選擇材料的能力，讓材料能夠說出案主的需求（Hynes & Hynes-Berry, 1994, p. 18）。

3. *詢問案主他們會對你帶來的提示作品的作者說些什麼*。例如，此處根據之前原則所實施的變通方式中，你可以從瑪麗·奧利弗（Mary Oliver）的詩裡帶出這些有關死亡的句子：「並不是你所攜帶的重量／而是你如何攜帶它——／書本、磚塊、悲傷——／那都是你擁抱它／平衡它，攜帶它／的方法」（Oliver, 2006）。「你對奧利弗的陳述有什麼想法？如果她就在這裡，你可能會問她或對她說什麼？」案主可用第三人稱的角度回答，在透露自己個人的苦難或議題前，先談論別人的經驗往往比較容易些。

悲傷治療的技術｜創新的悲傷輔導實務

　　羅夫最近喪偶，掙扎在死亡的結局之中，他自我批判地表示，他知道這很不真實。羅夫是個理性的人，並總是用自己的理智和清楚的計畫克服挑戰，他曾經積極地參與喪禮、埋葬，甚至家裡的裝修改變——這個他跟安娜特結婚四十二年來共同擁有超過三十年的家。羅夫以為做完這些事後，他就能夠向前走了，如今卻因悲傷學者所謂的持續性連結（continuing bonds）的不明確而感到困惑。似乎安娜特仍然還在他的生活中，他認為這是幻覺或他病了。

　　羅夫同意在我們的「談話療法」之外參與一個補充活動，我向他介紹了隱喻法，並請他跟我一起練習尋找代表死亡的其他字眼，以及能表達他經驗到安娜特存在的語言：「羅夫，這是一些從詩和文選裡找出來的雋語，它們也許是或也許不是你在悲傷裡覺得有幫助的字，對每一則雋語花一些時間，在我所選的字旁邊寫下你自己的版本。」

　　悲傷是一座循環的樓梯／我失去了你。
　　悲傷是生活中安娜特魔法品牌的停產。
　　讓我想到聲音的是它的失落……
　　　　我極度渴望聽到我無法聽到的。
　　那些死亡的人以為他們是誰……
　　　　他們把自己到處留在我的書上、我的臉……
　　我在很多年前發現你的地方找到你。

「羅夫，這裡面有沒有任何一句跟你經驗到的很接近？」

　　這種文字的引用改變了羅夫不斷的理性質疑，那些在安娜特喪禮之後，顯得很奇怪、可能甚至「發瘋了」的想法和經驗。當然，熟練的治療師雖能與羅夫討論這些思緒，但隱喻性字詞的運用，提醒他從充滿理性地表達悲傷的方式轉向，使用不同的語言和方法來傳達他的經驗。此外，提供羅夫用作提示的來源，引發他重新思考他認為自己的喪慟反應很奇怪的信念。

結語思維

　　當我們表達自己的真實面，無論是回應文學作品或其他提示，我們都對自己的心聲賦予了能力並予以發展（Chavis, 2011），閱讀詩和故事以及撰寫個人對文學刺激的回應，能影響情緒、認知和行為，這些是許多其他方法所做不到的。能與大多數悲傷架構及大多數心理取向形成互補，詩、文學之來源及寫作可輕易成為治療師所有本領中的一部分。

| 參考文獻 |

Bowman, T. (2003). Using literary resources in bereavement work: Evoking words for grief. *The Forum, 29*(2), 8–9.

Bowman, T. (2011). Helpers and bereavement care: A bibliotherapeutic review. *The Forum, 37*(1), 9, 10, 24.

Bowman, T., & Johnson, E. B. (2010). *The wind blows, the ice breaks: Poems of loss and renewal by Minnesota poets.* Minneapolis, MN: Nodin Press.

Chavis, G. G. (2011) *Poetry and story therapy: The healing power of creative expression.* Philadelphia, PA: Jessica Kingsley.

Hynes, A. M., & Hynes-Berry, M. (1986–1994) *Bibliotherapy: the interactive process: A handbook.* St. Cloud, MN: Northstar Press.

Lomas, P. (1999) *Doing good? Psychotherapy out of its depth.* Oxford: Oxford University Press, pp. 73–74.

Oliver, M. (2006) *Thirst: Poems.* Boston: Beacon Press, pp. 53–54.

兒童書目療法 57

Joanne C. Robinson

適合對象

　　書目療法可以應用在任何年齡的案主，尤其是正與失落和悲傷奮戰的兒童。對於有複雜喪慟，或在集中注意、閱讀或文字推理上有困難的孩子，此技巧就不適合，或需要為這些孩子做些調整。

說明

　　書目療法是一種運用書籍為目的且具有創意和療效的技巧，經常結合認知行為治療及敘事治療的取向。個人建構理論則提供另一種取向以探索兒童如何理解他們自己的經驗，在個人建構療法上，梅雅（Mair, 1988）略述了一篇說故事心理學的研究，而瑞文磊特（Ravenette, 1979）慣常地以述說故事來引發孩子說故事，作為一種治療技巧。故事可使經驗正常化，並說出跟孩子自己狀況相似的和不同的地方。在治療中，我往往發現孩子非常投入說故事的活動，並十分能夠認同其中角色，甚而告訴我，在他們的失落中不再覺得孤單。

當兒童經驗到失落，事件本身就會陷入孩子的自我意識裡，並影響到他的重要關係。兒童對於直接談論他們的失落會很掙扎，且對一些父母來說，要和他們的孩子談論死亡不是覺得棘手，就是全然逃避。透過故事書角色的討論，兒童能把死亡的概念做統整，並從他們的悲傷中發現個人意義，增進對自己與他人和這世界之關聯的理解。

　　在治療中，書籍往往也可以協助兒童疏遠他們的失落經驗，這有助於換個角度看事情，並以符合發展的方式促進治療性的改變。邀請兒童討論從閱讀故事而產生的特定議題，使用如後的問題：「用你自己的話告訴我這個故事。你會改變裡面的任何事嗎？若如此，你要改變什麼？你希望故事的結局如何？」這一類的問題能幫助孩子為他們的生命「重編故事」，於是能夠期望一個較有希望的未來（Malchiodi & Ginns-Gruenberg, 2008）。這個在兒童和治療師之間探究性的會談，使得書目療法成為一個相互合作的互動技巧。

　　選擇一、兩本適合的書來使用很重要，這些書對孩子必須是有意義的、符合發展的，並跟孩子的狀況相關。例如，這孩子是因父母、朋友，還是寵物的失落而悲傷？孩子有沒有覺得該為這死亡事件負責？這死亡事件是預料中的還是意外？可以在一場會談中選擇一本特定的書進行探索；但與故事及角色的比擬則應該貫穿整個治療。有兩本書我發現很受兒童歡迎，討論如下。

　　《可怕的事情發生了》（*A Terrible Thing Happened,* Holmes, 2000）正是許多可以與孩子一起閱讀，用來促進有關失落會談的好書之一；此書是透過書中人物謝爾曼，陳述孩子在創傷事件後通常會經歷的感受和行為。治療師首先向孩子介紹這本書，強調一開始不需要先談論自己的情形，接著朗讀故事並請孩子想想看，故事的哪一部分跟他（她）最有關聯，然後再問孩子是否像故事中的人物，若有像，他們是如何地相像。

　　其次是 J. K.羅琳所著的《哈利波特》（*Harry Potter*）讀本，可說是孩子現今生活的一部分。哈利波特是一位家喻戶曉的人物，由於哈利失去雙親的奮鬥故事，成為孩子在治療中經常自我比擬的對象（Noctor,

2006）。雖然在霍格華茲這個魔法與巫術學院中，有很多人圍繞在身邊，但哈利仍不時覺得孤單；他所學習的「護法咒語」需要回想對父母親最快樂的回憶，以擊敗會毀壞快樂和希望的催狂魔。在治療中，我與孩子討論哈利要如何才能夠用一種不同的、正向的方式回想自己的失落經驗，以尋求力量來克服催狂魔所帶來的悲傷和絕望。幫助孩子回憶他們與逝者關係中的重要面向，能夠助長他們建立更具有希望的未來，就像哈利波特所做的一樣；可以鼓勵孩子用他們的想像力回答一些問題，像是：「你覺得這跟哈利的故事有什麼相像的地方？你有沒有什麼地方像哈利一樣？你覺得哈利波特會如何做？如果哈利波特現在在這裡，你覺得他會說／做什麼來幫你處理失落？」

案·例

　　我第一次遇見珍妮時，她九歲；在她五歲時眼見媽媽死於心臟病，珍妮當時在媽媽的床下玩遊戲，她媽媽起床時就倒下了。在治療中，珍妮告訴我她是如何地以為媽媽在跟她玩，她沒有發現媽媽死了；當發現媽媽沒有起來，她才開始緊張並大喊求助。我第一次遇到珍妮時，她滿是淚水，卻還是很勇敢地能夠回想媽媽死時的事情，她告訴我她都沒有跟別人說這麼多所發生的事，而且試著想要把記憶都推開，她表示是有想要說出來，但擔心會很困難。我向珍妮提議一起閱讀故事書的想法，這是一則有關當我們所愛之人逝去的故事，然後再一起討論。我想看看這跟她的故事有沒有什麼相似的地方，珍妮同意這麼做。

　　我請珍妮朗讀一本名為《可怕的事情發生了》的繪本，她立刻就把自己比擬成書中主角謝爾曼，她把故事跟自己的經驗做了連結，我聽著她述說自己是如何地像謝爾曼——因為當他試著忽視自己的思緒時，他就覺得「壓力」很大。珍妮跟我說，她有些時候覺得生氣、難過且會擔心；當擔心時，珍妮就會去看看爸爸是否沒事。在珍妮閱讀

故事時，她開始思考把思緒推開是不是真的有幫助，藉由質疑她的行為，珍妮也開始探索不同的方式來因應她的思緒。珍妮說謝爾曼給了她一些點子可以做一些事，像是著色和跟姊姊到公園走走。

一週後，珍妮帶著笑意回來治療，她剛看完《哈利波特》的電影。「他好悲傷。他去學校時交了很多朋友，這些朋友在哈利發現父母被殺後，都會幫助他。」珍妮說她也有對她很好的朋友，我問珍妮還有沒有其他地方覺得也跟哈利波特一樣的，她說哈利想到他的父母，並在神奇的意若思鏡看到他們，這鏡子能夠顯示任何心裡所想到東西。珍妮畫了一個鏡子的圖，裡面畫著她自己和媽媽爸爸，並跟我說，他們「假日很快樂而且要去游泳」。她說，因為她很開心，所以「媽媽也很開心」。我回應她，哈利波特有用他對父母最快樂的回憶去打敗催狂魔；珍妮分享了她對媽媽最快樂的回憶是在床上幫她蓋好被子並且說：「我愛妳，作好夢喔。」當憶及這些，珍妮感受到「肚子裡有股暖暖的、暈陶陶的感覺」。如同哈利波特，珍妮會在悲傷時或覺得很難入睡時，想起這些回憶，而那感覺幫助她對任何有關媽媽的思緒有了正向的回應。

結語思維

從珍妮的觀點來說，利用故事協助受傷的兒童「使你覺得自己並不孤單，而且提醒你當覺得傷心時，可以做些什麼。」故事也幫助兒童想起他們與逝者的關係裡有什麼是重要的，珍妮提到哈利波特幫助了她「想到我媽媽的快樂回憶，而且我找到跟爸爸和姊姊一起開心玩樂的方法。」

書目療法能讓兒童在一個安全、符合發展的方式中探索失落所帶來的衝擊；討論故事中的人物，給予孩子希望和信心，於是他們能夠預期一個正向的未來。這可讓孩子重新理解他們的失落，讓他們能夠不帶著痛苦和傷心來回憶所愛之人。

悲傷治療的技術｜創新的悲傷輔導實務

| 參考文獻 |

Holmes, M. M. (2000). *A terrible thing happened*. Washington, DC: Magination Press.

Mair, J. M. M. (1988). Psychology as storytelling. *International Journal of Personal Construct Psychology*, *1*, 125–137.

Malchiodi, C. A., & Ginns-Gruenberg, D. G. (2008). Trauma, loss, and bibliotherapy: The healing power of stories. In C. A. Malchiodi (Ed.), *Creative interventions with traumatized children*. (pp. 167–185). New York: Guilford.

Noctor, C. (2006). Putting Harry Potter on the couch. *Clinical Child Psychology and Psychiatry*, *11*(4), 579–589.

Ravenette, A. T. (1979). To tell a story, to invent a character, to make a difference. In Ravenette, T. (1999), *Personal construct theory in educational psychology*. London: Whurr.

Rowling, J. K. (2004). *Harry Potter* (boxed set). London: Bloomsbury.

第十四部
悲中有伴

PART FOURTEEN

編織社會
支持的交響曲 | 58

Kenneth J. Doka 及 Robert A. Neimeyer

適合對象

在失落初期尋求肯定並期望與他人再接觸的許多青少年及成人，能從探索社會支持的來源獲益；但那些與失落保持著距離的，或其社交環境已經足具敏感度的，或處於較多內心奮戰的人，就會覺得此做法比較無效。此外，在使用此技巧前應先評估當事人是否擁有可實行且可利用的支持系統，若案主沒有這樣的支持系統，那麼此技巧可能反而加深其孤立感。

說明

雖然悲傷通常被視為是一種內在的經驗，但事實上我們是在一個社會環境裡悲傷；大部分的喪慟者會自發性地向外尋求能協助他們處理實際生活事務（像是跑跑腿、請教技術性問題）的人、他們所信任且能了解他們對失落相關事務感受的人，以及能夠在所愛之人去世後幫助他們再度參與偶一為之的愉快活動的人。而研究指出，當能夠獲得這一類的社會支持，的確是和較佳的喪慟調適相關（Vanderwerker & Prigerson, 2004）。相反

地，亦有許多喪慟者表示，他們會因為他人不夠敏感的非刻意言行，或甚至惡意批評而受傷，同時有證據顯示這種負面互動的情形越多，預料會有更強烈且延長的悲傷症狀，尤其在因暴力所造成的死亡事件發生時（Burke, Neimeyer, & McDevitt-Murphy, 2010）。因此諮商師有很好的理由和案主一起檢視他們的親近關係，在喪慟之後是否適合他們的需求。

一個對肩負此治療任務十分有效的執行工具，就是由多卡（Doka, 2010）所運用的 **DLR 取向**。DLR 是個好用好記的原則，可用來考量在案主的社交範圍內，誰是**行動者**（Doer）、**傾聽者**（Listener）或**緩解者**（Respite figure）。對於這基本的 DLR 量表，我們可能還要再加上一個 X，代表**負面或具破壞性的關係**——這一類的人是喪慟者需要盡量避免或有限制地、非必要時才接觸的對象。當然，再敏銳一些，治療師可協助案主思考，如何為數量有限的支持者減輕其負擔到最低，以及如何以「滴定」方式進行感受和需求的分享，好讓潛在的支持者不會覺得壓力過重。更明確地，可以提議案主思考看看，在他們目前的生活當中，哪些人適合以下各分類：

- **執行者（D）**：能夠倚賴他把事情完成的人（例如：協助處理家事、詢問電腦問題）。
- **傾聽者（L）**：能夠給予同理傾聽，不會反駁、給予不成熟意見、愛講道理或好批評的朋友。
- **緩解者（R）**：能夠和他一起參與特定活動，單純開心一下的支持者（例如：參觀畫廊、做運動等）。
- **負面或具破壞性人物（X）**：最好盡量避免接觸的人，或必須要有互動（例如：愛批評的父母或親戚），就只做有限的互動接觸。

思考要物色**誰**尋求**什麼**幫助，這在重建失落後的世界之工作中是很重要的，因為在某些情況下走向那種會令人失望的人，就是在醞釀痛苦、怨懟和自我保護的隔離。此外，也要記得，將案主的需求分散於好幾個人是

有必要的,以避免讓任何一人負擔過重。考量以下所提的建議:

- 從詢問案主羅列他們的支持系統開始(在評估他擁有可實行且可利用的支持系統之後),當他們寫好清單後,與案主一起討論以確認清單的完整性。**案主是否涵蓋了朋友和鄰居,在工作、學校、所信仰的社群以及所加入的組織機構等團體裡具有支持度的人?**這一步驟尤其寶貴,因為如此可再一次確認案主在這緊急關頭並非沒有支持和資源。
- 在每一 D、L 或 R 的分類裡放入人選,在此提醒,有些人可能會落入數個分類中。請案主在每一分類裡確認前五、六位的排序,並在手機上鍵入他們的電話號碼,這會很有幫助。
- 每週安排與 D、L 及 R 至少互動一次。
- 嘗試發掘每一位潛在支持者的長處,擅長居家維修的人可能不能陪你聽交響樂;能帶來歡樂的緩解者,可能在面對強烈情緒議題時會覺得不自在。
- 輔導案主主動向外去協助可能的支持者來了解他們的需求,因為別人也常會由於害怕侵犯到他人而裹足不前。
- 練習以堅定口吻回應好批評或愛探隱私的人;減少與 X 種類的人接觸。
- 掌握個人和對方的情緒,考量有時對於失落**不說話**的價值。

案·例

　　瑪利亞是一位五十八歲的西班牙裔婦女,擔任某老師的助手將近三十年了。她在丈夫過世約八個月後來接受諮商,她丈夫海格特在被診斷出胰臟癌後一年內便往生了,而在海格特死前六個月,瑪利亞就從學校請假照顧他。諮商當中,瑪利亞抱怨說她很孤寂,沒有支持。

　　當我們分析瑪利亞的支持系統時,看來是既豐富又可行的,她有一個大家庭都在住家附近,工作上有些朋友,還有一些其他朋友和鄰居也在海格特生病時幫了不少忙;此外,她在福音教會是一位很活躍

的成員，顯然也參與其中的幾個活動小組。瑪利亞了解到，她之所以感覺苦惱是因為海格特的病，以及為了照顧他而使她跟自己的網絡系統隔絕了——打斷了聯繫的機會。那段時間，她對於海格特的照顧十分投入，以至於無數次地回絕了他人所提供的協助，因此我們開始提出重新與家人和朋友再接觸的策略。

在此我們運用 DLR 清單，把她的支持系統分為執行者、傾聽者或緩解者；在諮商時，瑪利亞從「我總是找錯人」到「我找對了人，卻要他做不適合的事」的情形中重新解讀她的孤立，此練習讓瑪利亞能夠較為有效地運用她的支持系統。

此外，這方式引導她對多年的同事莉迪亞間長久的友誼有了新的評價；瑪利亞曾經因莉迪亞在海格特生病期間不太出現而感到失望。而且，雖然莉迪亞總是樂意和她一起去看電影或外出喝咖啡，但她們談話不多也都很表象；她很少問瑪利亞過得好不好，而且每當瑪利亞提到她的失落，莉迪亞似乎就很不自在。瑪利亞現在了解到，莉迪亞的能力是扮演緩解者角色，她也認知到莉迪亞自己近來失去了丈夫、媽媽和姊妹，也有許多失落經驗，是她對任何悲傷相關的事情採取逃避策略的一個因素。瑪利亞終能把和莉迪亞相處的時間重新看作是「遠離時間」，遠離她的悲傷並期待那些緩解的機會。

結語思維

大部分喪慟者以及那些關心他們的人，直覺上知道在失落餘波中重新與社會環境接觸的重要，但只是單單要求他在社交上多活躍一些，畢竟顯得太籠統而毫無幫助，致使喪慟者對此感到失望或斷然拒絕，只將其當作是個笨拙、逃避、順口而出的忠告或陳腐的安慰之語而已，並同時轉向尋求他人的了解。在這情況下，有系統地檢視他們在家庭、工作場所和更廣泛的網絡資源中，有誰能為他們的需求提供實質幫助、情緒支持和簡單愉

快的陪伴，都是很受用的協助；何況除了這些幫助之外還加上明確而審慎的考量，知道當案主在脆弱時刻，又有哪些關係是需要避免的。合力啟動能符合哀傷者不同需求的寬廣支持網絡，同時也能緩解案主對專業治療師產生依賴漸增的潛在問題，因治療師在諮詢、照顧和陪伴上所能給予的能量是相對有限的。

| 參考文獻 |

Burke, L. A., Neimeyer, R. A., & McDevitt-Murphy, M. E. (2010). African American homicide bereavement: Aspects of social support that predict complicated grief, PTSD, and depression. *Omega*, *61*, 1–24.

Doka, K. (2010). Grief, illness and loss. In M. Kerman (Ed.), *Clinical pearls of wisdom* (pp. 93–103). New York: W. W. Norton.

Vanderwerker, L. C., & Prigerson, H. G. (2004). Social support and technological connectedness as protective factors in bereavement. *Journal of Loss and Trauma*, *9*, 45–57.

第十四部 悲中有伴

59 │ 處理喪慟支持團體的治療衝突

Christopher J. MacKinnon、Nathan G. Smith、Melissa Henry、
Mel Berish、Evgenia Milman 及 Laura Copeland

適合對象

在喪慟支持團體中具有非複雜性悲傷軌跡的青少年或成人。以下所介紹的策略不適合用於具有長期性／複雜性悲傷成員的團體，或持續有憤怒、無法跟團體一起運作、較適合個別治療的案主。

說明

衝突是一個在個別或團體心理治療已有充分證據的治療現象，它們的特質是由潛在負面地影響了治療關係的事件所造成（Safran, Muran, Samstag, & Stevens, 2001; Yalom & Leszcz, 2005）。衝突事件是指因誤會、貶損或不恰當地批評對方之言論而產生的刻意或非刻意的交流，於是導致憤怒、挫折和失望。

儘管喪慟支持團體可促進哀悼者的心理調適，但治療衝突在這情境中也很常見，而且會傷害團體運作對成員所產生的效果。在一個對非複雜性悲傷團體之介入的發展與評估做臨床研究的過程中，我們觀察這個由專業

悲傷治療的技術│創新的悲傷輔導實務

人士帶領進行為期十二週、以意義為基礎的團體諮商活動，團體成員之間有著治療衝突的傾向（MacKinnon et al., 2011）。

治療衝突可假設為一種存在於喪慟團體情境中特定的偽裝，哀傷者往往會特別在意所期待的事和他人批評性的回應，使得他們對痛苦的情緒毫無招架之力。例如，喪親的人可能會表示，覺得被誤解且被隔離在他們的哀傷中，造成社會退縮、焦慮和憂鬱症狀，以及無意義感，這種特別在意社會回饋的情形，在回應其他團體成員的評論時，就會增加治療衝突發生的可能性。

此外團體環境本身可能造成常見且極可能被忽略的衝突，特別是當衝突發生時，成員通常無法察覺，也不知道如何處理；而帶領人因為把注意力分散在團體功能的複雜度和悲傷表達之間的運作上，同樣也可能沒有發現，因此帶領者需要策略來協商這種衝突，以免它們癱瘓了團體的功能。不把它們揪出來，將會有治療失敗的風險，例如成員為了要保護自己免於增加被誤解的感覺而缺席或不再參加團體。

以下的技巧可再做修改以符合每一團體的實際情形，最初的一些提示是用以發現衝突之處，稍後則把焦點放在修復的工作上。

1. **及早建立團體規範：** 解說有關團體運作的規則可預防衝突，尤其當這些是由團體成員共同建構出來的。常規包括：準時、不打斷他人，以及不強迫成員透露他們不想分享的事情。在調適悲傷時，確保參加者的安全感尤其重要，因死亡往往是個會擊碎安全感的不可預測事件。有關衝突這件事，帶領者可強調此情形在團體中是正常且可能會發生的現象，而且需要先聲明，讓團體成員有心理準備。例如，帶領人可解釋，人們會有不同的悲傷方式，而且在悲傷之中，對他人的言辭會比較敏感，因此他們可能會對其他團體成員的某些言論表達反對。在團體可掌控的情形下先說出這些可能會有的分歧，可使成員對他們自己較為理解、能對他人表達同情，並能更自由地向團體以外的人表達他們的需求。建立規範的提問包括：

- 我們需要什麼樣的規則來培養安全感？
- 在我們進行討論的過程中，如果有成員開始覺得不安全的話，我們需要對此建立什麼樣的規則？
- 我們要如何警覺不會相互迫使別人做更多分享，超過我們覺得舒適的範圍？
- 增加（或不會增加）我們對其他成員之言論表達反對的風險是什麼？

2. *當有衝突發生時要提出*：當有某種言論使人「坐立難安」時，讓團體成員學會大聲說出來是很重要的。帶領人可在發生衝突後掌握即刻性，立刻提出以為示範，直到成員都能自己覺察到此種衝突。帶領者也可以轉向沒有參與發言的團體成員，邀請他們對於所發生的事表達意見。為增強團體監督其自身功能和行為的責任，漸進地克制由帶領人來覺察衝突是很有助益的。有幫助的提問可能是：
   - 讓我們暫停一下：剛才最後的意見交流中，發生了什麼事是團體希望能處理的嗎？

   當衝突在團體中明確提出時，帶領者應強調，對參與者來說這需要很大的勇氣說出來，因為社會所墨守的傳統是禁止我們表達不同意見；帶領者接著可以使用以下提問，溫和地帶領團體探索此衝突的本質：
   - 團體中看來好像有些不同的聲音，是什麼引起的呢？
   - 有人覺得團體的對話裡有些溝通上的誤解嗎？
   - 這些溝通之中的不同意見跟我們的悲傷可能有什麼樣的連結？

3. *確認初衷並重新架構*：衝突時常是有關悲傷無意識的發言，是其他成員聽不見的悲傷；有時衝突是一種無法對另一位成員給予確認、保護、幫助，或給予意見的行為；又有時則是因為好奇驅使，或想要理解對方的經驗。有個修補衝突的方式就是，明確指出藏在原始訊息底下的那個未說出的動機，強調潛在的真正心意往往能在較無脅迫和傷害的方式中，協助重新架構參與者具有衝突性的話語。同時，帶領人也要保護製造衝

突的成員，使其不會感到被懲罰或丟臉。以下提問可以達成此目的：

- 你所說的話對團體裡的人來說似乎聽來不舒服，也許你可以分享一下說那些話的想法或感覺，或你想要表達的是什麼？
- 這些潛在的訊息是如何跟你／大家現在的悲傷經驗相關？

4. **用外界的事物做比擬**：衝突往往是成員過去或現在在團體外與他人互動之衝突的衍生，雖然有些人會不遺餘力地在他們的生活中避免衝突，而有些則相信為了要建立信任和誠實的關係，衝突是必然之罪。下面所提供的一些問語可引出衝突故事，顯示出這些故事和團體中成員的行為有何種關聯，以及這些故事跟悲傷的連結方式又如何。

- 我們如何學到在自己的生活中處理衝突？這些學習經驗是怎樣影響著我們在團體中的行為？
- 因為我們想要保存並保護有關我們所愛逝者的記憶，有時我們把難以與他人分享的故事放在心裡；以把這些故事說清楚和不要因這些故事而覺得那麼孤單為目標時，我們是否可能會因分享這些未言說的故事而有風險？
- 當眼見我們走過黑暗期的人不再在身邊，我們的悲傷會變得多麼艱難？這時團體可能如何安撫我們？

5. **處理憤怒**：悲傷常有的特質是令人沮喪的期待，對未來的計畫因死亡事件而中斷、朋友沒有在重要時刻給予支持，以及醫療機構無法防止不能避免的死亡；於是團體成形的早期可能會囊括對挫折、激動、生氣和憤怒的表達。劇增而失控的憤怒對喪慟團體具有破壞性，因它危及安全感。當言語交流顯得具有惡意時，帶領人需要主動且堅定地提醒成員有關團體規範的內容。

用以降低衝突的技巧，若能針對團體而非個別的成員，將會較為有效。讓憤怒議題成為團體的責任，以減少指向代罪羔羊的傾向，並強調悲

傷和憤怒是如何地交織在一起。引導成員探索他們的憤怒，開啟討論未曾言說的失落故事之門。例如，有些成員會表示覺得被拋棄了，並非常生氣逝者一走了之，丟下他們不管。而有時，進行探索可透露隱藏的罪惡感和自我批判，例如「我應該及早帶他去醫院的」。在這情形下，帶領者可探索憤怒對悲傷之調適與阻礙的特質：

- 這屋子裡越來越熱了，讓我們找個可以冷卻一下的方法；我們如何讓這團體的對話更有建設性、生產力，而且安全？
- 我們的憤怒跟我們的悲傷有什麼關聯？我們如何理解（或建立意義）跟悲傷有關的憤怒？
- 我們的憤怒如何使我們前進，又如何使我們卡住？

案・例

　　這是一個為期十二週、有八位成員之支持團體的第八次活動。一開始保羅說：「我對於上週結束時所說的感到非常困擾，非常，以至於我今晚幾乎不想來。」成員一致反應震驚，也感到好奇，鼓勵他說清楚些。「上週，有人說男人悲傷會比女人好過，我覺得好像我的悲傷經驗被看輕了，而且我的失落感跟別人的比起來比較沒價值。」由於衝突的議題在之前就向大家說明過，且帶領者也告知這是正常現象，因此團體能夠認同此事的發生。一位成員補充說：「你這麼說真勇敢，謝謝你。」這使團體注意到，的確是有發生衝突的事實，並且見證了保羅冒著風險把事情說出來；帶領人邀請團體中的其他成員對他們所觀察到的提出看法，溫和地探索衝突的特質。由於有些人說他們沒有看出發生了什麼事，因此有一段尷尬的沉默時間，但另有一些人則表示他們有注意到，只是不知該如何做。

　　最後，瑞秋用一種防衛的語調表示：「我想你是在回應我的言論，我覺得這令我好尷尬。」帶領人向團體再度確認討論的目標不是指責，而是增進對這事件的理解，並看它是如何地與悲傷有關。帶領

悲傷治療的技術｜創新的悲傷輔導實務

者請瑞秋探索她所說的話其背後的真正意圖，過了幾分鐘，她才能夠說明她朋友告訴她，她現在應該從死亡事件走出來了，但這件事才發生在三個月之前。「奇怪的是，我也很苛責自己不能快點走出來。我看到這團體裡的男性，他們都不哭，而且似乎比我好得多了，我希望我可以悲傷得像個男人。」從她的角度來看，男性可以克制他們的情緒，而這讓她對自己克制情感的無能成了尷尬和羞愧的原因。經過帶領人的鼓勵和引導，保羅才能夠說清楚，他沒有意識到給了大家自己因應得很好的訊息，事實上，他有很多情緒圍繞著他的悲傷，使他覺得尷尬且擔心團體會批評他對這些情緒的表達。

　　為使團體在治療中有最大的收穫，帶領者邀請所有成員對此衝突分享他們的回應，他拉出這事件共通的主軸，並指出不同的地方；成員們發現自己也有羞愧的感覺，表示他們覺得自己無法因應得像別人對他們期待的那樣好。團體也能夠了解到，每一個人都有不同的現實議題，自然而然地會在溝通中產生誤解；有些人可以跟他們較寬廣的社會環境做好連結，並辨別出他們所接收和感知到令人受傷的訊息，事實上卻是他們自己與他人之間的誤解。

　　有些成員可以探索他們在衝突中不敢說出來的害怕，帶領者可鼓勵團體探索成員是如何在日常生活中對衝突進行協商，且這些行為會如何地表露在團體中。這於是發展出成果豐碩的討論，探索與逝者間未曾透露的衝突故事；保羅直接提到和如今已逝伴侶間的衝突，並補充說：「並不是我不愛他，不想稱頌對他的記憶，但我不會想念我們曾經有過的爭執。」

結語思維

　　以上所有技巧的目標都是要把團體討論的焦點，拉回到衝突是以什麼樣的方式與他們的悲傷經驗息息相關，如此團體就變成了一個社會縮影，

在這裡成員可以：(1)學習探索暗藏在他們悲傷歷程中，卻因治療衝突而浮現出來的感覺和經驗；以及(2)發展因應方式，以面對在較廣的、不符合他們悲傷經驗的社會中所產生的令人困擾的訊息。

我們最初的研究呈現出，在喪慟團體中的人會有兩種背道而馳的事實：透過團體中其他人的支持，成員感知到他們在悲傷裡並不孤單；卻同時在溝通誤解和衝突的證明下，也了解到悲傷是一件獨自經驗的事。成員的挑戰在於，無論是在團體或在較為廣闊的社會網絡裡，當衝突發生時，他們要能夠說清楚內在現實和情感上的需求；當這情形發生時，衝突就製造了成長的機會。

| 參考文獻 |

MacKinnon, C. J., Smith, N. G., Henry, M., Berish, M., Milman, E., Körner, A., Chochinov, H. M., Copeland, L., & Cohen, S. R. (2011). Development of a meaning-centered group counselling intervention for bereavement. Paper presented at the 13th World Congress of Psycho-Oncology, Antalya, Turkey, October.

Safran, J. D, Muran, J. C., Samstag, L.W., & Stevens, C. (2001). Repairing alliance ruptures. *Psychotherapy*, 38(4), 406–412.

Yalom, I. D., & Leszcz, M. (2005). *The theory and practice of group psychotherapy* (5th ed.). New York: Basic Books.

談談與夫妻 |60
和家庭的會談 |60

An Hooghe

適合對象

　　大部分的人都是個別地尋求悲傷治療，而夫妻或家庭在治療過程中則需要有足夠空間和機會，以利探索對於早期悲傷痛苦的討論和傾聽歷程。探索每一位家庭成員的矛盾心理和猶豫不決，對長久不曾談論此失落事件的夫妻或家庭尤其重要。然而，若溝通順暢並進展良好的家庭，可能較不需要有關家庭溝通受壓抑的「後設式會談」（meta-conversation）。

說明

　　在有關悲傷的文獻和更多一般心理治療的文獻裡，都十分強調表達悲傷的重要性，以及在伴侶和家庭成員之間的開放性溝通。的確，悲傷的表達可以使喪慟者獲得療癒，而分享悲傷是一種建立更牢固連結的方法，是一種在一起並具有親密關係的感覺。但在我們的觀點，與其對所有喪慟者無時無刻地把悲傷溝通的做法當作必要條件，我們會建議考量一下情境因素，即個人及其關係中的悲傷歷程在某些時刻所具有的矛盾心理和緊張關

第十四部　悲中有伴

349

係（Hooghe, Neimeyer, & Rober, 2011），因此我們要在臨床實務上為家庭成員製造空間和機會「談談這種交談」（talk about talking; Fredman, 1997），以探索他們談到和聽到有關失落的痛苦時，會是什麼樣子。家庭成員往往會不習慣，或選擇互相都不要談他們的悲傷，他們不想成為伴侶、孩子或父母親的負擔，覺得表達痛苦很困難，他們看不出讓這極大的痛苦發洩出來有什麼好處，也害怕沒有人會願意聽，他們想要把悲傷留給自己，覺得沒有能力去處理除了自己以外的別人的痛苦等等。在治療中對所有家庭成員的猶豫做探索和體認，給了他們機會能夠較為了解在家中說與不說的心路歷程，治療師因此需要注意這個分享中可能會有的張力和猶豫：「如果談談你所感受到的這個痛苦，對你來說會是什麼情形？如果要你對伴侶作一些表達，你害怕的是什麼？如果我們要談談你逝去的哥哥，對你來說會是什麼情形？如果要聽聽關於你女兒的艱辛與悲傷，對你來說會是什麼情形？哪些故事是值得分享的？對你們來說現在是個好時機來談談各位都是如何處理這個失落的嗎？你覺得要跟誰分享一下你的悲傷比較好？有沒有什麼好理由，讓你把悲傷留給自己而不跟他人分享呢？」諸如此類。不只事先探索與他人分享的可能性是很有價值的事，事後反思這次的分享也同樣重要：「對你父親表達出來後，你覺得如何？當你媽媽談到你逝去的姊姊時，看到她哭，這給你的感覺是如何呢？你是否覺得伴侶有聽見你在悲傷？」

或者可以讓他們至少有一片刻能夠**不跟**某些（或全部）傾聽者分享某些（或全部）感覺或想法，這對喪慟者和喪慟家庭是珍貴的；對於談與不談可能的風險有更多了解，而期望他們在悲傷的某些方面能保持沉默，可讓他們對於以不同方式處理自己的悲傷增加容忍度。

案・例

　　案例 1：海倫在失去他們的小女嬰五年之後打電話給我要求悲傷治療，我建議她在第一次會談時帶丈夫一起來，我跟她說她丈夫華特

或許可以幫我們更為理解，她想在心理治療上尋求的是什麼。我提議我們可以談談，對他們來說，談論失落孩子的事會是個什麼情形。華特雖然有些猶豫要不要跟著一起來，他還是願意配合，對於談論這個失落可以如何幫助他的妻子來做探討。他們告訴我當初女兒卡翠金在產程中死去後不久，他們曾經談了很多有關卡翠金以及失去對這孩子的夢想的痛苦；但過了幾週後他們彼此就不再談論這個失落了，不想以自己的悲傷煩擾到另一半，而且他們更加感覺兩人之間的悲傷方式大相逕庭，看不出互相分享悲傷有什麼好處。華特說他曾經如何試著隱藏自己的淚水，想要為海倫而堅強起來。他說：「陪在你妻子的身旁，成為堅石讓她倚靠。」他是這樣被教養長大的。此外，他補充說，他不覺得自己在情感上夠堅強，能夠面對她的淚水還要安慰她，「當看見她眼中的痛苦，我會走開，因為如果繼續留下來陪她，我會崩潰。」雖然海倫覺得總是自己一個人獨自悲傷，她也注意到丈夫在各方面對她的照顧。生產過後，她留在家裡兩年多來，都是他努力工作，打理所有的經濟議題和管理瑣事，並完成他們所建造的屋子。她解釋說想要進行個人治療，就是她想要給自己機會表達悲傷，而不會替華特增添負擔的方式。探索關於這幾年他們都不談論這件事的情形，兩人都表示，當了解雙方其實都是在用自己的方式互相照顧時，覺得非常感動。我們更進一步探索了如果互相多說些並聽見雙方的悲傷，那將會是個什麼樣的情形，一方面，華特說在這些會談中能有一段限定的時間，讓他們可以談談卡翠金並再次提到她的名字，這樣很好；但另一方面，他害怕這樣會太傷心，將會擾亂他在會談結束之後的日子。海倫也表達了她在丈夫面前談論此事的矛盾心理，害怕無法全然表達自己的痛苦，她知道這會影響他，而且同時又渴望能跟他們共同的失落有所連結。探討了他們想要互相談論悲傷的想望與猶豫，這兩位於是能夠找到較清楚的方向來進行他們的對話。

＊　　　　　＊　　　　　＊

案例 2：有幾次會談，我是跟一位父親和他的三個青少年兒子見面，他們的失落來自母親於十多年前自殺身亡。當時是大兒子葛特起頭，為家人尋求心理治療。過去幾年他弟弟史笛金因為飲酒過量，情況已超過家人能容忍的限度，兒子們時常吵架，而父親似乎也失去了管教這三個孩子的權威。雖然葛特在第一次會談中就立刻開始談論起他們的母親，但我們第一步想要與他們探索的則是，對他們來說，談論失去媽媽這件事，將會如何？最小的兒子弗朗索瓦卻說，他們以前從未談過媽媽的事，他覺得很遺憾，因為當年媽媽過世時他才只有四歲，對媽媽沒有很多記憶。但他也補充說，他以為談論這個話題可能太冒險，因為失落之後隨之而來的是很多艱苦和關係緊張的歲月。在他看來，有這麼多事情都不曾說出口，像是任何有關他爸爸新女友的討論、他媽媽的憂鬱症、她自殺的動機和當時狀況，還有很多其他的事；也許，他就是擔心，如果這些敏感話題都拿來談，那就會更糟了。史笛金也類似地表達了他對談論媽媽自殺事件的猶豫心情，他說這麼做會使家庭生活裡的其他相關議題都變得不能發聲；此外，也害怕談論這個失落，他飲酒過量的問題會一整個跟所謂的複雜性悲傷歷程聯想在一起，他寧願談談父親對他們的忽略，以及不關心他們的生活等等。在父親方面，他也同意挖掘過往是沒有用的，但倒是很希望談談如何讓他們停止吵架，還有史笛金的酗酒問題。顯然地，跟家人分享悲傷經驗具有許多不同的意義，我們注意到在這家庭有些人來說，希望多分享一點有關他們母親／妻子的故事，並用各自不同的角度談談這個失落如何對他們造成了影響；而且他們都渴望能夠改善彼此之間的溝通。但同時對於這個互相談論與傾聽的做法也都有他們自己想保留的部分，那會造成張力的增加，以及對自殺相關的成因有所責難；此外，還會隱藏其他議題，或恐怕這會使得他們其中一位有複雜性悲傷的人被單純化地診斷。接下去的幾次會談，我們討論了有關談或不談他們母親的錯綜性和矛盾性，由於他們都表示是多麼想念跟媽媽有關的美好故事的連結，我們探索了如何可以讓他們覺得安全地

悲傷治療的技術｜創新的悲傷輔導實務

分享一些早年家裡孩童時期的記憶。他們都同意這是最好的，至少像目前這樣，不談論自殺事件之後的事，讓談話內容限制在失落之前的記憶。發展至此，他們都帶了照片以及能使他們想起母親的物件來，並分享以前他們在一起的美好時光的故事。漸漸地，家庭成員之間的記憶連結了起來，同時也建立了可以謹慎談論他們不同悲傷方式的空間。經過幾次後，他們在治療結束時提到家裡緊繃的情形已經緩和，然而還是告訴我，要談那些與自殺事件相關的議題，以及他們父親的女友，對他們來說還太早。他們表示，也許當覺得要再多談些的時間對了的時候，會再跟我們聯絡。

結語思維

　　談論和傾聽因失去所愛而引發的極度痛苦，是一個具有辯證、對話及動力特質的歷程（Hooghe et al., 2011）。為喪慟家庭服務時，能夠探索他們悲傷故事之相互分享的相關意義，以及自失落以來的這個分享過程，都很有價值。我們建議，幾乎在每一位喪慟者的第一次會談裡，都很適合探索這個談論和傾聽的過程，並以此走完接下去的治療過程。

| 參考文獻 |

Fredman, G. (1997). *Death talk: Conversations with children and families.* London: Karnac.
Hooghe, A., Neimeyer, R. A., & Rober, P. (2011). The complexity of couple communication in bereavement: An illustrative case study. *Death Studies, 35,* 905–924.

第十五部 PART FIFTEEN
儀式性的轉化

治療性儀式 | 61

Kenneth J. Doka

適合對象

謹慎地與案主建構治療性儀式，差不多可用於任何願意選擇做計畫並參與這種象徵性行動的案主。但任何種類的儀式會造成對於所不喜歡的宗教系統有負面聯想的案主，或他們的悲傷階段正處於處理單純的失落痛苦比什麼都重要時，就不適合使用此技巧。

說明

傑內普（Gennep, 1960）提到儀式的威力在於它們是有**閾限性**（liminal）的，關於閾限的概念，傑內普的意思是，它們是在意識層面的臨界點與我們相遇，同時對著我們的意識和潛意識說話。儀式長久以來都被視為是具有效力的介入方式，用以協助人們因應失落，即使在有文字記載的歷史之前，就已有證據明確顯示，新石器時代的人類發展了大量的儀式來埋葬亡者。

有了這段史實，研究所證實的喪禮具有治療性的角色也就不足為奇

——尤其是當喪慟者參與籌劃並主動參加儀式時（Doka, 1984; Bolton & Camp, 1987, 1989; Gross & Klass, 1997）。蘭多（Rando, 1984）更進一步勾勒出儀式許多有幫助的面向，包括讓人們能夠以行動表現、供給實質上和情感上之發洩的合法性、劃清悲傷的界線（例如：將悲傷限制在某一時空）、給予控制感（例如：在這無法掌控的事件中能夠做些什麼事）、提供一種與失落持續有連結的感覺、允許有空間能安全地對抗矛盾情緒，或混淆的感覺或思緒、喚起社會支持，以及藉由對此失落的靈性架構來提供機會，從失落中找到意義。

運用儀式作為治療性工具，可在多方面延伸其價值；在此，並非只是駕馭一個單一活動的治療性價值，例如喪禮，而是在悲傷歷程中的不同方向上發展儀式。這樣的儀式應該不是只有簡單地交代案主去進行，而應是根據案主的需求及個人的失落故事做發展規劃。由於儀式的多樣化，它們可確認持續的連結、在案主的悲傷旅途中標記轉化的里程碑、認證一段關係或逝者所遺留的傳承，或促進與逝者象徵性的和解。儀式可以由案主個別進行，請治療師或其他人見證，或可公開進行；儀式可以是通向案主之文化背景或靈性的一座橋樑。

儀式可以發展成各式各樣的情境，並允許與眾不同的寓意。**延續儀式**（rituals of continuity）是強調，即使是在失落的迷霧中，逝者仍會被想起。例如在週年紀念的彌撒便是個延續的集眾儀式，同樣地任何後續的追思儀式也都是；他人也可選擇不那麼公開的儀式，或許在逝者生日或忌日這天點亮一支蠟燭。

另外，**轉化儀式**（rituals of transition）是確認一個人在他的悲傷旅途中已進入一個新境界。舉個例子：一位母親其仍在青春期的兒子往生後，即使已有一年之久，卻還是不願把兒子的衣物或其他東西從他房間移走，事實上目前正跟姊姊共用一個房間的其中一個女兒要求把哥哥的房間讓給她用。治療中，這位母親計畫了一個儀式，十分像冬季贈禮節（potlatch，即北美洲原住民，像太平洋岸西北部居民的贈禮儀式），儀式中她虔誠地把想要保留的東西搬走，並把其他的東西分送給家人或朋友，以歡慶她兒

子的生命。當那些物品分送完後，她女兒就搬進了那個房間。

和解儀式（rituals of reconciliation）可以是請求或給予原諒。一位案主舉辦了一場儀式，其中她寫了一封信給經常不在身邊的父親，在父親的墓前讀完信後將其燒掉，作為一種予以諒解的方式，原諒父親以前對她的忽略。

認可儀式（rituals of affirmation）是對和解儀式的補充。以一位年輕男士為例，他早年因父親往生而經歷失落，於是策劃了一場儀式來感謝逝去的父親為他安排教父，並委託教父照顧他的生活。

案・例

瑪麗是一位四十多歲的喪偶婦女，她丈夫經過五年與令人耗竭的多發性硬化症奮戰後，於七年前過世。瑪麗來到一個想要拿下結婚戒指並再度約會的關鍵時刻，但她似乎做不到。在與諮商師討論她的關係時，事情就明朗起來，這只戒指是深具意義的。雖然那場病痛對他們兩人來說都十分艱難，但在一天長期抗戰後的每晚，當他們躺在床上時，他們會把兩人的戒指放在一起，並重複他們的誓言「無論生病還是健康」。諮商師了解到她是在一場非常重要的儀式中戴上戒指的，於是他和瑪麗一致贊同，應該要有另一場有意義的儀式把戒指除下。儀式安排在週日下午，瑪麗和她的朋友及家人聚集在她和丈夫之前交換婚姻誓約的教堂。她在祭壇見到牧師，他重複著誓言，但用的是「過去式」：「妳過去是否忠誠，無論生病還是健康，在好時光或是患難中？」他吟誦著，瑪麗於是能夠在這些見證人面前確認她過去都做到了，然後牧師向她要回戒指。瑪麗後來描述，把它脫下來「就像是一種神奇力量的驅使」。如同計畫中的步驟，牧師將兩只戒指交錯排放，並將它們焊接在她的結婚照上，並以一個簡短的延續儀式把照片還給她。

結語思維

在與案主規劃治療性儀式時，遵循下列這些原則很重要：

- **儀式成形於案主敘說的故事**：儀式應該與案主一起規劃，並由案主個人來主導。什麼樣的意義或需求可以形塑這個儀式？什麼樣的元素應該成為儀式的一部分？誰應該見證這個儀式？有些儀式是私密的，而有些則是可以與人分享的。

- **為儀式選擇看得見且含有象徵意義的元素**：這是運用儀式的閾限特性，儀式應該把焦點放在這些看得見的元素上，但能夠將它們引申出潛在的象徵。在上述的案例中，戒指並非只是一枚金色的指圈而已，它也象徵著光榮的承諾。

- **儀式應該要事先規劃並做處理**：在進行儀式之前，謹慎把它想清楚是很重要的。這場圍繞著結婚戒指十分有震撼力的儀式，如若牧師在那除下戒指的特殊時刻問了「現在要給誰？」的話，儀式的結果就會很不一樣了，因此要遵循著計畫進行直到結尾。儀式之後，當事人可能需要有機會來處理，或繼續思考，或談談這件事。

- **儀式應使用原始要素以彰顯這個行動的過渡期**：水、火（例如蠟燭）、土（例如花），以及風（例如音樂）等可加強儀式的價值，若場地適當時，這些元素就可與活動結合。

參考文獻

Bolton, C., & Camp, D. (1987). Funeral rituals and the facilitation of grief work. *Omega: The Journal of Death and Dying, 17*, 343–351.

Bolton, C., & Camp, D. (1989). The post-funeral ritual in bereavement counseling and grief work. *Journal of Gerontological Social Work, 13*, 49–59.

Doka, K. J. (1984). Expectation of death, participation in funeral arrangements, and grief adjustment. *Omega: The Journal of Death and Dying, 15*, 119–130.

Gennep, A. van (1960). *The rites of passage.* Chicago: University of Chicago Press.

Gross, R. E., & Klass, D. (1997). Tibetan Buddhism and the resolution of grief: The Bardo-Thodell for the living and the grieving. *Death Studies, 21*, 377–398.

Rando, T. (1984). *Grief, dying, and death: Clinical interventions for caregivers.* Champaign, IL: Research Press.

悲傷治療的技術｜創新的悲傷輔導實務

提供自殺身亡後「錯過的儀式」 62

Doreen S. Marshall

適合對象

　　此技巧是一種引導式的探索，主要是針對於自殺事件的失落後，無法參與正式哀悼儀式（例如喪禮）的成人。此技巧也可配合其他形式的失落做調整，當有不可能參加哀悼儀式的人，或覺得案主不適合參加所舉辦的儀式時使用。需特別注意的是，如果要修改此技巧用在團體中，尤其是青少年的團體，需確認紀念典禮不會造成對自殺身亡事件的美化。治療師應考量案主在關於哀悼儀式、他（她）對自殺的看法，以及這些觀念的交集處所具有的文化意義。

說明

　　華爾頓（Worden, 2009）曾描述在一個特定的喪禮中，儀式如何對悲傷歷程有助益，尤其，此儀式可將支持系統拉近喪慟的人。在自殺事件之後，可能會私密地舉行一場喪禮儀式，或由於存在著與死亡事件或其他狀況相關的家庭衝突，喪慟者可能無法參加公開的悲傷儀式，這將加強其孤

第十五部｜儀式性的轉化

立感，尤其若他們視這場自己缺席的儀式具有重大意義時。由於汙名化的關係，為自殺事件而悲傷的人要在此種失落以及社會孤立中找到意義，會比他人有更多的困難（Jordan, 2001）。

當案主在自殺事件之後無法參加正式的哀悼儀式，以下的提問可以引導其探索，參與一場儀式可如何協助他促進悲傷歷程：

- 根據你們的文化信仰，什麼樣的儀式能代表性地公告你所愛的人過世了？如果你所愛的人不是死於自殺，這會有什麼不同？
- 若有辦理喪禮或類似的儀式，對於不能去參加的這場儀式（如：喪禮）你想會發生什麼？你希望自己在儀式中是什麼角色？你希望人們在儀式中對逝者的生命奮鬥史和他（她）的自殺說些什麼？
- 若沒有舉行喪禮或類似的儀式，花些時間想像你為所愛之人舉行儀式的形式。在這場盛典上會發生什麼事？這場儀式跟你以前所參加過的會有什麼不同，或類似的地方？
- 你希望別人對你所愛的人的生命（和死亡）知道些什麼？這場儀式將會如何適切地感謝並紀念你所愛的人？關於他（她）的自殺將會如何說？
- 在這場盛典中，誰會出現，對你表達支持？
- 如果有機會參加一場儀式，你的悲傷經驗會有什麼不同？

案·例

　　茱莉亞是一位三十多歲的白人婦女，在她同居一年的愛人伴侶悌娜自殺後來尋求諮商。悌娜死後，由她的父母舉辦喪禮，並將她埋葬在他們家鄉所在的那一州，距離悌娜原來居住的地方有 800 公里之遠。悌娜的父母並不知道她們之間的關係，因此茱莉亞都沒有被告知有關喪禮的所有安排。對茱莉亞來說，不能參加這場喪禮，加強了她被汙名化的感受，讓她無法像在一般死亡事件後所習慣的方式獲得支持。這「錯過的儀式」，如同我們在治療中所取的名字一般，讓茱莉亞感覺好像她不知該如何為這失去伴侶的創傷展開悲傷之路。

透過引導式的探索，運用與上述類似的提問，我們發現茱莉亞想參加喪禮的需求是根植於她的文化信仰，即在死亡事件之後她的感受應該被看見。對茱莉亞來說，參加一場喪禮，在儀式中讚頌死亡的轉化，可以讓參與者感到撫慰，而這是她所熟悉的方式。她同時也覺得自己身為悌娜伴侶的角色，應該確認悌娜能擁有一個「適當的告別」，是一個能表達她對悌娜的認識，且不會對她的死表達恥辱的儀式。於是，根據以上的探索，茱莉亞表示她要計畫一個紀念悌娜的追思會。這次的探索，以及接下來所要舉辦的儀式，成為我們後來治療會談的基礎。

　　茱莉亞在當地的一神論教堂規劃了一場追思會，並與一位對於主持自殺身亡後的追思會感到自在的神職人員討論；對茱莉亞很重要的是關於悌娜之死（以及她充滿奮戰的人生），其自殺的議題要說出來。她蒐集了悌娜最愛的音樂，以及她的放大照，追思會時可放在小禮拜堂裡的畫架上。她選擇了一段對悌娜具有意義的靈性篇章，印製追思會的節目表──其中包括悌娜的簡短生平，以及有關自殺防治機構的訊息，人們可以捐款給該機構以示對悌娜的崇敬。配合茱莉亞的文化習俗，在追思會後，她還在自家籌劃辦理了一個餐會，宴請她最親近的朋友，而且請一位朋友幫她準備餐點。她同時也邀請我參加追思會，並帶一些與自殺悲傷相關以及含有資源訊息的印刷品。

　　這場追思會大約有十五人參加，是我曾參加過的追思會中最具意義的幾場之一。我們在儀式治療中所做的探討，見證了她的需求、降低汙名化和被排斥的感覺，並協助她在悲傷裡得到支持；這同時也幫助她分享了悌娜的生活面向，好讓他人對悌娜的了解超越她自殺的悲劇，以及能夠公開告知大家悌娜曾經面對的艱困。這場儀式雖然不算理想化的做法，但非常準確又十分有意義地表達了悌娜的生活。

　　重要的是，此追思會並非我們治療工作的結束，而是一個開始；我們後來的會談都聚焦在茱莉亞如何因應這自殺所造成的重大失落，一個我相信是透過認可並提供其對儀式的需求而得到提升的過程。

結語思維

　　喬登（Jordan, 2011）討論到對於受到自殺死亡影響的人，諮商師是個「見證」角色，諮商師願意探索並認知到案主在自殺死亡後有辦理儀式的需求，以降低與自殺失落有關的汙名。當案主覺得有需要且適切時進行探索，對於這些在所愛之人自殺後卻無法參加儀式者的悲傷歷程是有幫助的。

| 參考文獻 |

Jordan, J. (2001). Is suicide bereavement different? A reassessment of the literature. *Suicide and Life-Threatening Behavior, 31*, 91–102.

Jordan, J. (2011). Principles of grief counseling with adult survivors. In J. R. Jordan & J. L McIntosh (Eds.), *Grief after suicide* (pp. 179–223). New York: Routledge.

Worden, J. W. (2009). *Grief counseling and grief therapy*. New York: Springer.

第十六部
助人者的療癒

PART SIXTEEN

助人者療癒智慧圈 |63

Lara Krawchuk

適合對象

因與脆弱案主工作所受到的情緒衝擊，而需力圖消化的專業助人者，經集體同意在一個可以鼓勵他們做自我揭露的安全地點聚會；但不適合在有衝突或團體成員互不信任的機構，或成員覺得是被迫參加的情形。

說明

經年累月見證到案主強烈的痛苦，使專業助人者處於慈悲疲乏（compassion fatigue）、替代性創傷（vicarious trauma），甚至耗竭的風險中。「關懷的代價」（cost of caring）的範圍可從精疲力竭到複雜症狀，包括強烈憂傷、全然耗盡，以及對社會信念的認知扭曲等（Figley, 2002）。但這絕對是助人者在繁忙工作中經驗到痛苦時的正常現象，卻在紛亂繁雜的工作場所中，經常無法適切處理這些經歷。為向這助人工作的情緒損傷致意，我建立了一套需時一天的靜修活動，稱之為「當助人工作傷人時：專業助人者的自我照顧」（When Helping Hurts: Self-Care for the Helping

Professional），這一天的重心就是智慧圈（Wisdom Circles），在此，專業人士齊聚一堂，帶著慈悲見證他們在助人旅途上的苦與樂。

智慧或聊天圈是美洲原住民史上早已養成的習慣，他們以此培養有慈悲心的部落、教導價值觀、共享對不同見解的尊重並給予智慧。圍成一圈的座位是傳統做法，用來表達生命的生生不息，以及所有事物都息息相關（Running Wolf & Rickard, 2003）。在我們現代的靜修活動中，這個圈圈包含六到二十位成員，共同培養一個安全的空間，深入向傷痛致意、分享奮戰經驗、深度傾聽，並且修補備受打擊的心靈。

我們的圈圈遵循著傳統準則推動意義分享和自我反思，我以「圈圈守護人」的角色主持這個活動，向團體說明工作準則，提出尖銳的反思問題，並確保這個空間的安全性；我全然參與此活動中的所有面向。我們放了一些「聖」物或文字作品在圓圈的中心，使此空間個性化，用傳遞「發言杖」的方式建立溝通模式，此物品是由各式各樣的自然物件和裝飾品裝飾而成，包括貝殼、羽毛、緞帶以及彩珠等等。

做完團體運作的介紹後，我這圈圈守護人便邀請所有成員站起來做個開場練習，此活動是前置作業，並反映出我希望稍後的討論要採取的調性和走向。活動內容包括邀請象徵性的成員到團體裡，分享參與者在生活面的重要事件、敘說當天想要做的事，或閱讀一段反思文或詩篇。

做完開場練習之後，由圈圈守護人向全體成員提出一個事先決定好的問題，並開始順時鐘方向傳遞發言杖發言分享。在這專業助人者的一日療癒中，我發現當問及成員一個有關工作的問題時產生了強烈的反思。每一位成員都是拿著那個發言的物件回答問題，或安靜地傳遞給下一人。無論何時，只有拿著發言杖的成員（或若有需要的話，圈圈守護人）才能說話，其他人則被要求做深度傾聽。當發言杖傳完一整圈，大家輪流說過話後，圈圈守護人可以再一次傳遞發言杖一圈，尋求更進一步的反思，成員可以多分享一些他們的故事，或對前一輪讓他們覺得心有戚戚的某件事情做回應；接著圈圈守護人可以把發言杖再做最後一次傳遞，或開啟新的話題（Running Wolf & Rickard, 2003）。當我們回答了事先設定的問題後，

便安靜地坐著和曾經擾亂我們內在的感受和情緒在一起，這是來自於對自己和他人奮戰的慈悲見證（Siegel, 2010）。

此時圈圈守護人將發言杖放在一邊，邀請大家對此智慧圈活動的經驗提出相關回饋。專業助人者感受到深度同理，以及他們自己也經常對受傷案主同樣會有的慈悲和善意而受到感動，這回饋總是激勵著我。在一個安全而理性的場所，向我們的痛苦致意，扮演著疲累靈魂的慰藉，並讓我們帶著滋養且精神飽滿地再度回到工作崗位，使自己再一次有亮麗的表現。

案·例

最近一次的療癒靜修會有二十位成員，形成了一個很大的智慧圈，於是我限制了對團體的問題，好讓每一位成員都能全面參與。我介紹自己是一位圈圈守護人，鼓勵成員對自己和他人都保持慈悲不批判的態度，然後我們便開始活動。在這一天，參與者都已向大團體介紹了他們自己，而且也參與了一場生動的、有關慈悲疲乏的討論，他們都表現出高度的相互尊重，且十分渴望參與分享，於是我覺得可以立即帶著團體探究深度的情緒議題。當進行開場練習時，我要求每一位參與成員邀請一位對個人具有重大意義的人（或一樣東西），象徵性地讓他加入團體。當我們邀請這位特殊人物時，會拿起一條彩色緞帶，將其跟我們左邊的人的緞帶綁在一起，於是藉著這個看得見的有色圈圈，最終連結在一起，把這大圈圈放在我們的腳邊，規劃出了神聖的空間。

參與成員帶入了各式具有意義的人物進入我們的空間，我先起頭邀請四年前過世而今仍恆常在我心中的父親，當邀請他來到我們的團體時，我的聲音是顫抖的。接下來是瑪麗，來自本地的一間醫院，邀請她的孩子進來，因為他在學校正掙扎於困境之中，使她十分擔心。發言杖傳遞了幾個人後輪到凱特，她是專門與性侵加害人一起工作的，她邀請了丈夫進來，因為他向來在凱特充滿挑戰的工作中都給予

重要的支持。吉姆是在場唯一的男士，是位假釋官，他邀請了他的姊姊進來，因為她最近被診斷出癌症。奧芮是一位社工，工作於本地的一間養老院，她邀請上帝來到我們的團體，擔任她的救世主。莎拉，兒童醫院附屬教會的牧師，邀請了她的貓，因她覺得每當撫摸貓咪柔軟的毛時，她就感到全然平靜。我們的最後一位參與者（坐在我右邊）是以琳，一位工作於本地某醫院的女士，她拿著發言杖，頓了一下，看得出她充滿著情緒，當她默默隱忍著自己的情緒時，團體亦保持著靜默。最後她終於分享說，要邀請她剛入獄的兒子，當她這麼說時，全身顫抖著並開始哭泣，我靜靜地把手圍繞在她肩膀，讓她接收到支持的訊息。當以琳顫抖地把她的緞帶跟我的連結起來時，每一位療癒圈的參與成員都移向她，她看著團體周遭並平靜地發聲說：「謝謝你們……的傾聽。」我們的智慧圈於是展開。

我總是會準備一些可能用到的問題帶入團體，並選擇最適合當天心情使用的一個。這天我感受到屋子裡有很多的痛苦，於是決定提供一個機會和其他人分享這種負擔。我邀請每個人都想想如何回應下面這段話：「分享一項在工作時覺得很困難的負擔。」我立刻把發言杖傳出去，自己不分享。同樣地，大家很快就有了貢獻，瑪麗說她對於一位年輕女士的死深感難過，此女士死於肺癌，留下了三個小女孩，她擔心先生無法處理對孩子的照顧。她把發言杖傳給瓊，她分享了工作上遇到有嚴重精神疾患的病人，十分受限於她所工作的制度，令她感到負擔沉重；有幾個人跟著點頭，而瓊微笑了起來。發言杖繼續傳遞著，到了吉姆，他分享說他在考慮離職，因他覺得有問題的孩子應該還可以有第二次機會，但卻沒人聽他的。莎莉，一位工作於私人機構的治療師，靜靜地分享說她對病人的痛苦坐立難安，因為還要對抗家裡的一段不愉快的婚姻。以琳分享說經驗到孩子受苦實在很艱難，然而她知道兒子也帶著極度的痛苦。當發言杖一路上慢慢地隨著圓圈傳遞，每個人都分享了他們的負擔，有些還是真正第一次這麼做，他們接收到集體有力的憐惜，以及一群助人者結合起來的智慧，在十分

悲傷治療的技術｜創新的悲傷輔導實務

真實而用心的協助下相互給予支持。

　　我後來又傳送發言杖一次，有幾位參與者分享說，讓自己所受的傷得到同樣也是有困境的人的見證感覺很好；吉姆特別提出他該做的抉擇現在變得更明確了；有幾人感謝著其他人分享了他們生命中的痛苦；有一位成員謝謝我主持這場靜修會。當發言杖傳到我手上時，我發現在團體裡分享我們的重擔，會感到很有力量，並感謝他們每個人的智慧，大部分的成員都微笑著點頭。接著我邀請成員分享他們參加這智慧圈的體驗，有幾人做了分享，其中的主題包括被聽見的感激、藉由分享重擔而找到了答案、感覺深受支持和關心，以及說出真心話的療癒力量。團體活動結束時，我們用簡短片刻的靜默，將自己安置在這慈悲能量的空間裡，把強烈的療癒經驗封存在智慧中。

結語思維

　　智慧圈可給予強大的療癒機會，並能在各種不同的安全環境中舉行；我鼓勵助人者在他們自己的機構裡，試驗性地辦理同儕帶領的智慧圈，但心裡要記住一件十分重要的事，就是唯有在成員能夠自由發言，無需擔心他們會因在團體內的分享而遭致什麼後果的前提下才能舉行。

| 參考文獻 |

Figley, C. R. (2002). *Treating compassion fatigue*. New York: Routledge.
Running Wolf, P., & Rickard, J.A. (2003). Talking circles: A Native American approach to experiential learning. *Journal of Multicultural Counseling and Development, 31*, 39–43.
Siegel, D. J. (2010). *The mindful therapist*. New York: Norton.

64 | 試穿鞋子

Jane Moss

適合對象

提供喪慟支持的人，因案主的態度和行為充滿挑戰性而覺得需要努力同理案主；也可協助那些想要努力了解其親密家人或朋友的不同悲傷形式的人。對於處於悲傷早期的案主可能就不那麼有效，但可提供心理衛教協助其對死亡事件發生後的不同悲傷反應有所理解。

說明

同理心是喪慟支持工作的重心，依照我們與哀悼者並肩而坐陪伴他們一起悲傷的能力，付出尊重、同理和真誠（Rogers, 1980），是我們能夠提供的最重要支持。一部分靠直覺、一部分靠天性、一部分靠習得的技巧，同理能夠使感到孤立且備受誤解的人感受到支持與被聽見，因而有所改變。

有時當我們內心以最同理的態度，努力要讓自己跟著案主的價值觀前行，但那不見得也是我們的價值觀，或有的人在多次會談後仍無法穿透悲

傷使工作有所進展，令人深感挫折。對於那些人生態度和價值觀跟我們很不一樣的人，並不是因為他們不能接受幫助，而是明顯地，我們無法給予同理，若不是因為我們極力想去幫助某些案主，要承認這點並不容易。

承認這個事實，感覺上好像就失敗了；所以我在此提供一技巧作為一種滋養同理心的方式，這同理心在有效的喪慟支持工作中，是十分重要的本質。我邀請諮商師根據此處的指示，在撰寫日誌或接受督導時進行反思。從想像一雙鞋開始，這雙鞋是你的案主所穿的，看看鞋子長什麼樣、鞋子的紋理、顏色和狀況。它們是堅實的還是脆弱的呢？是光亮的還是粗糙的？是嶄新而時髦的，還是又老又舊？好好地看看這雙鞋子，再看看它們所站的位置，地面是堅實的嗎？平不平？是在一個斜坡的頂端還是谷底？是柔軟的草地還是粗糙的石頭？當你觀察了這雙鞋子，以及它們所在的地方，向上看看穿著這雙鞋子的人。他（她）臉上是什麼表情？他（她）有沒有發出什麼聲音？他（她）是站得直挺挺的，還是垂頭喪氣？他（她）帶著什麼嗎？誰跟他（她）在一起？他們在幹嘛？你可以看到什麼嗎？當準備好時，從下面的這個句子開始寫下去：

穿上這雙鞋的感覺如何？

依照你想要的寫多寫少都可以，當結束撰寫後，回頭看看你所寫的，把任何看來重要的、或你發現寫了令自己都很驚奇的部分畫線標示出來。如果你願意，不妨再多寫一些洞察，以及重要的原因，之後對這些再做反思或跟督導討論。問問自己，這個練習使你對這位具有挑戰性的案主的感覺有什麼改變？你現在比較能夠同理他們的處境了嗎？

案・例

比佛莉是英國克魯斯（Cruse）的喪慟支持義工，遇到的情形是她努力想要與案主保持一致的立場，於是運用此技巧在她的日記進行反思：一位失去父親的年輕人。用比佛莉的文字描述這位案主：

從來沒有做過一份長期工作，他的雙親也是，父親是一位酗酒者，他的童年時光都是跟媽媽住在外婆家。這位案主每次不是遲到很久，就是不來也不取消預約，我覺得很難做到不叫他出去找份工作，我也發現自己對於他來會談的問題感到非常挫折。

當比佛莉寫了對於案主的這些感覺，她開始形容他的運動鞋：

那雙鞋子看來總是閃閃發亮而且很新，當我繼續寫的時候，開始把注意力放在他的鞋帶上，並想像它們被拉得很緊，是這麼的緊，以至於他的雙腳受到限制，令他覺得動彈不得，積極做任何事都會使他痛苦。

這給了比佛莉一個隱喻，形容此年輕人顯然是無能力採取行動對他的生活做正向改變，她發現自己能夠了解他被卡住的程度有多深，以及他的處境是多麼地受限。

比佛莉的另一位案主是一位中年婦女，她正從藥癮中復原，但丈夫要她離開，因為她的行為威脅到孩子，且對他們有危險性，於是有一段時間她成為遊民，後來進入了一個十二步驟的計畫。比佛莉回憶著，雖然她都定期來接受諮商，而且總是準時出現，但比佛莉實際上卻是害怕這位婦女的，她發現要傾聽有關她家庭暴力的故事很困難。

當比佛莉開始撰寫這位案主的鞋子時，她想像到一雙破損拖行的芭蕾舞便鞋，看來是很舒適，但很容易從她腳上滑脫。比佛莉寫著，這位案主對自己的鞋子很不經心並時常遺失，所以她的腳底都常常流血和瘀青。

對於脆弱鞋子和受損的腳的想像，使得比佛莉對這位女士有了同理的感受，她因案主對復原的承諾而產生深深的敬意，她的反思寫著：

做這些練習給了我一個有效治療師該有的、無條件正向關懷的能力和同理心。我看到他們兩位是多麼的脆弱，即便他們表現

出的問題行為在他們的生命史上造成了這些後果。藉由脫掉我自己的鞋子，換穿上案主的，讓我能夠探索造成治療關係受阻的情緒。

結語思維

此技巧可以讓諮商師達到一個較有建設性的視角來看他們的案主，這可能讓他們考量用新的方式來支持案主，或可能使這些諮商師接受他們或其他任何人都無法改變的事實。這技巧對於澄清案主和諮商師之間的界線也很有幫助，使諮商師看見他們的能夠和不能夠所造成的影響是什麼。

當有案主覺得不易了解一位親戚或朋友的不同悲傷方式時，本技巧可以修改後使用於案主。那些能在認知層面上悲傷的人，會發現他們能夠理解到，以直覺方式哀傷的人會有不同的悲傷反應，反之亦然。因此這對於解除家中成員的緊張關係是有幫助的，尤其在不同性別之間（Doka & Martin, 2010）。不過，這技巧在此的運作顯示出，在諮商師和其他提供喪慟支持者的角度上，自有其自己的價值觀；在那些案例中，凡是同理心受到態度和行為的挑戰時，就表示案主的價值觀與諮商師的正好相反。在下論斷之前，先踏入他人的鞋子並能穿著它們走上一、兩公里的這種能力，將能維持一致性且無條件的正向關懷。

| 參考文獻 |

Doka, K. J., & Martin, T. L. (2010). *Grieving beyond gender*. New York: Routledge.
Rogers, C. (1980). *A way of being*. Boston: Houghton Mifflin.

後　記

回頭看看這巨大的計畫，將近 70 則在悲傷治療領域中優秀實作的彙整帶來了大好機會，可以就近觀察到一些 21 世紀早期喪慟照顧工作的特質，並大膽猜測——或可能是希望——接下去的未來發展。由於讀者自己會閱讀那些吸引他們的篇章，我就在此打住，不再重述前面的章節，而是簡單強調幾個值得一提的主題和趨勢。毫無疑慮地，其他人可能也同樣探究了這些章節（透過較輕的編輯之眼！）並有不同的見解。在一個像我們這樣多變且跨專業的領域裡，想要在本書篇章所形成的合唱歌聲中強加入其自訂規範的單一權威性看法，對於這情形我們必然要有效抗拒傅柯（Foucault, 1970）所謂的「常態化的凝視」（normalizing gaze）。相對的，我要讚頌這組成喪慟照顧的和聲，並單純希望能引發其中對話，而非給予任何發聲特權使其凌駕於其他聲音之上。

因此，從討論本書所呈現的各種觀點、理論、工作和專業切入，似乎很恰當，在心理治療領域可能少有幾本書能與之匹敵。其實，掃視一下書末「作者名單」裡作者姓名後面的專業縮寫，就能證明此書所收集之文章的專業和國家十分多元，亦代表著章節本身的廣泛性。除了不同作者的工作特質所形成的喪慟者範圍——兒童和成人、創傷和非創傷性、個人和家

庭、軍人和老百姓——技巧特色表現出豐富多樣的方法，則其形式和聚焦範圍的廣泛也就不足為奇了；再者，由於喪慟本身就像它所挑戰和改變的那些人的人生一般多樣而豐富，這正是本書該有的樣貌。霸權的做法企圖指定或限制幾個喜好的步驟來執行業務，因而顯得誤導了或使情形更糟，且可能只有那些來自喧囂的悲傷治療、距離最遙遠的專業，或最沒有想像力、或跪拜在科學神壇前的虔誠修行者，才會認真倡導這樣的做法。

對於本書在悲傷治療工作上之多樣化的讚美，是否暗示著所有技巧都是均等地好用呢？一點兒也不。事實上在這方面，一種謙卑而正確的態度就是要明白在每一章節中，作者所選擇的做法會指示出此做法可用於某些喪慟者，而對其他人可能就不適合。因此可將每一位作者視為，一方面在倡導他或她自己的工作方式，但另一方面也會批判自己的做法，對於這種了解到限制所在的開放態度，可視為是此專業領域在整體上反映出了它對經驗評價的開放度。例如，書中很多技巧都傳遞了這樣的訊息：(1)與某一可進行測試的理論一致；(2)與成長中的悲傷歷程及其複雜性之基本研究相容；或(3)是一般心理治療，或特別是悲傷治療之系統性研究其中的一部分，已經過評估。我希望的其實是，本書的其中一個功能可為各種技

後記

巧提供清晰的步驟指南，不只是為有興趣使用這些技巧的專業人士而提供，也是給對此有興趣的臨床科學家，用以評估它們在控制實驗中的影響。對於現今研究者已經注意到的做法，能夠在書中對該方法描述並說明清楚，就能大加伸展其相當狹窄的範圍。鼓勵研究者探究真正受到運用的治療，包括所有在創意和情境敏感度上的研究，這在相距甚遠的科學與實務之兩岸間建立更為堅固橋樑（Neimeyer, Harris, Winokuer, & Thornton, 2011）的數個策略中，只是其中的一項而已。

最後，值得一提的是，此處所提到的技巧並非典型地相互競爭，而是在它們所屬專業中（即精神科、心理學、社會工作、護理、藝術治療）的重要度上，需要為在自身領域中的合法性與效力來競爭。然而就本書讀者的廣泛性來說——讀者往往較會以悲傷治療或喪慟照顧的角度來看待它，而不會是專業領域的角度——書中的這些步驟是互補而非相衝突的。例如，在失落的餘波之中，各種不同的儀式或喪慟支持的資源，可透過較為廣泛或個別化的悲傷治療介入，對部分有需求之哀悼者提供現成的補充資料。事實上，即使是最具實證基礎的治療計畫（Shear, Boelen, & Neimeyer, 2011）都可能在他們所選擇的技巧上折衷進行，即使這些技巧

是在包羅萬象的架構中組成，例如依附與因應、認知行為，或意義重建等。我相信目前的技術寶典還會再提升，並形成更具有想像力及更好用的混合型治療。

　　來到結尾，我希望讀者已發現，此書包含運用於各種情境、失落或治療性介入相關的寶貴技巧（如我在目錄中依照方法所做的分類），是一本能提供喪慟服務的實用指南。既然沒有一本書能夠在像悲傷治療這樣範圍廣備的領域中追求綜合度，我相信此處所提供的方法具有充裕選擇性，能給予在此領域的專業人士，以及他們所服務的案主一些具有價值的東西，並為他們臨床憧憬的石磨添加豐富的穀物。

參考文獻

Foucault, M. (1970). *The order of things*. New York: Pantheon.

Neimeyer, R. A., Harris, D. L., Winokuer, H., & Thornton, G. (Eds.). (2011). *Grief and bereavement in contemporary society: Bridging research and practice*. New York: Routledge.

Shear, K., Boelen, P., & Neimeyer, R. A. (2011). Treating complicated grief: Converging approaches. In R. A. Neimeyer, D. L. Harris, H. Winokuer, & G. Thornton (Eds.), *Grief and bereavement in contemporary society: Bridging research and practice* (pp. 139–162). New York: Routledge.

作 者 名 單

Courtney Armstrong, MEd, LPC/MHSP, private practice, Chatanooga, TN.

Rafael Ballester Arnal, PhD, Department of Basic and Clinical Psychology and Psychobiology, Universitat Jaume I, Castellón, Spain.

Thomas Attig, PhD, Professor of Philosophy Emeritus, Bowling Green State University, OH.

Melissa Axler, MTS, Beneficial Living & Wellness, Oakville, Ontario, Canada.

Heidi Bardot, ATR-BC, Art Therapy Graduate Program, George Washington University, Washington, DC.

Christine Barrett, EdD, LCPC, Tamarack Grief Resource Center, Missoula, MT.

Barbara Barski-Carrow, PhD, Carrow Associates, Milton, DE.

Joan Beder, DSW, Yeshiva University, Wurzweiler School of Social Work, New York.

Joy S. Berger, FT, DMA, Director of Education and Special Projects, Hospice Education Network, Inc./Weatherbee Resources, Inc., MA.

Mel Berish, MA, Department of Educational and Counselling Psychology, McGill University, Montreal, Quebec, Canada.

Theresa L. Blakley, PhD, Union University, Jackson, TN.

Paul A. Boelen, PhD, Department of Clinical and Health Psychology, Utrecht University, the Netherlands.

Ted Bowman MDiv, Grief Educator, Universities of Minnesota and Saint Thomas, MN.

William Breitbart, MD, Department of Psychiatry and Behavioral Sciences, Memorial Sloan-Kettering Cancer Center, New York.

Laurie A. Burke, MS, Department of Psychology, University of Memphis, Memphis, TN.

Joanne Cacciatore, PhD, Center for Loss and Trauma, Arizona State University, AZ.

Cecilia Lai Wan Chan, PhD, Si Yuan Professor of Health and Social Work, The University of Hong Kong, Hong Kong.

Laura Copeland, MSc, Department of Educational and Counselling Psychology, McGill University, Montreal, Quebec, Canada.

Mieke De Preter, MPsy, Interactie-Academie Antwerp, Belgium.

Kenneth J. Doka, PhD, the College of New Rochelle and Senior Consultant, The Hospice Foundation of America, New York.

Alison J. Dunton, PsyD, The Family Center, Ellicott City, MD.

Bruce Ecker, MA, Coherence Psychology Institute, Oakland, CA.

Tina C. Elacqua, PhD, School of Graduate and Professional Studies, LeTourneau University, Longview, TX.

Maria M. Entenman, MEd, MS, Bereavement Coordinator/Counselor, Holy Redeemer Hospice, PA.

Stephen Fleming, PhD, Department of Psychology, York University, Toronto, Ontario, Canada.

Louis A. Gamino, PhD, Scott & White Healthcare® and Texas A&M Health Science Center College of Medicine, TX.

Nick J. Gerrish, Curtin University of Technology, Perth, Western Australia.

Nancy Gershman, BA, Prescriptive Artist, Art For Your Sake, Chicago.

Linda Goldman, MS, FT, LCPC, Adjunct Professor Johns Hopkins Graduate School, MD.

Stephanie Handel, MSW, Wendt Center for Loss and Healing, Washington, DC.

Darcy L. Harris, PhD, RSW, FT, Kings University College, London, Ontario, Canada.

Lorraine Hedtke MSW, LCSW, PhD, California State University–San Bernardino, CA.

Melissa Henry, PhD, Department of Educational and Counselling Psychology, McGill University, Montreal, Quebec, Canada.

Todd Hochberg, BA, photographer and educator, Evanston, IL.

Laura E. Holcomb, PhD, MS in Clinical Psychopharmacology, Health Psych Maine, Waterville, ME.

Lorraine Holtslander, PhD, College of Nursing, University of Saskatchewan, Canada.

An Hooghe, MS, Clinical Psychologist, Marriage and Family Therapist, Leuven University, Belgium.

Gloria C. Horsley, MFT, CNS, PhD, president of the Open to Hope Foundation, New York.

Heidi Horsley, MSW, PsyD, executive director of Open to Hope and Adjunct Professor, Columbia University, New York.

J. Shep Jeffreys, EdD, FT, Department of Psychiatry, Johns Hopkins School of Medicine, and Department of Pastoral Counseling, Loyola University, MD.

Mimi Jenko, MN, RN, CHPN, PMHCNS-BC, former Clinical Nurse Specialist, Palliative Care, Lakeland Regional Medical Center, Lakeland, FL.

John R. Jordan, PhD, FT, private practice, Pawtucket, RI, and Wellesley, MA.

Beatriz Gil Juliá, MS, Department of Basic and Clinical Psychology and Psychobiology,

作者名單

Universitat Jaume I, Castellón, Spain.

Jeffrey Kauffman, MA, MSS, psychotherapist, suburban Philadelphia.

Phyllis Kosminsky, PhD, FT, private practice, Pleasantville, NY and The Center for Hope, Darien, CT.

Lara Krawchuk, LCSW, MPH, Healing Concepts, LLC.

Jill Harrington LaMorie, DSW, LCSW, University of Pennsylvania School of Social Policy & Practice, PA.

Pamela Piu Yu Leung, PhD, Assistant Professor, Department of Social Work and Social Administration, The University of Hong Kong.

Wendy G. Lichtenthal, PhD, Department of Psychiatry and Behavioral Sciences, Memorial Sloan-Kettering Cancer Center, New York.

Daisy Luiten, art therapist, private practice, the Netherlands.

Christopher J. MacKinnon, MA, Department of Educational and Counselling Psychology, McGill University, Montreal, Quebec, Canada.

Ruth Malkinson, PhD, The Israeli Center for REBT, Tel Aviv University, Tel Aviv, Israel.

Doreen S. Marshall, PhD, Argosy University, Atlanta, GA.

D. "Dale" M. Mayer, PhD, Montana State University College of Nursing, MT.

Raymond McDevitt, MSS, LCSW, private practice, Wilmington, DE, and Council for Relationships, Philadelphia, PA.

Nita Mehr, MSSW, Union University, Jackson, TN.

Evgenia Milman, MA, Department of Educational and Counselling Psychology, McGill University, Montreal, Quebec, Canada.

David C. Mitchell, MA, ATR-BC, LPAT, Hosparus Grief Counseling Center, Louisville, KY.

Robert F. Morgan, PhD, University of Arkansas, Little Rock.

Jane Moss, MA, bereavement support volunteer, Cruse UK, writer and group facilitator.

Rebekah Near, CAGS, the Art 2 Heart Project, European Graduate School, Switzerland.

Robert A. Neimeyer, PhD, Department of Psychology, University of Memphis, TN.

Gail Noppe-Brandon, MA, MPA, LMSW, Find Your Voice, Inc./JBFCS, NYC.

Vicki Panagotacos, MTP, FT, CH, private practice and Hospice Grief Support Facilitator

Jordan S. Potash, PhD, Centre on Behavioral Health, University of Hong Kong, Hong Kong.

Lyn Prashant, PhD, FT, private practice, Grief Counselor, Educator, Consultant.

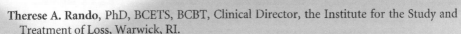

Therese A. Rando, PhD, BCETS, BCBT, Clinical Director, the Institute for the Study and Treatment of Loss, Warwick, RI.

Joanne C. Robinson, D. Clin. Psychol., Lancashire Care NHS Foundation Trust, UK.

Bronna D. Romanoff, PhD, The Sage Colleges, New York.

Susan Roos, PhD, private practice, Dallas, TX.

Simon Shimshon Rubin, PhD, Director, International Center for the Study of Loss, Bereavement and Human Resilience, and Chairman, Postgraduate Psychotherapy Program, University of Haifa, Israel.

E.K. Rynearson, MD, Clinical Professor of Psychiatry, University of Washington, Separation and Loss Service, Virginia Mason Medical Center, Seattle.

Diana C. Sands, PhD, Centre for Intense Grief, Sydney, Australia.

M. Katherine Shear, MD, Columbia University and New York State Psychiatric Institute, New York.

Jane A. Simington, PhD, Taking Flight International Corporation, Edmonton, Canada.

Harold Ivan Smith, DMin, FT, St. Luke's Hospital, Kansas City, Missouri.

Nathan G. Smith, PhD, Department of Educational and Counselling Psychology, McGill University, Montreal, Quebec, Canada.

Mariken Spuij, MSc, Department of Child and Adolescent Studies, Utrecht University, the Netherlands.

Sharon Strouse, MA, ATR, The Kristin Rita Strouse Foundation/Rita Project, MD.

Carrie Thiel, MA, Tamarack Grief Resource Center, MT.

Barbara E. Thompson, OTD, LCSW, Department of Occupational Therapy, The Sage Colleges, New York.

Nancy Turret, LCSW, Columbia University and New York State Psychiatric Institute, New York.

Jan van den Bout, PhD, Department of Clinical and Health Psychology, Utrecht University, the Netherlands.

Patsy Way, MSc, The Candle Project, St Christopher's Hospice, London.

Howard R. Winokuer, PhD, The Winokuer Center for Counseling and Healing.

Eliezer Witztum MD, Director of School for Psychotherapy, Mental Health Center Beer-Sheva, Faculty of Health Sciences, Ben-Gurion University of the Negev, Israel.

國家圖書館出版品預行編目（CIP）資料

悲傷治療的技術：創新的悲傷輔導實務／Robert A. Neimeyer
主編；章惠安譯. -- 初版. -- 臺北市：心理，2015.02
　面；　　公分. --（心理治療系列；22149）

譯自：Techniques of grief therapy: creative practices for
counseling the bereaved

ISBN 978-986-191-638-5（平裝）

1. 心理治療　2. 心理輔導　3. 悲傷

178.8　　　　　　　　　　　　　　　　103026864

心理治療系列 22149

悲傷治療的技術：創新的悲傷輔導實務

主　　編：Robert A. Neimeyer
校 閱 者：李開敏、李玉嬋
譯　　者：章惠安
執行編輯：林汝穎
總 編 輯：林敬堯
發 行 人：洪有義
出 版 者：心理出版社股份有限公司
地　　址：231026 新北市新店區光明街 288 號 7 樓
電　　話：(02) 29150566
傳　　真：(02) 29152928
郵撥帳號：19293172 心理出版社股份有限公司
網　　址：https://www.psy.com.tw
電子信箱：psychoco@ms15.hinet.net
排 版 者：菩薩蠻數位文化有限公司
印 刷 者：竹陞印刷企業有限公司
初版一刷：2015 年 2 月
初版四刷：2022 年 11 月
I S B N：978-986-191-638-5
定　　價：新台幣 450 元